中央财政支持地方高校发展专项资金项目

贵州省区域内一流学科建设项目

贵州省特色重点学科建设项目

需求导向的农村公共文化服务供给研究

宋元武 著

中国社会科学出版社

图书在版编目 (CIP) 数据

需求导向的农村公共文化服务供给研究/宋元武著.—北京：中国社会科学出版社，2017.12
ISBN 978-7-5203-1315-5

Ⅰ.①需… Ⅱ.①宋… Ⅲ.①农村文化—公共管理—文化工作—研究—中国 Ⅳ.①G12

中国版本图书馆 CIP 数据核字 (2017) 第 266992 号

出 版 人	赵剑英	
责任编辑	刘晓红	
责任校对	周晓东	
责任印制	戴 宽	
出 版	中国社会科学出版社	
社 址	北京鼓楼西大街甲 158 号	
邮 编	100720	
网 址	http://www.csspw.cn	
发 行 部	010-84083685	
门 市 部	010-84029450	
经 销	新华书店及其他书店	
印 刷	北京明恒达印务有限公司	
装 订	廊坊市广阳区广增装订厂	
版 次	2017 年 12 月第 1 版	
印 次	2017 年 12 月第 1 次印刷	
开 本	710×1000 1/16	
印 张	18.75	
插 页	2	
字 数	283 千字	
定 价	86.00 元	

自　序

本书是在完成湖北省高校社科重点研究基地 WTO 与湖北发展研究中心资助项目《湖北省农民基本文化需求和区域差异性研究（W2013001）》的基础上，由作者博士学位论文的主体部分和作者近期有关农村公共文化服务供给研究的主要内容组成。本书是关于如何进一步优化农村公共文化服务供给，解决农村公共文化服务的供需匹配及平衡的问题而作的专项研究。

党的十八届三中全会把"建立健全现代公共文化服务体系"列入了全面深化改革的重大任务，把公共文化服务体系建设提到了一个前所未有的高度。尽管党和政府高度重视现代公共文化服务体系建设，基本上形成了覆盖城乡的现代公共文化服务体系，农村文化建设取得巨大成绩，广大农民的文化生活有了明显改善，但是，由于深受城乡二元文化供给体制的影响，我国农村公共文化服务供给与需求的矛盾仍然比较尖锐。

在供给侧方面，我国农村公共文化服务供给中存在供给主体单一、供给内容贫乏、供给方式单一以及供给运行机制不畅等有效供给的障碍，致使现有供给往往会偏离农民的真实需求，造成当前农村公共文化服务中常常出现供需不匹配和供需结构失衡的问题，不但造成现有的有限农村公共文化服务供给的效率低下，甚至是无效供给，而且也使农民的基本文化需求没有得到很好的回应，致使农民公共文化生活仍然比较贫乏。深化农村公共文化服务供给侧改革，加强农村公共文化服务供给体系建设成为党和政府建立健全现代公共文化服务体系的当务之急。如何进一步优化农村公共文化服务供给，解决农村公共文化服务的供需匹配及平衡的问题，是事关保障和改善农民的文化权益，满足农民多样化文化需求的战略问题。当前农民的基本文化需求没有得到很好的满足，农民的基本文化权利实现程度比较低和农民公共文化生活比较贫乏，农村公共文化服务供给面临来自现实巨大压力。因此，农村公共文化服务供给研究具有一定理论价值和实践意义。

农村公共文化服务供给研究力图解决的核心问题是如何进一步优化农村公共文化服务供给，解决农村公共文化服务的供需匹配及平衡的问题。研究目的就是要解决这个核心问题，构建一个以农民文化需求为导向，多元供给主体充满活力，供给内容丰富健康，供给方式多元协同，供给运行机制协调高效的供给格局，提高农村公共文化服务的供给效率和供给满意度，为农村公共文化服务供给提供理论和实践指导。本书分为以下九个部分：

第一部分，绪论。从农村公共文化服务供给的政策和实践要求出发，提出所要研究的问题；描述选题背景，阐述选题的理论和实践意义；介绍研究的总体构思、主要内容、研究视角、方法及技术路线，并指出了本书的创新点。

第二部分，文献综述与理论基础研究。主要对国内外农村公共文化服务供给相关研究进行梳理和评析，对文化、农民文化需求、农村公共文化服务、农村公共文化服务供给等核心概念进行界定，对供需关系理论、新公共管理理论、公共产品理论和公共选择理论进行梳理，为研究农村公共文化服务供给奠定理论基础。

第三部分，农村公共文化服务供给分析框架研究。主要对农村公共文化服务供给的主体、内容、方式、运行机制以及供需影响因素等进行研究，为本书限定一个研究框架。

第四部分，农村公共文化服务供给历史演变研究。主要对新中国成立以来不同阶段农村公共文化服务供给进行研究，探讨农村公共文化服务供给特点、成就、问题和有益借鉴，为优化农村公共文化服务供给，解决农村公共文化服务的供需匹配及平衡问题提供历史借鉴。

第五部分，农村公共文化服务供给实证研究。对湖北农村公共文化需求进行调研，对访谈内容进行归纳和提炼，设计调查问卷，反复修正获得正式问卷，利用问卷数据，对需求现状、供给现状、供需区域差异、供给满意度进行实证分析，得出关于农村公共文化服务的实证结论。

第六部分，国外农村公共文化服务供给实践与经验借鉴研究。国外农村公共文化服务供给实践类型，既有各自特色做法，又具有共性的成功经验。国外农村公共文化服务供给做法及其经验，为我国农村公共文化服务供给侧的改革创新提供了有益借鉴。

第七部分，农村公共文化服务供需障碍及其原因研究。从需求与供给角度，分析农村公共文化服务有效供给与需求有效表达存在的障碍及其原因，探讨农村公共文化服务供需存在问题的深刻根源。

第八部分，农村公共文化服务供给优化对策研究。它主要是针对农村公共文化服务供需存在的障碍，探讨突破需求障碍的途径，以及突破供给在主体、内容、方式及运行机制等方面障碍的途径，提出优化农村公共文化服务供给，解决供需匹配及平衡问题的对策。

第九部分，结论与展望。总结本书的主要研究结论，分析本书主要的不足之处，并对后期研究进行了展望。

本书的主要结论如下：

（1）农村公共文化服务供给是一个复杂的供给过程，是由供给主体、供给内容、供给方式和供给运行机制等要素组成。农村公共文化服务供给应该从供给要素入手，对农村公共文化服务供给进行全方位的优化设计，形成一个以农民文化需求为导向，多元供给主体充满活力，供给内容丰富健康，供给方式灵活多样，供给模式多元协同，供给运行机制协调高效的供给格局。

（2）新中国成立以来农村公共文化服务供给演变表明，农村公共文化服务供给经历一个供给主体从单一主体到多元化的主体，供给内容从简单到丰富，供给方式从政府单一供给方式到多种供给方式并存，供给运行机制从不健全到健全的历史过程。农村公共文化服务供给也经历了从忽视农民需求到逐渐重视农民需求的过程。农村公共文化服务供给受到国家政治、经济和社会发展的深刻影响，良好的政治、经济和社会环境对提高农村公共文化服务供给水平具有至关重要意义。优化农村公共文化服务供给，解决农村公共文化服务的供需匹配及平衡问题，应该从我国的供给历史中寻求历史经验借鉴。

（3）农村公共文化服务供需现状实证表明，农村公共文化服务的供需差距较大，对接程度低，供需存在契合度不高，区域差异性明显，农村公共文化服务的供需存在较为严重供需不匹配和不平衡问题。实现农村公共文化服务供需均衡，必须根据当前农民文化需求特点，以需求为导向，提供农民喜闻乐见的公共文化服务。一方面，改变农村供需契合度不高现状，应该加强多部门合作，丰富公共文化的载体形式，减少统一部署，赋予地方更多创新空间，全方位评估，健全科学的文化建设考评机制，鼓励多主体参与，完善公共文化服务供给机制；另一方面，农村公共文化服务的供需区域差异，实质上是政府公共文化服务供给"欠账"的差异造成的，应该用差异性的供给回应差异性的需求，建立下情上达的制度性渠道，建立专项财政的绩效评价机制，保证农民公共文化服务的差异性供给的实现，保证差异性供给不偏离均等化目标，加快实现公共文化服务的均等化。

（4）满意度实证分析表明，农村公共文化服务供给的总体满意度一般，部分农村公共文化服务供给项目投资巨大，但是满意度却很低，而部分供给项目投资少，但满意度却高，这与供给总量不足、供需不匹配和供需不平衡等问题有很大关系。提高农村公共文化服务的满意度，应该事先做好农民的需求调查，注重农村公共文化服务供给的全过程管理，注重农村公共文化服务的经济便捷，兼顾硬件和软件建设；同时，农村公共文化服务供给应该注重对满意度影响较大的文化服务项目的供给，注重以直接服务于基层的公共文化服务的供给，注重与农民切身利益相关的公共文化服务的供给，注重创新县乡两级公共文化服务的供给机制，以把握农村公共文化服务的供给重点，切实提高供给的满意度。

（5）当前我国农村公共文化服务供给与需求存在诸多问题，主要是供给与需求中存在多重障碍造成的。需求有效表达的障碍主要体现在农村文化需求表达渠道闭塞、农民缺少表达文化需求的能力和动力、政府公务员的服务意识不强、基层组织绩效考核制度不科学等方面；供给困境主要体现在供给主体多元参与机制的不完善、供给内容质量不高、单一供给方式有多方负面影响和供给运行机制运转不顺畅等方面。造成供需困境的原因都是多方面的。农村公共文化服务供给应该以需求为导向，破解供需障碍，优化农村公共文化服务供给，解决农村公共文化服务的供需匹配及平衡问题。

（6）农村公共文化服务供给是供给与需求相互作用相互影响的复杂服务过程。优化农村公共文化服务供给，解决供需匹配和平衡问题，应从供给与需求同时着手。从需求的角度，应该通过增强以农民文化需求为导向的自觉性，把握农民所需的农村公共服务的基本要求，完善农村公共文化服务的需求表达机制等途径，突破需求障碍；从供给的角度，应该通过增强供给主体活力，要丰富供给内容，优化多元供给方式，形成多元主体参与的供给方式和完善供给运行机制等途径，突破供给障碍。通过以上途径，实现对农村公共文化服务供给的优化，解决农村公共文化服务供需匹配和平衡问题。

本书在一定程度上弥补了学界对农村公共文化服务供给研究的空白，其创新点主要体现在如下几点：

第一，本书创建了农村公共文化服务供给分析框架。本书创造性地将供给主体、供给内容、供给方式、供给运行机制和供需影响因素等内容纳入一个完整分析框架。本书对农村公共文化服务供给分析框架进行系统探讨，一定程度上解决了现有研究中供给理论研究不足的问题，为日后农村公共文化服务供给研究提供一个分析框架。

第二，本书从农民文化需求的视角来研究农村公共文化服务供给，在研究视角上是一个创新。本书通过需求现状实证分析、供需契合度分析、供需区域差异性分析、满意度分析、需求障碍分析和破解需求障碍的对策分析，一定程度上解决了学术和现实中对需求的忽视问题，也突破了以往供给研究单纯研究供给的樊篱，既能够更深入、更全面地了解供给现状、供给问题和供给障碍，也能够增强供给优化对策的针对性和实用性。

第三，本书为优化农村公共文化服务供给提供了国内历史经验借鉴。本书对新中国成立以来的不同时期公共文化服务供给特点、问题、成就和有益借鉴进行了研究，为优化农村公共文化服务供给，解决供需匹配和平衡问题提供了国内历史经验借鉴。

第四，本书在研究方法运用上具有创新性。本书利用调研数据，综合运用多种研究方法，对农村公共文化服务供给进行实证分析，在研究方法运用上具有创新性。本书主要运用描述性的分析方法对农村公共文化服务的供需现状和区域差异性现状进行分析，运用灰色相关度分析法和逐步回归分析法对农村公共文化服务供给的满意度进行分析，使结论有较强的可靠性和科学性。

第五，本书对农村公共文化服务供给对策进行了创新性研究。本书从突破需求与供给障碍入手，突破文化需求、供给主体、供给内容、供给方式和运行机制等方面存在的障碍，对农村公共文化服务供给进行了优化对策设计，这些优化对策具有一定的创新性和可操作性，能够较好地优化农村公共文化服务供给，解决供需匹配和平衡问题，对当前农村公共文化服务供给实践具有一定指导作用。

本书的部分研究已发期刊论文 5 篇，其中 CSSCI 期刊 3 篇，中国人民大学书报资料中心《文化研究》全文复印一篇，《新华文摘》网刊全文转载一篇，将相关成果按照一定研究逻辑，集中刊发，有利于学术界和实际政府部门参考借鉴，为我国农村公共文化服务供给侧改革创新提供借鉴。

本书能够顺利出版，我衷心感谢贵州财经大学公共管理学院领导和同志的关心和帮助，感谢中国社会科学出版社著作编辑室同志们的支持，感谢每一位提供帮助的同志和朋友。最后，本书出版之际，正是父亲病魔缠身近两年之时，多年来，父母一直鼓励我认真工作，奋发有为，为党为国家努力做好教师的本职工作，也谨以此书，献给我挚爱的父母，望二老身体健康！

宋元武

2017 年 9 月 28 日凌晨

目　　录

绪　　论

　　我国农民对于农村公共文化服务有着旺盛的需求，而深受城乡二元供给体制的影响，我国农村公共文化服务供给总量却较为短缺，而且现有的供给实践又存在供给与需求不匹配和供需结构失衡的问题，导致我国农村公共文化服务供给与需求的矛盾较为尖锐。当前我国农民的基本文化需求没有得到很好的满足，农民的基本文化权益不能得到有效保障，农村的公共文化生活仍然比较贫乏，农村公共文化服务供给面临着现实巨大压力。在这种背景下，以农民文化需求为导向，优化农村公共文化服务供给的研究具有一定的理论价值和实践意义。本书力图解决的核心问题是如何进一步优化农村公共文化服务供给，解决农村公共文化服务的供需匹配及平衡的问题。本书通过构建农村公共文化服务供给的分析框架，分析农村公共文化服务供给的发展演变，实证分析农村公共文化服务供需现状和供给满意度，在剖析农村公共文化服务供需存在的困境及原因的基础上，提出了优化农村公共文化服务供给，解决农村公共文化服务的供需匹配及平衡问题的对策。

一　研究背景

（一）问题的提出

　　进入 21 世纪以来，特别是近五年以来，我国高度重视现代公共文化服务体系建设，基本上形成了覆盖城乡的现代公共文化服务体系，农村文化建设取得巨大成绩，广大的农民文化生活有了明显改善，但是，由于受到城乡二元供给体制的影响，我国农村公共文化服务供给与需求的矛盾仍然比较尖锐。一方面，由于深受城乡二元供给体制的影响，我国的公共文化服务的供给重点一直是县以上的城市地区，致使城乡文化事业费比重严重失衡，县及县以下文化单位文化事业费远远低于县以上文化单位的费用。虽然从 2012 年开始，城乡文化事业费的比重开始大致平衡，但是由于历史欠账太多，农村公共文化服务的文化设施和文化资源仍然比较匮乏，我国农村普遍存在公共文化服务供给总量不足问题。另一方面，由于我国农村经济的快速发展、农民收入水平的不断提高、农村文化教育程度大幅提升以及城市现代文化对农村影响日益加深，我国农民需求结构发生深刻变化，我国农民的物质文化需求正在发生快速的变化，已经由原先单纯的物质需求向更高的精神文化需求过渡，农民的需求开始从注重物质生活需求向更加注重精神文化生活需求。农民热切期望像城市市民一样，能够享受更为丰富更为便利的农村公共文化服务，建造属于自己的精神文化家园。农民对于农村公共文化服务有着旺盛的需求，而农村公共文化服务供给却在整体上存在总量较为短缺，农村公共文化服务供需矛盾较为尖锐，迫切需要进一步优化农村公共文化服务供给，加大农村公共文化服务的供给力度，缓解供需矛盾。

我国农村公共文化服务供给实践中还存在供给与需求不匹配和供需结构失衡的问题。在供给方面，我国农村公共文化服务供给中存在供给主体单一、供给内容贫乏、供给方式单一以及供给运行机制不畅等供给的障碍，致使现有供给往往会偏离农民的真实需求；在需求方面，我国农村公共文化服务存在影响需求有效表达的因素，如需求有效表达的渠道缺乏、农民缺少需求表达的动力和能力、政府公务员的服务意识不强和基层组织绩效考核不科学等障碍，致使农民的真实的文化需求难以有效表达。供给侧与需求侧双重障碍的存在，造成当前农村公共文化服务中常常出现供需不匹配和供需结构失衡的问题，不但造成现有的有限农村公共文化服务供给的效率低下，甚至是无效供给，而且也使农民的基本文化需求没有得到很好的回应，致使农民公共文化生活仍然比较贫乏，同时也给落后的封建文化、伪科学文化和不良的娱乐文化在农村提供一定的生存空间。农村公共文化服务供需求不匹配和供需结构失衡的问题，成为农村文化服务供给面临较为严峻的挑战。

优化和完善农村公共文化服务的供给，解决农村公共文化服务的供需匹配及平衡的问题，不但有助于提高和保证农村公共文化服务质量，促进农村公共文化服务供给的多元参与，保障农民的基本文化权利，提高农村公共文化服务供给的满意度，而且对于全面深化农村文化体制改革，促进农村文化事业繁荣发展具有重要的意义。因此，在新的形势下，如何进一步优化农村公共文化服务供给，解决农村公共文化服务的供需匹配及平衡的问题，是事关保障和改善农民的文化权益，满足农民多样化文化需求的战略问题。然而优化农村公共文化服务供给，解决农村公共文化服务的供需匹配及平衡的问题并不容易，在我国农村公共文化服务需求和供给存在诸多障碍的现实条件下，我们究竟用什么样的对策来加强和改善农村公共文化服务供给，解决农村公共文化服务的供需匹配及平衡的问题进入学界的视野。

（二）政策背景

为了优化农村公共文化服务供给，解决农村公共文化服务的供需匹配及平衡的问题，我国政府积极推进新农村文化建设，先后出台一系列有关农村公共文化服务供给的政策和措施，不断加大了农村公共文化服务的供给投入力度。早在 2005 年，中办、国办专门发文，要求进一步加强农村文化建设，要求"加大政府投入，调整资源配置，深化体制改革，加强文化基础设施建设，构建公共文化服务体系，实现和保障农民群众的基本文化权益"①，对农村文化建设做出了全面的部署，对繁荣农村文化事业和完善农村公共文化服务供给提出了比较的明确要求。2006 年，"十一五"规划提出建设"惠及全民的基本公共服务体系"②，基本公共服务均等化就已经正式成为国家的发展战略。在这个大背景下，中央提出了实行建设"完善覆盖城乡、结构合理、功能健全、实用高效的公共文化服务体系"③ 的文化发展战略。2010 年，文化部和财政部联合开展了国家公共文化服务体系示范区（项目）的创建工作，提

---

① 《关于进一步加强农村文化建设的意见》，2005 年 11 月 7 日，http：//news. xinhua-net. com/politics/2005 – 12/11/content_ 3906616. htm。

② 《中共中央关于构建社会主义和谐社会若干重大问题的决定》，2006 年 10 月 11 日中国共产党第十六届中央委员会第六次全体会议通过，http：//cpc. people. com. cn/GB/64093/64094/4932448. html。

③ 《中共中央关于深化文化体制改革推动社会主义文化大发展大繁荣若干重大问题的决定》，2011 年 10 月 18 日中国共产党第十七届中央委员会第六次全体会议通过，http：//news. xinhuanet. com/politics/2011 – 10/25/c_ 122197737_ 5. htm。

出要以政府为主导，以公共财政为支撑，以全民为服务对象，以基层特别是农村为重点，推动公共文化服务体系建设的科学发展，促进基本公共文化服务均等化，进一步推动公共文化服务向广覆盖、高效能转变。① 2015 年 1 月，中办、国办就专门发文，又印发了《关于加快构建现代公共文化服务体系的意见》，继续提出要以基层为重点，构建具有中国特色的现代公共文化服务体系，促进城乡基本公共文化服务均等化。国家专门出台了一系列有关公共文化服务体系建设政策，不断加大农村公共文化服务的投入，强调"以基层特别是农村为重点"构建具有中国特色的现代公共文化服务体系，充分体现农村公共文化服务供给已经纳入政府重要的议事日程，农村公共文化服务供给受到国家高度重视。

（三）现实背景

当前虽然农村公共文化服务的供给越来越受到各级政府的重视，也取得了一系列显著的成绩，但是它仍然存在一些较为严峻的现实问题。这些问题主要表现为：农民的基本文化需求没有得到很好的满足、农民的基本文化权益不能得到有效的保障、农村的公共文化生活仍然比较贫乏。农村公共文化服务供给面临来自现实巨大压力。

农民基本文化需求没有得到很好的满足。改革开放以来，我国农村社会生产力有了长足发展，农民生活水平也有了显著提高，农民余暇时间不断增多，致使农民的消费层次和消费结构发生了很大的变化，农民开始注重精神的发展和文化的自我完善，文化需求正日益成为农民的普遍需求。特别是近年来，中央出台了一系列文化惠农政策，把解决"三农"问题作为工作的重中之重，文化需求已经成为农民的高层次基本需求。但与此同时，我国不少地区的农村公共文化服务供给处于"文化产品供应不足、服务机制缺失"的状态②，难以满足农民快速增长的文化需求。

---

① 文化部、财政部：《关于开展国家公共文化服务体系示范区（项目）创建工作的通知》，2010 年 12 月 31 日，http：//www. cacanet. cn/detail_ politrid. aspx? fuwuid = 8645。

② 周芝萍：《农村公共文化服务体系构建——以江西为例》，《江西社会科学》2014 年第 5 期。

农民的基本文化权利实现程度比较低。随着中国现代化进程的加速和公民对文化需求不断提高，如何维护和实现农民基本文化权利也越来越成为一个迫切需要解决的问题。一般来说，公民的基本文化权利主要包括享受文化成果的权利、参与文化活动的权利、开展文化创造的权利和文化艺术创造依法保护权利四方面的内容，但是公民文化权利常被称为人权中的"不发达部门"，始终未能得到应有的重视。我国的财政投资、基础设施、个人财富等方面能够保障公民文化权利的人均资源，远远低于发达国家的人均水平，特别是在农村地区，城乡公共文化服务实行非均等化的供给，保障农民文化权利的人均资源又是远远低于城市居民人均水平。农村处于公共文化服务的边缘地带，农民文化权利的实现程度比较低。

农村的公共文化生活比较贫乏。我国城市现代化的高速发展、城镇化进程的加速以及城乡居民收入差距较大，我国城镇具有巨大的人口吸纳能力，大量农村人口流入城市，造成当前农村经济和社会结构深刻的变化。农村集体经济发展式微，农民之间的经济联系越来越少，农民之间的传统血缘日益疏离淡薄，传统的风俗和价值观遭到质疑，农村传统社会结构日益呈现原子化的趋势。与当前农村经济和社会结构相适应，农民的文化活动空间逐渐缩小，乡村社会的公共文化生活日渐衰落，陷入空前的公共文化危机之中，与农民的"私性文化"相比较，农村的公共文化却严重式微，农村公共文化生活日渐衰落，农民公共文化生活仍然十分贫乏。①

农村公共文化服务供给面临来自现实巨大压力，迫切需要进一步优化农村公共文化服务供给，解决农村公共文化服务的供需匹配及平衡的问题，以充分满足农民基本文化需求，维护农民的基本文化权利，丰富农民公共文化生活。

二　研究意义

本书力图解决的核心问题是如何进一步优化农村公共文化服务供给，解决农村公共文化服务的供需匹配及平衡的问题。本书的研究目的

---

① 徐莉：《城乡一体化中农民文化权益保障问题探析》，《农村经济》2011 年第 6 期。

就是要解决这个核心问题，构建一个以农民文化需求为导向，多元供给主体充满活力，供给内容丰富健康，供给方式多元协同，供给运行机制协调高效的供给格局，提高农村公共文化服务的供给效率和供给满意度，为农村公共文化服务供给提供理论和实践指导。围绕核心问题和研究目的，本书主要从以下几个方面着手进行研究：农村公共文化服务供给的分析框架、新中国成立以来农村公共文化服务供给的历史演变、我国农村公共文化服务供需现状、农村公共文化服务供给满意度、农村公共文化服务供给与需求存在的障碍和农村公共文化服务供给的优化对策。这些都是当前农村公共文化服务供给过程中必须关注的重要内容。因此，本书的研究具有一定的理论价值和实践意义。

从理论上看，本书的理论价值主要体现在三个方面：

第一，本书有利于把握农村公共文化服务供给的重点和增强供给的针对性。本书构建了农村公共文化服务供给的分析框架，从现实的农村公共文化服务供给实践出发，立足于农民的基本文化需求，将农村公共文化服务供给的分析框架归结为供给主体、供给内容、供给方式、供给机制和供需影响因素，基本上涵盖了整个农村公共文化服务供给的主要方面，避免了对农村公共文化服务供给过于宽泛的理解，有利于较好地把握农村公共文化服务供给重点，同时也有利于增强农村公共文化服务供给的针对性。

第二，本书有利于把握农村公共文化服务供需现状及供给满意度状况。本书结合农村公共文化服务供给分析框架，从农民基本文化需求出发，对供需现状、供需契合状况、供需区域差异性和供给满意度进行实证分析，实证分析了农村公共文化服务供需现状和满意度状况，有利于深入把握农村公共文化服务供需的现状及供给满意度状况。

第三，本书能够为农村公共文化服务供给实践提供政策咨询和理论指导。本书从农村公共文化服务供需中存在的障碍出发，主要从突破需求障碍、供给主体、供给内容、供给方式以及供给运行机制等方面进行了优化对策探讨，对策具有较强可操作性和实用性，对于调动多元供给主体参与公共文化服务供给的积极性，提高农村公共文化服务内容的品质，优化农村公共文化服务供给方式以及健全供给运行机制，都具有较强的政策参考价值，能够为农村公共文化服务供给提供政策咨询和理论指导。

从实践上看，本书的实践意义主要体现在如下四个方面：

第一，有助于更好地满足农民多样化的文化需求。本书分析了当前农村公共文化服务供需现状、困境及原因，提出了有针对性地提高农村公共文化服务供给质量和供给满意度的优化对策，将会使农村文体设施更加完备，农村文化娱乐活动更加健康向上，农村公共文化服务供给更有保障，将会营造一个健康、文明、科学的农村公共文化氛围，有助于更好地满足农民日益增长的文化需求。

第二，有助于更好地维护农民的基本文化权利。本书提出了优化农村公共文化服务供给的各项对策，有利于分清各个供给主体职责和角色，有助于构建农村公共文化服务多元供给方式，形成一个供给畅通、运行协调和相互监督的供给运行机制，这些优化对策必然会增加农村公共文化服务数量，提高公共文化服务内容品质和供给效率，有助于更好地维护农民的基本文化权利。

第三，有利于提高农村居民的整体文化素质。本书提出了优化农村公共文化服务供给的各项对策，能够高效地发挥农村公共文化整合和渗透功能，调动多方文化资源，丰富农村公共文化生活，有利于形成良好文明乡风村风，培育和造就一批新型农民，有利于提高农村居民的整体文化素质。

第四，有助于推进新农村文化建设。本书对农村公共文化服供给进行了优化设计，不仅有利于农村公共文化设施建设和农村公共文化活动的开展，有利于增强农民的认同感和凝聚力，形成和谐的人际关系和健康向上的社会风气，更好地满足农民日益增长的文化需求，而且有利于调动农民参与农村公共文化建设的积极性和主动性，有助于推进我国新农村文化建设。

三　总体思路和研究内容

（一）总体思路

本书行文思路主要遵循提出问题、分析问题、解决问题、得出结论的研究思路。首先在绪论中提出问题。绪论在介绍背景的基础上提出所要研究的核心问题，即优化农村公共文化服务供给，解决农村公共文化服务的供需匹配及平衡的问题。全书都是围绕核心问题展开论述的。其次在正文中分析问题和解决问题。正文共有 8 章，第一章和第二章主要是对农村公共文化服务供给的理论基础和分析框架进行研究；第三章主要是对农村公共文化服务供给历史研究；第四章和第五章是对农村公共文化服务供给现状研究，以湖北为例，农村公共文化服务供需现状、供需区域差异性和供给满意度进行实证分析；第六章、第七章、第八章主要是在明确供需障碍及原因的基础上，对农村公共文化服务供给进行对策优化设计。最后是结论部分，在总结全文的基础上得出本书的主要结论，并对后续研究指明努力的方向。

本书以农民文化需求为导向，以湖北不同地区农民为调查对象，运用供需关系理论、公共产品理论、新公共管理理论、公共选择理论和统计学的有关知识，对农村公共文化服务供给进行规范及实证研究，具体研究过程大致分为六个阶段：

第一阶段，资料数据收集和准备阶段。主要对相关理论与文献进行综述，明确研究内容框架和研究技术路线，进行调研前期的准备、访谈提纲及初始问卷的设计。虽然国内有关农村公共文化服务供给研究比较多，但是对其研究的实证文献却比较缺乏，而获取国外农村公共文化服务供给研究文献有一定的难度，因此开发具有较高信度和效度的问卷是本书成败的关键点。在确定正式问卷后，笔者对湖北省六县区进行了实地调研，深入访谈基层农民，获得了宝贵的第一手资料，为本书的深入研究奠定了基础。

第二阶段，明确研究重点阶段。从农村公共文化服务供给的相关研究的文献综述出发，通过实地调研，获取农村公共文化服务供给历史和现状的有关资料，明确农村公共文化服务供给研究的重点和主题。根据历史和现实的需要，本书把农村公共文化服务供给的分析框架、国内历史经验借鉴、供需现状研究、供给满意度研究、现实供需障碍研究、供给的优化对策研究等内容作为本书的研究重点。

第三阶段，农村公共文化服务供给分析框架研究阶段。本书合理界定农村公共文化服务供给框架的内容维度，将其作为农村公共文化服务供给研究的逻辑起点，限定本书研究范畴，避免农村公共文化服务供给研究过于宽泛或过于狭窄。本书主要从供给主体、供给内容、供给方式、供给运行机制以及供需的影响因素等方面来探讨如何解决农村公共文化服务供给存在的问题和优化对策。

第四阶段，农村公共文化服务供给历史研究阶段和国外经验借鉴研究阶段。在文献研究基础上，分析和研究新中国成立以来不同历史阶段的供给特点、成就和存在的问题，以及国外的实践经验为现阶段我国农村公共文化服务供给提供有益历史借鉴和国外的经验借鉴。

第五阶段，农村公共文化服务供给现状研究阶段。通过对回收筛选后的有效问卷的描述性分析、问卷信度和效度检验，剔除无效和显著性不强的选项，通过开展大规模问卷调查所取得的有效样本数据分析，分析当前供需现状和供需的区域差异性现状、供给的满意度现状，得出优化我国农村公共文化服务供给的实证结论。

第六阶段，农村公共文化服务供给对策研究阶段。在以上几个研究阶段基础上，针对农村公共文化服务需求与供给存在的障碍及其产生原因，从突破需求和供给障碍出发，系统地提出农村公共文化服务供给的优化对策。

（二）研究内容

根据总体思路，本书的研究内容主要分为九个部分：

第一部分，绪论。从农村公共文化服务供给的政策和实践要求出发，提出所要研究的问题；描述选题背景，阐述选题的理论和实践意义；介绍研究的总体构思、主要内容、研究视角、方法及技术路线，并指出了本书的创新点。

第二部分，文献综述和理论基础研究。主要对国内外农村公共文化服务供给相关研究进行梳理和评析，对文化、农民文化需求、农村公共文化服务、农村公共文化服务供给等核心概念进行界定，对供需关系理论、新公共管理理论、公共产品理论和公共选择理论进行梳理，为研究农村公共文化服务供给奠定理论基础。

第三部分，农村公共文化服务供给分析框架研究。主要对农村公共文化服务供给的主体、内容、方式、运行机制以及供需影响因素等进行研究，为本书限定一个研究框架和范畴。

第四部分，农村公共文化服务供给历史演变研究。主要对新中国成立以来不同阶段农村公共文化服务供给进行研究，探讨农村公共文化服务供给特点、成就、问题和有益借鉴，为优化农村公共文化服务供给，解决农村公共文化服务的供需匹配及平衡问题提供历史借鉴。

第五部分，农村公共文化服务供需现状实证研究。对湖北农村公共文化需求进行调研，对访谈内容进行归纳和提炼，设计调查问卷，反复修正获得正式问卷，利用问卷数据，对需求现状、供给现状、供需区域差异、供给满意度进行实证分析，得出关于农村公共文化服务的实证结论。

第六部分，国外农村公共文化服务供给实践与经验借鉴研究，主要是对国外农村公共文化服务供给的实践类型和成功经验进行归纳总结研究，为我国农村公共文化服务供给侧改革，解决农村公共文化服务供需问题提供国外经验借鉴。

第七部分，农村公共文化服务供需障碍及其原因研究。从需求与供给角度，分析农村公共文化服务需求与供给存在的障碍及其原因，探讨农村公共文化服务供需存在问题的深刻根源。

第八部分，农村公共文化服务供给优化对策研究。主要是针对农村公共文化服务供需存在的障碍，探讨突破需求障碍的途径，探讨突破供给在主体、内容、方式及运行机制等方面障碍的途径，提出优化农村公共文化服务供给，解决供需匹配及平衡问题的对策。

第九部分，结论与展望。总结本书的主要研究结论，分析本书主要的不足之处，并对后期研究进行了展望。

四 视角、方法与技术路线

（一）研究视角

本书的研究视角是以农民文化需求为导向。农村公共文化服务的需求和供给是对立又统一的矛盾体。一方面，农村公共文化服务的需求方和供给方有其自身利益，所以它们存在对立的情况；另一方面，农村公共文化服务需求的满足需要通过供给来实现，而供给的产品或服务只有通过需求的回应和认可才能实现价值。农民的文化需求在很大程度上能够影响农村公共文化服务供给的选择。政府公共政策的制定都应以公民的需求偏好为基本导向，能够体现政府对公民的尊重、理解和关心。在农村公共文化服务供给中，政府应该以农民的文化需求为导向，高效地反映农民的文化诉求，提高农民的满意度，树立需求导向的文化服务供给理念。因此，本书将以农民文化需求为导向，围绕农民的需求来设计调查问卷，通过农村公共文化的需求现状分析、供需契合度分析，供需区域差异性分析以及供给满意度分析，从需求的视角来寻求供给中存在的问题和优化对策，力图改变供给实践中缺少农民文化需求的有效研究和调查的现状，改变为供给而供给的局面，以建立一个以农民文化需求为导向的农村公共文化服务的供给格局。

（二）研究方法

（1）文献分析法。本书梳理国内外相关文献和调查收集的一手数据，在文献综述部分、现状分析部分、国外经验借鉴部分和优化设计部分，都充分运用了文献分析法，许多重要的结论都是从文献分析法中借鉴和提炼而成的。

（2）实地调研法。笔者全程参与《湖北省农村公共文化服务供需状况及满意度调查》问卷调查研究活动，入户调查问卷达到90%以上，在湖北六个县区做了充分的实地调查，调查问卷分析和实地调查分析是本书许多结论的重要来源。

（3）实证分析法。本书对调查问卷进行统计分析，实证分析了农村公共文化服务供需现状和供给满意度及其主要影响因素。本书主要运用 SPSS19.0 统计软件、DPS 数据处理系统（9.50）、Eviews7.2 等软件对调查数据进行统计分析，其中实证分析法又具体化为频数分析、描述性分析、灰色相关度分析和逐步回归分析等分析方法，这些分析方法在供需现状研究和满意度研究中得到充分运用，使研究结论具有较强的科学性和可信度。

（4）比较研究法。在理论上，本书注重比较分析不同农村公共文化服务供给主体职能的不同、不同供给方式的优劣。在实证分析中，本书注重比较分析农村公共文化服务供给与需求的结构性矛盾，注重比较分析不同区域在供需方面的差异性。

（三）技术路线

本书研究的技术路线如图 0 - 1 所示。

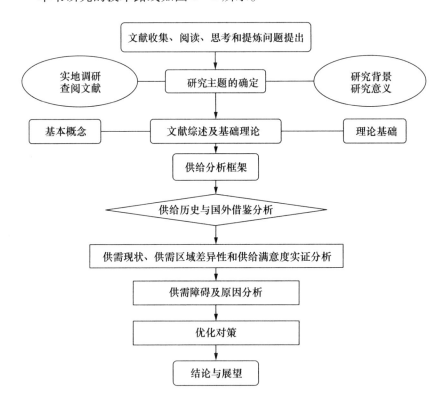

图 0 - 1 本书研究的技术路线

五 本书的创新点

国内外现有研究在农村公共文化服务供给分析框架、国内的供给历史借鉴、供需现状和满意度的实证研究以及系统的对策优化设计等方面存在不足，本书在一定程度上弥补了学界对农村公共文化服务供给研究的空白，其创新点主要体现在如下方面：

第一，创建了农村公共文化服务供给分析框架。本书创造性地将供给主体、供给内容、供给方式、供给运行机制和供需影响因素等内容纳入一个完整分析框架，对农村公共文化服务供给分析框架进行系统探讨，一定程度上解决了现有研究中供给理论研究不足的问题，为日后农村公共文化服务供给研究提供一个分析框架。

第二，本书从农民文化需求的视角来研究农村公共文化服务供给，在研究视角上是一个创新。本书通过需求现状实证分析、供需契合度分析、供需区域差异性分析、满意度分析、需求障碍分析和破解需求障碍的对策分析，一定程度上解决了学术和现实中对需求的忽视问题，也突破了以往供给研究单纯研究供给的樊篱，能够更深入更全面了解供给现状、供给问题和供给障碍，增强供给优化对策的针对性和实用性。

第三，本书为优化农村公共文化服务供给提供了国内历史经验借鉴。本书对新中国成立以来的不同时期公共文化服务供给特点、问题、成就和有益借鉴进行了研究，为优化农村公共文化服务供给，解决供需匹配和平衡问题提供了国内历史经验借鉴。

第四，本书在研究方法运用上具有创新性。本书利用调研数据，综合运用多种研究方法，对农村公共文化服务供给进行实证分析。本书主要运用描述性的分析方法对农村公共文化服务的供需现状和区域差异性现状进行分析，运用灰色相关度分析法和逐步回归分析法对农村公共文化服务供给的满意度进行分析，使结论有较强的可靠性和科学性。

第五，本书对农村公共文化服务供给对策进行了创新性研究。本书从突破需求与供给障碍入手，突破文化需求、供给主体、供给内容、供给方式和运行机制等方面存在的障碍，对农村公共文化服务供给进行了优化对策设计，这些优化对策具有一定的创新性和可操作性，能够较好地优化农村公共文化服务供给，解决供需匹配和平衡问题，对当前农村公共文化服务供给实践具有一定指导作用。

第一章　文献综述与理论基础

本章对农村公共文化服务供给有关国内外相关文献进行研究，目的在借鉴前人研究的基础上，寻求本书的研究空间，为后续理论与实证研究奠定基础；对文化、农村文化、农村公共文化服务、农村公共文化服务供给和农民基本文化需求等核心概念进行界定，进一步明确农村公共文化服务供给的内涵和外延；优化农村公共文化服务供给，解决农村公共文化服务的供需匹配及平衡的问题，必须有理论基础作支撑，本章也对供需关系理论、新公共管理理论、公共物品理论和公共选择理论等理论进行了梳理，为后续研究奠定理论基础。

第一节　文献综述

国内外有关农村公共文化服务供给的研究资料较为丰富，根据本书的研究目的，本节将文献综述研究分为三个部分：其一，国内相关研究梳理，重点是对农民文化需求和农村公共文化服务内涵、意义、供给模式、现存问题及原因、完善对策等内容进行梳理。其二，国外相关研究梳理，重点是对当代西方国家的文化管理体制、文化政策类型、公共文化服务理念、公共文化服务供给模式和供给效率等内容进行梳理。其三，国内外文献述评，明确本书的研究空间，国内外相关研究为本书后续理论与实证研究奠定基础。

一　国内相关研究

我国对农村公共文化服务的研究，是在公共服务研究的基础上，并借鉴有关农村文化建设研究成果，发展出来一个新型研究领域。笔者通过中国知网，对六大数据库，一次检索项为"主题"，检索词为"农村公共文化"，对中国学术期刊网络出版总库等六大数据库进行检索，析出论文精确查找，找到3267篇①，其中各数据库相关论文数目如表1-1所示，可见有关农村文化服务的文献非常丰富。

表1-1　　　　　　　　　CNKI数据库有关文献数量

论文合计总数	中国学术期刊网络出版总库	中国博士学位论文全文数据库	中国优秀硕士学位论文全文数据库	中国重要会议论文全文数据库	国际会议论文全文数据库	中国重要报纸全文数据库
3267	1391	11	190	70	1	1604

资料来源：中国知网。

本书通过中国知网，以篇名为"农村公共文化"方面的论文，对2006年1月1日至2015年7月15日近十年期间的论文，在表1-1中六大数据库进行检索，进行篇名包含"农村公共文化服务"进行精确检索，析出论文517篇，各年度论文数目如表1-2所示。

表1-2　　　　　　　　　有关论文近十年年度分布统计

论文篇数	2006年	2007年	2008年	2009年	2010年	2011年	2012年	2013年	2014年	2015年
517	21	50	40	65	51	66	63	59	73	29
占比（%）	4.0	9.7	7.7	12.6	9.8	12.7	12.1	11.4	14.1	5.6

资料来源：中国知网。

本书通过中国知网，以主题为"农村公共文化"方面的论文，对截至2015年7月15日的期刊论文，进行主题包含"农村公共文化服务"进行精确检索，论文文献来源为核心期刊和CSSCI期刊，析出147篇，各年度论文数目如表1-3所示。

---

① 查询时间截至2015年7月15日。

表 1 - 3　　　　　　　有关核心期刊和 CSSCI 期刊论文年度分布

合计	2006 年	2007 年	2008 年	2009 年	2010 年	2011 年	2012 年	2013 年	2014 年	2015 年
147	5	12	11	23	23	15	15	20	16	7

资料来源：中国知网。

由此可见，国内关于农村公共文化服务的研究虽然起步较晚，但从 2006 年到现在一直是热点，本节主要通过对核心期刊和 CSSCI 期刊论文的阅读，从农村公共文化服务需求等七个方面，对相关文献进行重点梳理。

（一）农村公共文化服务需求

农村公共文化服务供给要做到以农民文化需求为导向，做到供需平衡，就必须把握农民真实的文化需求。为此，不少学者对农村公共文化需求的有关内容进行了研究。彭益民（2012）对农村公共文化服务需求主要内容进行探讨，认为农民对政府提供技能培训、技术服务、市场信息服务等需要，构成了现阶段农民基本文化需求的主要内容[①]。郭文强、庄天慧（2012）对农民文化需求的特点进行了研究，认为现阶段农民的文化需求呈现出差异性、无限性、可指导性和多元化等特点[②]。游祥斌、杨薇、郭昱青（2013）对农村公共文化服务需求特点进行了分析，认为当前农村公共文化服务需求特点主要表现为：文化需求不断发展，层次不断提高，农民由被动接受者变为主动需求者，文化活动的参与性需求增强，文化需求由同质性走向异质性，文化消费仍处于较低水平和文化需求需要引导[③]。孙静、夏习英、张洪霞等（2011）对满足农民精神文化需求的途径进行了探讨，认为应该通过提高认识、加强领导、适应农村文化需求、开发精神文化产品等途径，来满足农民日益增

---

① 彭益民：《农村公共文化服务体系建设的几点思考》，《湖南行政学院学报》2012 年第 5 期。

② 郭文强、庄天慧：《新生代农民工精神文化需求问题探析》，《山西青年管理干部学院学报》2012 年第 1 期。

③ 游祥斌、杨薇、郭昱青：《需求视角下的农村公共文化服务体系建设研究——基于 H 省 B 市的调查》，《中国行政管理》2013 年第 7 期。

长的精神文化需求①。孙浩、朱宜放（2012）对农民文化需求表达机制进行了研究，认为农民文化需求表达不足主要表现为农民决策主体地位的"边缘化"等四个方面，需要重构农民在公共文化服务供给中的需求表达机制②。大多数学者认为农村公共文化服务需求的研究，对于了解农民真实需求，提高供给的针对性、供给的满意度和供给的效率具有重要意义。

（二）农村公共文化服务的内涵

国内学术界一般是在界定公共文化服务内涵的基础上，进一步界定农村公共文化服务内涵的，农村公共文化服务内涵有一定的争论，这种争论主要是围绕其公共性而展开的，因而农村公共文化服务定义主要有两种代表性的观点：

一种观点是从经济学的视角对农村公共文化服务下定义。即把农村公共文化服务看成区别于以一般市场方式提供的文化产品及服务活动。受这种观点的影响，有学者认为，农村公共文化服务是为满足农民文化需求的文化产品及服务的供给活动，其基本特征是基于社会效益，不以营利为目的，提供非竞争性、非排他性公共文化产品和服务③。这种运用经济学相关概念来界定农村公共文化服务，容易把它理解为向农民提供免费享受的公共文化产品或服务。

另一种观点是从管理学的视角对农村公共文化服务下定义。即把农村公共文化服务理解为除公共文化产品及服务外，还包括与文化相关法律、政策和监管等服务内容。受这种观点的影响，有学者认为，农村公共文化服务是指由政府主导，面向农村居民提供精神文化产品，保障和满足广大农村群众基本文化权益的服务行为和管理职责④。从管理学的

---

① 孙静、夏习英、张洪霞等：《农民文化需求与新农村文化建设研究》，《广东农业科学》2011 年第 20 期。

② 孙浩、朱宜放：《公共文化服务供给中的农民需求表达研究》，《湖北工业大学学报》2012 年第 6 期。

③ 巩村磊：《论当前农村公共文化服务缺失与机制构建》，《山东农业大学学报》（社会科学版）2010 年第 6 期。

④ 张云峰：《黑龙江省建设农村公共文化服务体系研究》，博士学位论文，东北农业大学，2010 年。

视角下定义，突破了农村公共文化服务单纯具体化为物态层面的含义，拓展农村公共文化服务外延，将农村公共文化服务延伸到政府公共文化的财政投入、文化政策制定、文化体制机制的改革创新等。但是从管理学的视角下定义，却容易把农村公共文化服务当成一种政府的管理行为，将政府作为唯一的农村公共文化服务供给主体。

（三）农村公共文化服务供给的意义

学者从不同的视角对农村公共文化服务供给的意义进行了探讨。有学者从农村公共文化服务社会功能的视角，认为建立农村公共文化服务供给的意义在于有利于促进农民文化权利的实现，占领农村思想文化阵地，推进公共服务型政府的建构①。有学者从价值取向的视角来探讨农村公共文化服务供给的意义，认为农村公共文化服务有满足农民精神文化需求、实现公民文化权利、重建乡村社会体系和引导农民构建新的农村生活方式为价值取向，所以其供给的意义在于能够促进社会主义新农村建设，增强党和国家在农村的政治动员能力，继承和传播社会主义先进文化，维护农村的社会稳定，促进和谐发展②。有学者从理念的改变和治理创新的视角，认为农村公共文化服务供给有利于改变重物质需求轻精神需求的农村服务理念，促进农民基本文化权利的实现和社会意识的重新回归，并且也有利于促进农村社会治理方式的创新发展③。有学者从提升政府信任的视角，认为提供高质量的农村公共文化服务，有利于提升农村居民对基层政府的政治信任④。

（四）农村公共文化服务供给模式

农村公共文化服务供给模式，学者从多个角度来进行分类研究。有学者从实现农村公共文化服务供给社会化的角度，认为农村公共文化服

---

① 胡荣、胡康、温莹莹：《社会资本、政府绩效与城市居民对政府的信任》，《社会学研究》2011 年第 1 期。

② 巩村磊：《农村公共文化服务体系构建的价值取向及其现实意义》，《理论学刊》2014 年第 1 期。

③ 周芝萍：《农村公共文化服务体系构建——以江西为例》，《江西社会科学》2014 年第 5 期。

④ 卢春龙、张华：《公共文化服务与农村居民对基层政府的政治信任——"来自农村公共文化服务现状调查"的发现》，《政法论坛》2014 年第 4 期。

务供给模式主要有政府主导型、多元主体合作型及社会化主体主导型三种供给模式，提出要建立多元主体合作模式，形成农村公共文化服务的共同供给格局①。有学者从提供服务主体特征的角度，认为现有的农村公共文化服务主要有大众传媒、文化事业、文化产业、农民自助四种供给模式②。有学者从供给主体发挥作用的角度，认为农村公共文化服务供给模式有政府权威型供给、市场商业型供给、志愿型供给、社区自治型供给和多元供给等模式③。农村公共文化服务本质上是一种公共产品，大多数学者认为在农村公共文化服务供给中，政府权威供给应该是占主导地位的模式，并且认为多元供给模式是农村公共文化服务供给的一种理想模式。

（五）农村公共文化服务供给的问题

尽管我国农村公共文化服务体系建设取得很大成绩，但是我国农村公共文化服务供给还存在不少问题。有学者从体制性障碍的角度，认为当前农村公共文化服务存在供给效率低下、投入不足和结构失衡等问题④。有学者认为当前农村公共文化服务供给中存在着诸如供需位序不匹配、供给内容单调雷同与需求的多样性不匹配、重硬供给、轻软供给、文化设施管理不到位等问题⑤。有学者认为，政府为农村提供公共文化服务有很多的障碍和瓶颈，认为政府为农村提供公共文化服务中存在认识偏差、供求矛盾、体制机制不完善等诸多问题⑥。综观现有学者的研究，我国农村文化服务供给主要存在供给总量不足、供需契合度

---

① 李少惠、王苗：《农村公共文化服务供给社会化的模式构建》，《国家行政学院学报》2010 年第 2 期。

② 张忠：《构建面向农民需求的文化供给模式——基于山东省农村调研数据的分析》，《管理现代化》2011 年第 3 期。

③ 刘晓珂、孙浩：《善治视角的农村公共文化服务供给模式》，《学习月刊》2012 年第 2 期。

④ 孙浩：《农村公共文化服务有效供给的体制性障碍研究》，《甘肃行政学院学报》2011 年第 6 期。

⑤ 游祥斌、杨薇、郭昱青：《需求视角下的农村公共文化服务体系建设研究——基于 H 省 B 市的调查》，《中国行政管理》2013 年第 7 期。

⑥ 袁忠、袁婷婷：《关于政府提供农村公共文化服务问题的探究——以广东省为例》，《广东第二师范学院学报》2015 年第 1 期。

低，供需结构失衡、公共文化服务缺少公平性、文化专业人才严重不足、文化设施的利用率不高、供给效率低下和农村公共文化服务供给形式单一、缺乏多样性等问题。

（六）造成农村公共文化服务供给问题的原因

造成农村公共文化服务供给问题的原因是多方面，学者从自己研究的角度，对供给存在许多问题的原因进行了具体分析。有学者从供给体制的角度，认为城乡二元文化服务政策，造成城乡不公平供给，是农村公共文化服务供给总量严重不足的体制原因[①]；有学者从分析现阶段农村公共文化服务缺失的表现入手，认为造成各种供给缺失的原因主要有思想认识存在误区、财政投入总量有限、社会力量参与不足和城乡二元结构体制[②]；有学者从供需契合的角度，认为供需双方对公共文化内容各有侧重，供给方和需求方对公共文化的作用各有所取，供给方更重视显性公共文化建设成果，以及公共文化服务供给机制不够完善等，是导致农村公共文化供需契合度不高的主要原因，他们认为，农村公共文化服务供需契合度不高的原因分析，对于改善供需结构，协调供给与需求双方矛盾具有重要意义[③]。总之，当前学者认为农村公共文化服务供给问题的原因，从总体上说，许多学者认为既有主观原因，也有客观原因；既有社会财政体制的原因，也有体制机制方面的原因；既有供方的原因，也有需方的原因。

（七）完善农村公共文化服务供给的对策

很多学者从不同视角，针对农村公共文化服务供给存在的问题，对完善农村公共文化服务对策或路径进行了探索。有学者从善治的视角，认为农村公共文化服务供给创新可以从两个方面着手：一是在农村公共文化服务供给体制方面创新，建立服务型供给体制；二是农村公共文化

---

① 徐小青：《中国农村公共服务》，中国发展出版社 2008 年版，第 57 页。

② 周芝萍：《农村公共文化服务体系构建——以江西为例》，《江西社会科学》2014 年第 5 期。

③ 徐双敏、宋元武：《当前农村公共文化服务供需契合状况研究》，《学习与实践》2014 年第 5 期。

服务供给模式创新,实行多元供给模式①。有学者从发挥农民主体作用的视角,认为要摆正政府主导与以农民为主体的定位关系,建构以农民需求为导向的公共文化产品供给制度,倡导农民自办文化,推动制度创新,才能实现农村公共文化产品的供需平衡,推动农村文化大发展大繁荣②。有学者从管理机制创新的视角,认为要通过发挥政府在农村公共文化服务作用,完善农村公共文化服务运行机制,加大多元化投入,保障农村公共文化服务费用,加强文化队伍建设等途径,来对农村公共文化服务体系管理机制进行创新设计③。有学者从社会主体参与的视角,认为引导和鼓励社会参与,是加强农村公共文化服务供给的重要路径选择④。有学者从体制与机制创新的视角,认为要完善顶层设计,坚持城乡公共文化共建等四大原则,实现五大转变,推进农村公共文化服务体系建设⑤。总之,大多数学者认为要从多方入手来完善农村公共文化服务供给,主张要加强供给体制方面创新、发挥农民的主体作用、完善农村公共文化服务运行机制、加大政府财政投入、提高农村公共文化设施管理和利用效率、加强队伍建设和文化阵地建设、鼓励社会力量参与、完善农村政策法规、构建评估指标体系和实现供给主体的多元化等对策措施,来完善农村公共文化服务供给。

二 国外相关研究

国外发达国家基本解决城乡一体化问题,一般不存在城乡二元分离结构,其城乡公共文化服务供给均等化水平比较高,所以它们大多将农村公共文化服务和城市公共文化服务同等对待,共同纳入国家公共文化服务的范畴,其学术界基本没有对农村公共文化服务供给进行单独论

---

① 刘晓坷、孙浩:《善治视角的农村公共文化服务供给模式》,《学习月刊》2012 年第 2 期。

② 王伟杰:《农民主体性视角下的农村公共文化产品供给研究——基于河南省七个村落的问卷调查》,《中州学刊》2013 年第 12 期。

③ 郭星:《农村公共文化服务体系管理机制创新路径考察——以"来宾模式"为视角》,《广西社会科学》2014 年第 5 期。

④ 程玉贤、李海艳、石月清:《鼓励社会力量参与农村公共文化服务体系建设研究》,《改革与开放》2015 年第 1 期。

⑤ 李桃、索晓霞:《民族地区公共文化服务城乡一体化初探》,《贵州社会科学》2014 年第 9 期。

析，但是国外有关学者利用新公共管理理论、新公共服务理论、治理理论等理论成果，推动了文化管理体制、文化政策、公共文化服务理念及其公共文化服务实践的发展，他们的研究为我国农村公共文化服务供给提供重要理论借鉴。

（一）西方文化管理体制

国外的文化管理体制大致可以分为四种类型，即社会调节型、政府主导型、多元复合型和政府严控型[①]。公共文化服务供给与各国文化管理体制密切相关，在不同的文化管理体制中，政府往往采取不同方式和手段来提供公共文化的服务，同时西方发达国家不同时期也实行不一样的文化管理[②]，西方发达国家的文化管理体制大致经历了三个发展阶段：

第一阶段是文化管理自由放任阶段，时间大约是从 19 世纪初到第二次世界大战前的这段时期。当时西方国家深受自由市场经济思潮的影响，几乎没有专门的文化管理部门和文艺政策，除学校教育以外，西方政府较少干预公共文化发展，公共文化服务处于自发状态。

第二阶段是文化管理政府直接干预阶段，时间大约是第二次世界大战到 20 世纪 80 年代之初。当时西方文化政策理念，如文化平等、文化民主和文化权利，在西方发达国家极为流行，西方国家政府开始推行文化发展的公共政策，加大对文化艺术的扶持力度，推动文化发展，将文化职能作为政府的重要职能之一。1959 年，法国成立文化部，将文化管理纳入现代政府行政，标志国家直接干预文化的管理体制正式出现，政府开始成为公共文化服务的主要决策者和提供者。这个时期，西方各国有关公共文化管理组织和机构纷纷设立、文化干预政策纷纷出炉，其文化政策经历了从自由放任到政府直接干预大转变，政府开始成为提供公共文化服务的重要主体。

第三阶段是文化管理的调整和改革阶段，时间大约为 20 世纪 80 年代末至今。自 20 世纪 80 年代以来，由于财政危机和政府信任危机的出

---

① 徐双敏：《公共事业管理概论》，北京大学出版社 2013 年版，第 149—152 页。

② 毛少莹：《发达国家的公共文化管理与服务》，《特区实践与理论》2007 年第 2 期。

现，政府再造运动在西方各国大规模开展，公共文化需求激增，西方国家文化政策又发生了重要的转型，转向要求政府放松管制，寻求更具效率的公共服务提供方式。西方国家文化政策在公共文化行政与管理观念上发生重大转变，开始注重运用新公共管理的理念来进行文化管理。西方国家文化管理开始倾向以满足人的发展需求的文化权利的实现为目的，注重采取商业管理技术，引入市场机制和顾客导向，追求各类公益性文化服务效率，寻求更具效率的公共服务提供方式，以维护国家、民族文化主权的需要。西方公共文化管理都进入了大规模的调整改革阶段，西方发达国家大都引进市场和社会力量参与公共文化服务的供给，西方公共文化服务供给形成了供给主体多元化的供给格局。

（二）国外文化政策类型

文化政策是公共政策的重要组成部分，表现为国家处理文化相关事务的方针、原则、法律、法规和各级政府的各种规范性文件。由于受历史传统、国情的差异、宪政制度的影响，世界各国公共文化管理体制有较大不同，世界各国文化政策也大不相同。西方学者（Hillman Chartrand，Claire Mc Caughey，1989）从政府与文化领域之间的关系的角度，认为世界各国文化政策可以大致分成四种类型文化政策，即促进者模式、资助者模式、工程师模式和建筑师模式。[①]

Hillman Chartrand 和 Claire Mc Caughey 认为，促进者模式是一种理想的"放手"模式，其理论是新自由主义思想，美国文化政策就是这一模式的典型。这种政策类型的特点就是政府通过税收奖励及优惠，坚信市场决定文化的生产力，让企业机构和慈善捐助者来间接推广文化活动，但政府不提供直接的艺术资助，只是提供有利于文化生产和消费的条件，不必制定法规管理文化艺术活动，形成了社会调节型文化管理体制。

资助者模式，是以英国、加拿大和澳大利亚等国的文化政策为典

---

① Chartrand H. , Caughey M. C. , The Arms Length Principle and the Arts: An International Perspective Past, Present and Future, in Milton C. Cummings, Jr. and J. Mark Davidson Schuster, *Whops to Pay for the Arts*? New York: ACA Books, 1989.

型。资助者模式与这些国家传统贵族对文化艺术资助的传统有关，这种政策类型的特点就是强调政府文化政策以提升职业性艺术活动的质量为目的，实行文化精英导向的文化资助政策，对高雅艺术而非在大众中普及的艺术进行资助。英国的地方委员会等准政府独立文化机构，经常给高雅艺术团体大量的经费资助，而对大众中普及艺术资助很少，形成了政府和社会组织共治文化管理体制。

工程师模式，是以20世纪90年代前的苏联和朝鲜等国的文化政策为典型。这种政策类型的主要特点是政府直接干预并控制文化领域，政府对文化单位实行直接、微观和全面的控制，完成政治目标成为文化政策的重要内容。政府用指令性的计划兴办文化事业，满足政治要求是文化事业单位的主要任务。这种政策类型中，文化是政治教育的一种工具，形成了一种政府管控型文化管理体制。

建筑师模式，是以法国文化政策为代表。这种政策类型的主要特点是政府设有专门文化管理机构，综合运用集权、分权和放权等多重手段，来设计全国文化发展的框架，规划文化政策目标和执行工具，政府注重对文化事业的宏观调控，用公共财政拨款直接资助各级文化团体，发挥政府在塑造文化环境方面的直接作用，以保证艺术自由和文化民主，形成了一种多元复合型文化管理体制。

以上四种模式是从政府与文化领域之间的关系来划分的，政府在对文化管理程度上存在不同文化政策模式。西方文化政策基本走向是从政府单一文化供给，到社会多元参与供给，再到重视地方、社会、公众等多元主体参与，同时，Hillman Chartrand 和 Claire Mc Caughey 认为，在不同的文化领域，有可能出现多种模式的混合组合模式。

（三）公共文化服务理念的形成

随着西方文化管理体制的改革推进以及公共文化政策的不断调整，新的公共文化服务理念开始在西方国家逐步形成。西方国家公共文化管理体制改革出现注重维护公民文化权利、注重公共文化服务的"公共性"、注重挖掘并依靠社会力量和适当导入市场机制等一系列新的价值取向，新的公共文化服务理念开始形成，而且此时西方发达国家在体制上也实现公共行政管理与公共服务供给分离，公共文化服务供给从公共行政管理独立出来。

新公共服务理论、新公共管理理论和治理理论等理论，对新的公共文化服务理念的形成起了决定性的作用。新公共服务理论强调政府的职能是服务，而非"掌舵"（登哈特，2004；桑德尔，1996），将公共管理的目标归结为公平性、民主性和服务对象满意度，由此凸显公民导向和服务导向①。新公共服务理论强调公共利益的重要性、行政行动的民主性、对公共行政责任的认识，重视人的因素等新的理念。新公共管理理论则是强调以顾客为导向，政府在行使其管理职能时应当引进市场机制，提高和改善公共服务质量和效益②。治理理论则认为，政府的角色应当是负责任的参与者之一，应由非企业社团、企业或私人，共同建立起一种政府、市场和社会多中心治理模式。Anthony Everitt 认为，完全落实公共文化政策，必须跨越各自为政的行政管理体制，采用全局性、整体观念的治理模式，实现"横向"跨部门合作③。西方公共文化服务在理念上追求公共文化资源配置的公平和合理，追求公共文化管理的经济、效率和效益，实现管理主体和权力中心的多元化，政府、市场和社会多元共同供给。这些理念成为推动西方公共文化管理体制变革的动力，促成了西方公共文化服务供给逐步从文化行政管理体制中分离出来，成为一个相对独立领域。

（四）公共文化服务供给模式

西方公共文化服务供给模式是以公共服务供给模式理论为理论基础的，西方有关公共服务供给模式理论研究大致经历了以下三个发展阶段：

第一个阶段是政府单一供给模式阶段。在以约翰·洛克为代表古典主义政治理论中，洛克认为政府的职能就是为个人提供公共服务，其主

---

① ［美］罗伯特·B. 登哈特，珍妮特·V. 登哈特：《新公共服务：服务，而不是掌舵》，方兴、丁煌译，中国人民大学出版社2010年版，第20页。

② ［美］戴维·奥斯本、特德·盖布勒：《改革政府》，上海译文出版社1996年版，第23页。

③ Everitt A. , The Governance of Culture：Approaches to Integrated Cultural Planning and Policies，*Cultural Policies Research and Development Unit.* , Policy Note No. 5. 1999, pp. 26 – 31.

要责任是提供人民的公共福利①。在亚当·斯密的古典主义经济理论中，亚当·斯密提出某些公共事业及某些公共设施供给是政府的职责，诸如公共安全和公共秩序、国防、公共设施和公共事业应由政府来供给②。1920 年，庇古在其著作《福利经济学》一书中，论证政府干预政策和政府提供公共品的合理性③。1954 年，萨缪尔森在《公共支出纯理论》一文中，认为公共产品只有政府供给才能实现资源配置的帕累托最优，认为政府是公共产品供给的当然主体④。这篇论文的发表标志着公共产品由政府供给理论的最终形成。从约翰·洛克政治理论，到亚当·斯密的经济理论，到阿瑟·塞西尔·庇古的福利经济学，再到萨缪尔森的公共产品理论，他们对公共产品供给相关问题的观点，分析和论证政府是公共服务的单一供给主体。

第二个阶段是多元主体参与供给阶段。从 20 世纪 60 年代开始，西方理论界开始强调企业在公共服务供给中的作用。1965 年，公共选择学派代表詹姆斯·麦基尔·布坎南（James Mcgill Buchanan）提出俱乐部理论，他认为俱乐部产权制度，由于对成员具有激励和约束机制，不但能避免"搭便车"，而且又能消除"公地的悲剧"⑤。新制度经济学的鼻祖罗纳德·哈里·科斯（Ronald Harry Coase）在《经济学中的灯塔问题》一书中，认为通过一定制度安排来明确产权，公共产品可以由企业供给，从而使对公共品使用进行收费成为可能⑥。从理论上论证企业参与公共服务的可能性。本杰明·基德伦（Benjamin Gidron）等提出的

---

① [英] 约翰·洛克：《论政府两篇》，赵伯英译，陕西人民出版社 2004 年版，第 204 页。

② [英] 亚当·斯密：《国富论（下）》，郭大力等译，商务印书馆 1997 年版，第 253、283 页。

③ Pigou A. G. , *The Economics of Welfare* , London：Macmillan Publishing Company，1920，pp. 36 - 40.

④ Samuelson P. , The Pure Theory of Public Expenditure, *Review of Economics and Statistics*, Vol. 36, No. 4 (Nov. , 1954), pp. 387 - 389.

⑤ Buchanan J. M. Economic Theory of Clubs, *Economics*, New Series, Vol. 32, No. 125 (Feb. , 1965), pp. 1 - 14.

⑥ Coase R. H. , The Lighthouse in Economics, *Journal of Law and Economics* 17, NO. 2 (October 1974), pp. 357 - 76.

政府—非政府组织关系的类型学理论，将政府与非政府组织的关系划分为政府支配模式、非营利部门支配模式、双重模式和合作模式四种基本模式，认为政府与非政府组织之间可以共同提供某种公共服务①。为此，西方从公共服务理论到实践，实现了公共服务供给主体的多元化。

第三个阶段是多中心供给模式阶段。自20世纪80年代以来，随着社会经济的快速发展，西方公共服务供给方式发生了新的变化和进步，在公共服务供给过程中，政府主导的色彩越来越淡化，市场和社会作用越来越强，出现了一种新多元的供给模式——多中心供给供给模式。早在1951年，在《自由的逻辑》一书中，迈克尔·博兰尼（Michael Po-lanyi）就最早提出了"多中心"一词，他认为这种"多中心"是为了某种公共利益而建立起来自发秩序②。奥斯特罗姆夫妇（Ostroms）认为，多中心供给模式实质就是指主体之间相互独立，地位平等，在各自权限范围内可以自主决定公共服务，但在某种特定的规则体制中主体之间建立互补协调关系，而实现公共服务供给的优化配置③。

因此，受西方公共服务供给模式理论的影响，西方公共文化服务供给模式一般也有政府单一供给模式、多元主体参与供给模式和多中心供给模式之说，但是20世纪中叶以来，主要西方发达国家的公共文化服务的具体实践，逐步形成了以法国为代表的政府主导模式、以美国为代表的市场分散模式和以英国为代表的"一臂之距"分权化模式④，这些模式有着各自鲜明特色、优势和不足。

以法国为代表的政府主导模式。这种模式主要特色是：政府设有专门的文化管理部门，对文化服务和产业的发展进行决策和推动；对文化团体进行有限资助，使它们以非营利性质来提供公共文化服务，向公众

---

① Gidron B., Kramer R., Salamon L. M., *Government and The Third Sector*, San Francisco: Jossey - Bass Publishers, 1992, pp. 103 – 124.

② ［英］迈克尔·博兰尼：《自由的逻辑》，冯银江等译，吉林人民出版社2002年版，第142页。

③ Ostrom E., James W. (Ed.), Trust and Reciprocity: Interdisciplinary Lessons for Experimental Research. *Volume VI in the Russell Sage Foundation Series on Trust*, Russell Sage Foundation, 2003.

④ 孔进：《公共文化服务供给的国际经验及借鉴》，《国外社会科学》2015年第2期。

无偿提供公共文化产品和服务；政府注重保障文化资金投入，在政府的
财政支出中，文化支出占有很大的比例；法国建立了发达的农村公共文
化服务供给网络，仅就公共图书馆而言，市镇图书馆（室）和省级外
借图书馆主要为乡村提供服务的图书馆，省级图书馆通过建立村镇图书
室或配备图书借阅点为农村读者服务①。David Looseley（2001）认为，
这种政府主导型的文化管理模式优势是，公共文化服务能够得到大量资
金支持、更好监管和良好保护，而且没有缺乏文化自由；② 具有较高效
率，能够运用国家的文化资源迅速为公众提供基本的公共文化服务。政
府主导型的文化模式也有其不足。当公众对公共文化服务的需求增长，
需要政府投入更多的资金，政府供给财政压力大，政府供给与社会需求
之间的差距拉大，公众的满意度较低；由于受信息不对称的影响，政府
主导型的文化模式还造成了公共文化资金分配的不平等等问题。

　　以美国为代表的市场分散模式。这种模式主要特色是：政府的职责
是完善政策法规，制定行业标准以政府管制代替直接生产；公共文化服
务决策和执行分开，多元化主体参与公共文化服务供给；实现了行政管
理体制与市场机制有机结合起来；没有管理文化事务的专门的行政机
构。美国政府在国家文化艺术管理中扮演的是"提供便利者"的角
色③，公共文化服务供给资金主要通过各种公共基金会或私人的基金会
对文化事业进行经济资助。市场分散型公共文化服务模式的优势是通过
市场竞争的力量配置文化资源，避免了政府直接提供所带来的效率损
失，能够调动包括非政府组织在内的社会力量的积极性，较好地满足不
同层次公众的文化需求，但这种模式的缺点在现实中也很明显，Roberto
Bedoya 认为，这种模式既不利于形成国家统一价值观，也不利于政府
文化战略的贯彻执行④。

---

　　① 苏旭：《法国文化》，文化艺术出版社 2001 年版，第 185 页。

　　② Looseley D., *Cultural Policy in France Since* 1959：*Arm's Length*，*or Up Close and Person-al?* Nordisk Kultur Institute，2001.

　　③ Duelund P.，*The Nordic Culture Model*，Copenhagen Nordic Cultural Institute 2003，p. 48.

　　④ Bedoya R.，*U. S. Cultural Policy*：*Its Politics of Participation*，*Its Creative Potential*，ht-tp：//npnweb. org/wp – content/content/files/CulturalPolicy. pdf. 2004.

以英国为代表的"一臂之距"分权化模式。这种模式主要特色是：在行政管理上要求分权管理，上下级政府之间纵向分权，政府与非政府组织之间横向分权；政府文化管理部门负责宏观政策指导和财政拨款，政府并非直接管理文化事务，具体文化事务交由准自治的非政府文化组织来完成，政府保持与非政府组织保持"一臂之距"。这种模式优点是：政府部门直接管理文化事务减少，提高了文化管理效率；政府加强了文化团体监督，保证文化经费得到客观公正的分配，减少了腐败；政府部门和非政府组织的合作有利于满足公民的多层次的文化需求，这种模式在避免特殊利益集团的干扰和政府部门的任人唯亲方面是卓有成效的。因此，加拿大、澳大利亚和中国香港地区等国家（地区）都采纳"一臂之距"分权化模式。

（五）公共文化服务供给效率

公共文化服务供给效率表现为社会文化福利的实现程度。西方学者普遍认为引入竞争机制，实现公共文化服务国家市场化和民营化，可以较好地解决资源分配问题，提高公共文化服务效率。约瑟夫·斯蒂格利茨（Joseph. E. Stiglitz）和盖瑞·米勒（Gary J. Miller）等认为，政府可以在宏观调控的同时，引入市场竞争机制，将社会竞争引入公私部门，通过签订行政合同和特许经营等方式，委托私人部门供给公共文化服务，能够使公共文化服务的供给更加有效率，也能够更好地满足公众对公共服务的需求①。他们认为公共文化服务民营化供给是提高公共文化服务供给效率研究中的一个热点，民营化能打破政府对公共服务的垄断，提供更好更高效的公共文化服务。多中心治理理论代表人物埃莉诺·奥斯特罗姆认为，多中心供给模式是一种有效提高公共服务效率的模式，她认为公共品最好的供给方式由多中心供给，她在对警察服务进行实证分析中发现，在公共经济中多中心混合供给可能是极有效率的供

① Miller G. J. , Moe T. M. Bureaucrats, *The American political Science Review*, Legislators, the Size of Government, Vol. 77. No. 2. （Jun. 1983）, pp. 297 – 322.

给方式①。因此，多中心治理学派认为，公共文化服务供给采取多中心的供给模式，能够较好地解决公共文化服务中效率低下问题。

三　国内外研究述评

国内学者对有关农村公共文化服务供给的内涵、意义、问题及原因、供给模式和完善供给对策等内容进行了卓有成效的研究，这些研究是需求导向的农村公共文化服务供给研究的重要组成部分，本书就是在现有研究的基础上，进一步研究农村公共文化服务的供给要素、供给现状、供给的契合度、供给的区域差异性、供给满意度以及供给优化对策；国内学者对农民文化需求的研究，有利于正确把握农民文化需求现状，有利于深入认识供给的各种制约因素，提高供给对策的针对性，本书就是以农民的文化需求为导向，进一步研究如何实现供需匹配和平衡，如何满足农民文化需求，如何提高供给的满意度，进而达到优化农村公共文化服务供给的目的。

由于西方发达国家经济发展水平、文化传统、社会组织发展程度、文化管理体制和文化政策等原因，国外缺少直接针对农村公共文化服务供给的专题研究，但是西方的相关研究，在多方面对本书具有启迪价值。西方文化管理体制，经历了三个发展阶段，为本书提供了理论视角上的重要参照，我国的农村公共文化服务供给，也要注重文化管理体制的改革与创新，引进市场和社会力量参与农村公共文化服务的供给，形成供给主体多元化的供给格局；国外公共文化政策类型研究，对本书的研究具有启迪价值，我国应结合具体国情，合理区分政府与文化领域之间的关系，制定出农村公共文化服务供给政策；西方公共文化服务理念，为本书以农民需求为导向，维护农民文化权利，实行多元供给等观点形成提供了思想源泉；西方国家有关公共文化服务供给模式和有关公共文化服务供给效率的研究，对我国的农村公共文化服务供给具有借鉴意义，有助于我国农村公共文化服务供给形成多元参与供给模式，更加

---

① Ostrom E. James W. （Ed.）. Trust and Reciprocity：Interdisciplinary Lessons for Experimental Research. *Volume VI in the Russell Sage Foundation Series on Trust*，Russell Sage Foundation，2003.

注重农村公共文化服务供给的绩效。由于中国国情不同于西方国家，城乡二元供给体制也没有发生根本性的变化，因此，基于现实国情，建立与新农村文化建设相适应的农村公共文化服务体系，需要从西方公共文化服务供给理论吸取营养，在供给实践中获得启迪，找到我国农村公共文化服务供给存在的问题和原因，探寻可行的优化对策。

但是，综观国内外的诸多文献，现有研究并没有形成以需求为导向的农村公共文化服务供给专门研究，现有的有关农村公共文化服务供给研究都不成体系，没有系统性，绝大多数只是针对农村公共文化服务供给实践中或现实中存在的某一具体问题进行研究与论述，现有的研究在以下四个方面显得不够充分：

第一，现有研究大多数没有从供给构成要素和供需影响因素的角度构建一个完整供给分析框架。现有农村公共文化服务供给研究没有合理确定供给的研究范围，有关研究要么过于宽泛，要么过于狭窄，对实际供给指导作用不大，没有对农村公共文化服务供给分析框架进行系统的理论探讨，农村公共文化服务供给的框架理论研究存在不足。

第二，现有研究大多数缺乏对国内农村公共文化服务供给的历史研究，缺乏新中国成立以来农村公共文化服务供给的历史考察，对新中国成立以来各个阶段的供给特点、成就、问题及有益借鉴缺乏系统研究，国内的历史借鉴研究不够充分。

第三，现有研究大多数没有从农民文化需求出发探讨农村公共文化服务的供给现状，没有考察供需的契合度和供需区域差异性，鲜有用调查和实证的方法来分析供需现状和供给满意度，农村公共文化服务供需现状研究和供给满意度实证研究不够深入。

第四，现有研究没有同时从需求和供给的角度，探讨需求与供给存在的障碍及其原因，探讨农村公共文化服务供给对策的优化设计，有关对策设计缺乏系统性、针对性和可操作性。

因此，国内外的现有研究表明，在农村公共文化服务供给分析框架研究、国内的农村公共文化服务供给历史研究、有关供需现状和满意度的实证研究、系统的优化对策研究等方面存在不足，为本书的研究提供了较多的学术研究空间。本书也主要从这些方面入手，探讨如何优化农村公共文化服务供给，解决农村公共文化服务的供需匹配及平衡问题，为农村公共文化服务供给实践提供理论指导。

第二节　核心概念的阐释

农村公共文化服务供给相关的核心概念内涵，关系到本书研究范围的限定。农村公共文化服务供给概念有着特定的内涵，主要回答"农村公共文化服务供给应该是什么"以及"哪些内容属于农村公共文化服务供给的内容"。而要界定农村公共文化服务供给，必须从明确文化和农村文化、农民文化需求和基本文化需求、农村公共文化服务这些核心内涵出发，从可能得出合乎我国农村公共文化服务供给实际的内涵和外延，明确农村公共文化服务供给范畴。

一　文化和农村文化

(一) 文化

"文化" (culture) 源于拉丁语，是人们最常用的词语之一，但是目前为止仍然没有统一的界定。英国文化学者爱德华·伯纳特·泰勒 (E. B. Tylor) 在《原始文化》中给文化的界定较为权威，他认为："文化是人类在自身的历史经验中创造的包罗万象的复合体，包括知识、信仰、艺术、道德、法律、风俗以及其余从社会上学得的能力和习惯。"[1] 也就是说，文化只包括精神因素，特指人类所创造的精神财富的总和。我国学者一般是从广义和狭义上来界定文化的内涵，广义的文化指人们在社会发展历史过程中所创造的物质财富和精神财富的总和。狭义的文化是指在一定的物质资料生产方式基础上发生和发展的人类精神生活方式的总和[2]。广义的文化把文化泛化为社会生活中的一切，这样就在实际的考察中失去对特定事物的理解能力。因此，本书认为文化的含义宜作狭义的理解，这种定义似乎更符合我国公共文化服务供给实践。

---

[1] 郭建宁：《当代中国的文化选择》，北京大学出版社 2004 年版，第 1 页。
[2] 徐双敏：《公共事业管理概论》，北京大学出版社 2013 年版，第 141 页。

但是，狭义的文化概念仍然比较宽泛，它包括文学、艺术、教育、科学、道德、法律、风俗等诸多内容，需要进一步对其进行划分。以提供文化服务是否收费和收费多少为标准，可以将所有形式的文化分为私人文化和公共文化两类。私人文化，也称经营性文化或个性文化，是指提供服务时需要收取一定费用，以满足特定的群体或个人的文化消费需要为主要目标的各种文化总称，其主要内容（或活动形式）包括娱乐业、演出业、广播电视、文化商品、商业性文化演出等。当前的私人文化活动主要存在三个领域：一是逐渐成型的文化市场；二是家庭生活空间；三是休闲娱乐活动①。而公共文化也称公益性文化，指提供服务时免费或优惠提供公民的消费的各种公益性文化服务的总称。有学者认为，公共文化是"在文化的精神品质上具有整体性、公开性、公益性、一致性等内在公共性特征的文化"，"从外延上具有群体性和共享性等外在公共性的文化"②。本书主要研究范畴限定在公共文化之内，不研究私人文化。

（二）农村文化

依据狭义文化的理解，农村文化是指农村区域内特有的在一定的物质资料生产方式基础上发生和发展的人类精神生活方式的总和。作为与"城市文化"相对且以农民为主体的区域文化，农村文化具有文化的普遍性和自身的特殊性，它有着自己独特的文化特质。与文化的分类相对应，农村文化分为农村公共文化和农村私人文化两大类。农村私人文化，是指在农村提供文化服务时，需要收取一定费用，以满足特定的农民群体或个人的文化消费需要为主要目标的文化。农村公共文化是指政府主导、市场和社会参与，以满足农民文化需求，保障农民基本文化权益为目的，免费或优惠提供农民的消费的各种公益性文化服务的总和。

农村公共文化具有以下多项功能。①传承功能，即农村公共文化具有传承农业生产生活实践中创造优秀文明成果和农民千百年来积累智慧

---

① 李红春：《自由空间与审美话语——审美现代性视野中的私人文化活动》，《艺术广角》2006 年第 1 期。

② 万林艳：《公共文化及其在当代中国的发展》，《中国人民大学学报》2006 年第 1 期。

的作用；②服务功能，即农村公共文化具有为新农村经济、政治和社会
建设服务的作用，为培育有文化、懂技术、会经营、高素质的新型农民
服务；③导向功能，即农村公共文化具有为农民提供价值观念、思维方
式和行为规范，指导和控制农民的心理、情绪和行动，达到社会控制的
作用；④娱乐休闲功能，即农村公共文化具有发挥满足农民娱乐休闲的
需要，农民得到愉快的享受，提高其文化生活的质量的作用；⑤认识功
能，即农村公共文化具有帮助农民了解和掌握农业生产自然与农村社会
的作用，不断提高农民自身素质和认识能力，推动着农村的全面发展；
⑥教育功能，即农村公共文化具有教育农民的作用，具有通过农村公共
文化活动，使农民在德育、智育、体育、美育、劳动教育和心理教育得
到提升，提高农民的思想道德和文化水平，促进农民的全面发展的作
用。农村公共文化具有以上功能，显示其具有区别于农村私人文化的公
益性和非营利性，本书研究范畴主要限定在农村公共文化之内，不研究
农村私人文化。

二　农民文化需求

农村公共文化服务供给与需求是农村公共文化服务不可分割的矛盾
统一体。农村公共文化服务供给是为了更好地满足农民基本文化需求，
农民基本文化需求的满足与否，是评价农村公共文化服务供给是否优
质、高效、公平的重要指标，因此，只有了解农民文化需求内涵，以农
民文化需求为导向，才可能更好地了解和把握农村公共文化服务供给
内涵。

（一）文化需求

文化需求是人们为了满足各种精神生活需要而形成的对文化产品和
商品的要求，并通过一定的量表现出来的需求[1]。现代文化需求可分为
商品文化需求和非商品性文化需求两种。商品性的文化需求，是指人们
通过购买手段，支付一定的价格实现的文化需求；非商品性文化需求，
是指人们无须支付价格就可以实现的需求，主要表现为社会公益性文化
需求，如街头雕塑、广场音乐会，其目的是满足社会公众对生活环境的

---

[1]　胡惠林、李康化：《文化经济学》，上海文艺出版社 2003 年版，第 49—50 页。

良好文化氛围的要求。本书主要以公益性的非商品性文化需求为导向，研究如何优化以非商品性文化需求为目的的农村公共文化服务供给。

（二）农民文化需求

农民文化需求可以分为基本文化需求和非基本文化需求两类。农民基本文化需求涵盖范围极为广泛，至今没有一个公认的界定，但我们可以从农民的文化生活中概括出农民的基本文化需求。"基本"的含义是"根本的、主要的"①。因此，本书认为农民基本文化需求是农民对满足其主要的精神生活需要而形成的对文化服务的需求，并通过一定的量表现出来的主要的文化需求。它可分为农民对公共文化的基本需求（或农村公共文化需求）和农民对私人文化的基本需求（或农村私人文化基本需求）两种类型。农民基本公共文化需求，是指农民对由政府和其他公共组织为满足农民主要的精神文化生活需要，免费或优惠提供给农民的各种主要公共文化服务的需求，它主要包括农民对农村基本公共文化设施的需求和对农村基本公共文化活动的需求；农民私人文化基本需求，是指农民自己组织或自己通过购买手段，以实现的自身主要文化生活需要而对各种主要的私人文化产品或文化活动的需求。本书主要从农民基本公共文化需求的视角来研究农村公共文化服务供给，所以在不特别注明时，本书所说的农民基本文化需求，主要是指农民基本公共文化需求（或农村公共文化需求）。

三 农村公共文化服务供给

（一）农村公共文化服务

由于在我国实际的公共文化服务供给中，公共文化服务的供给主体不仅仅是政府，而应该包括为了公益性而提供文化产品和服务的企业和非政府组织。运用经济学相关概念来界定农村公共文化服务，容易把农村公共文化服务简单理解为向农民提供免费享受的公共文化产品或服务。从管理学的视角下定义，农村公共文化服务又容易被当成政府的一种管理行为，将政府作为唯一的农村公共文化服务供给主体。综合管理学和经济学对农村公共文化服务定义两种视角，本书认为农村公共文化

---

① 董大年主编：《现代汉语分类大词典》，上海辞书出版社 2007 年版，第 1034 页。

服务是由政府、企业和非政府组织在农村以满足农民群众文化需求为目的，提供给农民的以各种公共文化活动和农村公共文化设施为主要内容的公共文化产品或服务活动，以及有关农村文化法律、制度、政策以及文化监管等各种服务制度和服务活动。

农村公共文化服务内容非常广泛，按照当前农村公共文化服务实践，农村公共文化服务内容主要包括农村公共文化活动和农村公共文化设施为主要内容的公共文化产品或服务活动，但是它还应该包括有关农村文化法律和制度层面、农村文化政策层面以及农村文化监管层面的各种服务制度和服务活动。农村公共文化活动主要是指放电影、进行外出就业指导、组织农技知识培训、组织群众歌舞活动、培训骨干、组织文艺演出、组织地方戏曲演出和组织花会灯会庙会等公共文化活动。农村公共文化设施主要是指文化活动站、农家书屋、电影院、有线电视、有线广播、图书馆、体育场、老年活动中心、农业技能培训室、公共网吧等公共文化设施①。农村文化法律和制度主要是指各级政府从宏观角度，制定有关农村文化建设和农村公共文化服务的法律、法规和规范性的文件，这些规范性文件一般包括有关目标、原则、主要任务和保障措施等内容，对农村公共文化服务做了原则性的规定，从而创造一个公平合理的公共文化服务环境和制度服务体系；农村文化政策，主要是为农村公共文化服务提供财政政策、人事政策和市场准入政策和知识产权保护政策等，这些政策对保障公益性文化事业单位经费的正常支出和农村公共文化服务项目财政投入，打破文化从业人员的传统身份认证，打破政府垄断文化生产与供给的格局，加大农村文化艺术品的保护和开发具有重要意义；有关农村公共文化监管层面服务活动，主要在明确政府、社会组织、公众和媒体在监督管理方面的法律地位的基础上，对农村各供给主体提供公共文化服务进行监督与管理活动。可见，农村公共文化服务的内容非常广泛。

（二）农村公共文化服务供给

依据农村公共文化需求和农村公共文化服务的概念分析，本书认为

---

① 徐双敏、宋元武：《农民公共文化服务需求的区域差异性——基于在 H 省内的实证调查研究》，《湖北行政学报》2014 年第 5 期。

农村公共文化服务供给是政府、企业、非政府组织以及其他有关主体，以满足农民文化需求为目的，免费或优惠为农民提供各种文化产品或服务活动的过程。这个概念包括以下含义：

第一，农村公共文化服务供给主体是政府、企业、非政府组织以及其他有关供给主体，农村公共文化服务供给不应是政府单一主体唱主角，而是政府、市场和社会组织多元参与，发挥各自优势，多元主体共同供给的过程。

第二，农村公共文化服务供给的服务对象是农民，他们对农村公共文化服务的参与度和满意度，直接决定了农村公共文化服务主观评价，也客观反映出农村公共文化服务供给效果，供给过程中必须重视农村公共文化服务的对象，以满足农民基本文化需求为目的，以农民需求为导向，真实反映农民的文化需求，有针对性地提供服务。

第三，农村公共文化服务供给内容是各种文化产品或服务活动，包括提供给农民的各种公共文化活动和农村公共文化设施等公共文化产品或服务活动，以及有关农村文化法律和制度层面、农村文化政策层面以及农村文化监管层面的各种服务制度和服务活动。

第四，农村公共文化服务供给方式应该是免费或优惠的。农村公共文化服务是一种公共性很强的公共产品，具有很强的非竞争性和非排他性，农村公共文化服务供给应该是免费或优惠的，以追求社会效益为主。

第五，农村公共文化服务供给本质上是一个服务过程，包括农村公共文化服务的计划、融资、生产、提供和监控等多个环节，农村公共文化服务供给要做到优质、高效和公平，必须注重这些环节，只要其中某一个环节出偏差，就会影响供给效率和供给满意度。只有在供给主体、供给内容、供给方式和供给运行机制方面进行创新，才可能提高农村公共文化服务供给效率和供给满意度。

从广义文化含义看，农村公共文化服务还应该包括农村中小学教育、农村新闻广播事业和农村科学技术事业等公益性文化事业，并与文学艺术创作、音乐创作、工业设计和建筑设计等文化产业内容，它们都是保障农民基本文化权利的重要途径，但是这些公益性文化事业和文化产业，基本上不是当前现实中农村公共文化服务的供给内容，国家长期有专门的供给和发展政策，因此，本书并不具体研究所有这些公益性的文化事业和文化产业供给。

第三节　理论基础

需求导向的农村公共文化服务供给分析离不开相应的理论指导，否则分析就成为无源之水、无本之木。本书选择供需关系理论、新公共管理理论、公共产品理论和公共选择理论作为分析农村公共文化服务供给的理论基础。供需关系理论明确地说明农村公共文化服务供给应以需求为导向，为满足农民文化需求，维护农民文化权益为目的观点提供了理论支撑；新公共管理理论强调顾客导向，利用市场和社会力量提高公共服务的供给绩效等内容，为农村公共文化服务的有效供给提供了理论指导；公共产品理论为政府在农村公共文化服务中应该居于核心地位和发挥主导作用奠定了理论基础。公共选择理论所主张的多数人的共同决策，克服政府和官员的自利行为，减少和克服我国农村公共文化服务供给中的无效供给，实现供需匹配与平衡，为实现多元主体供给提供了理论来源。

一　供需关系理论

供需关系理论，即供给与需求关系理论，它是有关供给与需求在生产过程的地位和作用的知识体系和学说。经济学家对供需关系有不同观点，形成了不同供需关系理论，其中有代表性的理论主要有萨伊的供求理论、凯恩斯的有效需求理论和拉弗为代表的供给决定理论。

（一）萨伊的供求理论

19 世纪上半期法国经济学家萨伊是一位有争议的经济学家，李嘉图称他的功绩大于所有其他大陆著作家的全部功绩，但是现代凯恩斯经济学是从批判萨伊定理建立和迅速发展起来的，而到了 20 世纪 70 年代，美国供给学派又把萨伊定理奉为真理。萨伊对供给与需求的关系做了自己的解释①。

萨伊（C Jean Baptiste Say，1827）认为"供给能够创造其本身的需求"（Supply creates its own demand）的观点，即所谓的"萨伊定律"（Say's Law）。它包含两个方面：一个是供给创造了需求；另一个是供给会创造出等量的需求。萨伊否定生产过剩的存在，商品的供给会为自己创造出需求。产品总是用产品来购买，买者同时也就是卖者，局部供求不一致也会因价格机制的调节而达到均衡，全面否认资本主义经济危机产生的必然性。显然在供给与需求关系中，萨伊认为强调供给的主导作用。

马克思（Karl Heinrich Marx，1872）也强调了供给的重要作用，他认为，生产相对于消费而言，是居于支配地位的要素，生产会创造出新的需求，但是马克思批判了供给会创造出等量的需求这种观点，他认为在现实中供给与需求从来都不会一致，供给会创造出等量的需求的说法并不成立②。

因此，萨伊定律的成立是在很严格的前提条件才能够成立的，从短期来看，产品的供给与需求是不一致的，这种不一致通过价格围绕着商品价值上下波动表现出来，从短期来看，供给会创造出等量的需求是非常荒谬的；但是从长期来看，社会的总供给等于总需求又是必然存在的，否则社会便会出现不稳定的因素，从长期来看，萨伊定律关于供给会创造出等量的需求又有其合理性。

（二）凯恩斯的有效需求理论

凯恩斯的有效需求理论是在借鉴前人基础上提出来。亚当·斯密认为需求有绝对需求和有效需求之分，只有市场需求才是有效需求，即是能使商品价值实现的需求，而那种没有购买力的人的需求，就是绝对需求，是非市场性需求，它不能使商品价值实现③。他提出的有效需求与凯恩斯的有效需求是同义的，为后来的凯恩斯所借鉴。

---

① Say J. B. , A Treatise on Political Economy, or the Production, Distribution, and Consumption of Wealth, Trans. CR Prinsep, New York: Augustus M. Kelly, 1821. p. 455.

② Marx, K. , *Das Kapital. Kritik Der Politischen Oekonomic*, 1872, Hamburg: O. Meissner, p. 2.

③ Smith, A. , *An Inquiry Into the Nature and Causes of the Wealth of Nations*, 1776, London: W. Strahan and T. Cadell, p. 2.

凯恩斯（John Maynard Keynes，1936）认为，有效需求是总供给与总需求相等从而处于均衡状态的社会总需求，一定时期内，大众的有效需求在国民的平均收入水平中起决定性的作用。影响有效需求主要有消费倾向、对资本资产未来收益的预期、流动偏好三个因素和货币供应[1]。凯恩斯还敏锐地发现产品市场与货币市场是紧密联系，他认为产品市场交易中的均衡收入会作用于货币市场，而货币市场中货币的均衡利率又会对产品市场产生影响。汉森[2]（Alvin Hansen，1949）等经济学家首创 IS - LM 模型来阐释产品和货币市场之间的关系，进而使凯恩斯的有效需求理论更加系统化。

凯恩斯的有效需求理论认为，要实现充分就业政府必须运用积极的财政政策与货币政策，以确保足够水平的有效需求。可见，凯恩斯的有效需求理论，在供给与需求关系上，不是萨伊的"供给能够创造其本身的需求"，是需求决定供给，而且是有效的需求决定供给，需求在二者关系中具主导地位。

（三）供给决定理论

供给学派是 20 世纪 70 年代在美国兴起的一个经济学流派。该派学者强调经济中需求会自动适应供给的变化，主张复活萨伊定律，反对政府干预，主张通过减税刺激投资，主张控制货币，反对通货膨胀。拉弗（Arthur Betz Laffer，1983）认为，供给在供给和需求之间的关系中起决定性的作用[3]。生产的增长决定于劳动力和资本等生产要素的供给和有效利用，其中资本积累决定着生产增长速度，应当鼓励储蓄和投资。需求的地位如果取代了供给，那么社会必然会遭受巨大灾难，在一定经济周期内，特定需求必须由特定供给决定，需求必须适应供给，而不是相反，供给决定需求这是二者之关系的本质及规律。供给学派再次强调供

---

[1] Keynes, J. M., *The General Theory of Employment*, *Interest and Money*, 1936, New York: Harcourt, Brace, p. 403.

[2] Hansen, A. H., *Monetary Theory and Fiscal Policy*, 1st ed. ed. 1949, New York: McGraw - Hill Book Co., p. 236.

[3] Laffer, A. B., et al., *Foundations of Supply - side Economics: Theory and Evidence* 1983, New York: Academic Press, p. 283.

给的主导地位，这种理论对于限制超过均衡需求的超前需求提供了理论基础。

（四）对农村公共文化服务供给的启示

经济学家在经济领域探讨了供给与需求关系，不论哪派供求理论孰对孰错，都非常明确地说明需求与供给是一对矛盾的统一体，它们之间存在相互作用和不可分割的联系。农村公共文化服务供给与需求是不可分割的，供给应以需求为导向，以满足农民文化需求，维护农民文化权益为目的。农村公共文化服务需求通过需求表达机制和需求选择机制等渠道作用于供给，使供给能够把握需求并服务于需求，但是需求也要与经济发展水平、收入水平和社会供给能力相适应相协调，脱离实际的文化需求不仅不能实现，而且还会给经济社会带来混乱。因此，农村公共文化服务供给与需求存在对立统一的不可分割的联系，二者是相互依存互为前提的关系。在我国现有的经济发展水平阶段，农村公共文化服务供给不可能以满足农民所有的文化需求为目的，农村公共文化服务供给主要以满足农民的基本文化需求为目标，实现好维护好发展好农民群众的基本文化权益；由于不同区域不同的农民对供给内容和形式有一定特殊性的要求，把握农民的真实文化需求，必须深入调查研究农民的基本文化需求，为农民提供通俗易懂和喜闻乐见的文化服务；同时要建立和完善农村公共文化服务多元合作交流机制，使供给主体和需求主体之间相互配合和相互监督，实现农村公共文化服务供给决策的民主化和科学化，如实反映需求，增强供给的针对性和有效性。供需关系理论为重视需求，以需求为导向的农村公共文化服务供给提供理论支撑。

二 新公共管理理论

从 20 世纪 80 年代初开始，新公共管理作为一种国际性政府改革思潮，在西方掀起一场政府改革运动，对以英美为代表的西方政府改革产生了重大而深远的影响。休斯（Owen Hughes）认为："新公共管理的采纳，意味着公共部门管理领域中新范式的出现"。[1] 新公共管理不但

---

[1] Hughes O. E., Public Management and Administration：An Introduction (2nd ed.). Macmillan Press LTD. ST. Martin's Press Inc., 1998, p. 1.

是指一种公共行政管理新理论，而且也是指一种新的公共实践模式，新公共管理的出现，意味着政府管理研究领域范式的转变。新公共管理运动的代表人物主要有克里斯托夫·胡德（Christopher Hood）、戴维·奥斯本（David Osborne）、麦克尔-巴泽雷（Michael Barzelay）等，他们的许多学术著作包含新公共管理理论的思想。

（一）新公共管理范式特征

新公共管理范式特征与传统的公共行政学范式特征有很大的不同，主要表现为如下八个方面：

（1）重新定位了政府职能及其社会关系。政府不再是自我服务的官僚机构，强调顾客导向，把社会公众当成消费者（顾客），应制定各种完备的服务标准来回应社会公众的需求。

（2）要求改善管理者与公众之间关系。公共管理者由高高在上的官员和管理者变成提供服务的商家，社会公众由被管理者变成了消费者和顾客，公共管理者必须听取公民的意见，提供回应性的服务，满足公民的需求。

（3）主张放松严格的行政管制。以政府为代表的公共组织必须清楚自己的职责，下放部门管理权力，实现严明绩效管理目标控制，而非听命于上级的行政官员，强调基层人员的自主权。

（4）重视公共服务的效率与质量。新公共管理关注产出或结果，重视预算的总量控制，重视战略管理与项目预算，而非投入和过程，强调用工商管理的手段和技术来提高效率和质量。

（5）强调公共服务分散化和小型化。在组织结构性变革中，新公共管理强调建立半自治性的分散和小型的公共服务机构，有利于政府内部引进市场机制，缩小政府规模和权力集中程度，提高公共产品和服务的供给效率。

（6）注重采用私营部门的管理方式。它主张应采用成本—效益分析法，企业的项目预算、战略管理、顾客至上、合同雇佣制和人力资源开发等原则或措施，重塑公共部门管理，这些原则或措施可以也应该广泛地被政府所采用。

（7）强调主张实行公共部门民营化。新公共管理主张让私营部门参与公共管理，用市场的力量来改造公共部门，减少政府干预，缩小政府规模，降低政府管理成本，提高公共服务供给的效率。

（8）新公共管理要求改善管理者与政治家的关系。在新公共管理中，公共管理者开始参与公共事务决策和公共政策制定之中，公共管理逐渐变成了政治管理，政策的制定与执行不能截然分开，要正视公共管理者与政治家的关系，加强公共管理者与政治家沟通交流，改善管理者与政治家的关系。

（二）新公共管理理论创新

新公共管理理论以其理论创新和实践中的巨大成效，已经成为当代西方政府管理研究领域的主流，对传统的公共行政学范式带来了严峻挑战，是西方政府管理创新的重要理论基础。新公共管理理论创新主要表现如下：

新公共管理理论为公共部门管理提供了经济学理论基础。新公共管理学者把眼光转向经济学和工商管理学，使公共管理的研究开始应用经济学的理论和方法论，分析、批判和指导政府改革实践，用经济学的方法来关注公共管理结果、效率和绩效，为公共部门管理提供了经济学理论基础。

新公共管理理论拓宽了公共行政学的理论视野。与传统的公共行政学主要关注政府内部事务不同，新公共管理将研究对象从政府内部拓展到外部公共组织上，将研究内容拓展到公共选择、产权、外部性、交换范式、政府失败、标杆管理、目标管理、战略管理、成本核算、多元组织等新的研究主题。

新公共管理理论提供了新的公共管理模式。这种新的管理模式就是具有十大特征的"企业家政府"模式。在《治理的未来：四种正在出现的模式》一书中，彼得斯将这种新公共管理模式细分成市场型、参与型、灵活性和解除规制四种类型政府治理模式。①

（三）对农村公共文化服务供给的启示

新公共管理理论已经成为当代西方政府管理研究领域的主流，其管

---

① Peters B. G. , The Future of Governing：Four Emerging Models, University Press of Kassas, Lawreme, KS. , 1996, pp. 16 - 20.

理范式和理论创新，对于我国农村公共文化服务供给具有重要的启示作用。我国的农村公共文化服务供给要注重顾客导向，坚持公共管理的服务导向，要注重农民的文化需求，维护农民的基本文化权益，重塑政府与农村社会的关系，实现从官僚、管理者到公仆和服务者的角色转换；农村公共文化服务供给应该强调绩效管理，切实转变政府职能，尽可能将农村公共文化服务职能转交给社会和企业，提高农村公共服务的供给绩效；农村公共文化服务供给引入竞争机制，注重采用企业管理方式，强调公共服务分散化和小型化等理念，善于利用市场和社会力量来改造政府，注重采用企业和非政府供给方式，实现从农村公共文化服务的多元供给。新公共管理理论为农村公共文化服务供给提供了理论指导。

三 公共产品理论

公共产品理论主要是关于正确处理政府与市场关系，高效提供社会产品，合理配置公共财政收支和实现公共服务市场化的一种新政治经济学的基本理论，如何高效提供公共产品或服务是该理论关注的重要内容。在公共产品供给方面，由于市场失灵，市场机制难以达到"帕累托最优"。公共产品由私人部门通过市场提供，就会出现"免费搭车者"，从而难以实现全体社会成员的公共利益最大化。

（一）公共产品特征

经济学家萨缪尔森（1954）在《公共支出的纯理论》一文中提出公共产品的概念，他认为公共产品或服务是能为绝大多数人共同消费的产品或服务，它具有消费的非竞争性和受益的非排他性[①]。在此基础上，公共产品理论阐述了公共产品的四个特征。公共产品的非竞争性。它意味着任何人对公共产品的消费都不会影响其他人对这种产品或服务的消费数量和质量，即增加一个消费者，对于供给者的边际成本和对消费者的边际拥挤成本均为零。公共产品的非排他性，意味着任何人都不能在消费公共产品的过程中单独享受该产品的利益。根据公共产品的非竞争性和非排他性又提出了两个派生属性：公共产品的效用的不可分割

---

① Samuelson P. A. , The Pure Theory of Public Expenditure, Review of Economics and Statistics, Vol. 36, No. 4（Nov. 1954）, p. 2, pp. 387 – 389.

性和外部性。公共产品效用的不可分割性是指某种公共产品的消费者只能作为一个集体来共享这种公共产品或公共服务，其效用无法分割到个别的消费者身上，"谁受益，谁付款"的原则不适用于公共产品和服务。公共产品的外部性是指一个消费者在消费公共产品或服务时，对其他人产生了有利或不利影响，受益者无须为这种有利影响带来的收益付出代价，造成不利影响的消费者也没有为他人遭受的损失承担成本。

因此，公共产品或服务公共产品的四个特征表明，公共产品是只能共享且不受影响的共享，而不能排斥任何人享用的产品或服务。理论上讲，具备非竞争性、非排他性、效用不可分割性、外部性这四个特征的产品被称为纯公共产品，不完全具备所有这四个特征的部分产品被称为准公共产品。公共产品的分类不是绝对的、一成不变的，它取决于市场条件和技术水平，其公共性的程度会随着技术进步、法制健全或市场拥挤程度发生改变。

（二）农村公共文化服务的公共性

现阶段我国农村公共文化服务具有较强的非竞争性、较强的非排他性、效用的不可分割性和较强的正外部性，大部分属于纯公共产品的范畴。具体来说，一是农村公共文化服务的较强非竞争性体现在，所有农民都应享受政府提供基本公共文化服务平等权益，在享受权益机会上不具有竞争性。二是农村公共文化服务的非排他性体现在，享受政府提供农村基本公共文化服务是农民的基本权利，任何人都无法排除其他农民分享这种文化利益，即使在技术上可以将部分农民排除在享受农村公共文化服务的范围之外，但会引起农民享受公共文化服务权益上的不公平，因而农村公共文化服务具有非排他性。三是农村公共文化服务的效用不可分割性体现在，无论是提供特定群体公共文化服务，还是普惠性农村公共文化服务，农村公共文化服务的供给是面向特定的农民群体或者是全体农民，无法使农村公共文化服务单独分割给农民个人。四是农村公共文化服务有较强的正外部性体现在，农村公共文化服务不仅能使个体农民自身文化素质得到提升，培育适应现代经济社会发展要求的新型农民，而且普遍改善农村居民成员的文化生活质量，建设农村和谐社会，对促进经济增长和维护社会稳定都具有重要作用。可见，农村公共文化服务有较强的公共性，应该由政府来承担主要供给责任。

（三）对农村公共文化服务供给的启示

市场机制按照等价原则运行，要求商品的消费具有排他性，且所有受益者都愿意根据自身获得的收益支付商品成本，从而保证市场能够有效提供商品。由于农村公共文化服务具有较强的非竞争性、非排他性、效用不可分割性和正外部性，市场主体和社会供给从自身利益最大化的角度出发，不可能承担提供农村公共文化服务的主要责任，由此造成了市场供给和社会供给无法有效提供农村公共文化服务，同时农村公共文化服务的外部性也使农村公共文化服务的生产与消费的市场价格有可能偏离了其社会成本，导致市场配置公共文化产品不能实现帕累托效率。因此，农村公共文化服务的有效提供，需要发挥政府提供公共产品中的核心地位和主导作用，不但需要政府积极提供农村公共文化活动和农村公共文化设施等文化产品或服务，而且还需要政府积极提供农村公共文化方面法律和制度层面、农村公共文化政策层面以及农村文化监管层面等各种文化服务制度和文化服务活动，合理划分政府、市场和社会在提供农村公共文化服务方面的相互关系，既要避免政府在农村公共文化服务供给方面越位和缺位，又要避免政府在农村公共文化服务低效的单一的垄断供给，压抑市场和社会力量在提供农村公共文化服务的积极性。

四　公共选择理论

公共选择理论是在 20 世纪 60 年代逐渐形成，如今在政治经济领域产生了重大影响的经济学派之一。公共选择理论是一种用经济人模式，把政治制度置于经济分析之中的一种新政治经济学。公共选择理论的研究对象是非市场决策的公共选择行为，认为非市场决策是一种包括立宪、立法、行政和司法的复杂政治过程。在立宪阶段，公共选择要求选择的是制定根本性的法规，把它作为非市场决策行为的基本依据；在立法阶段，公共选择要求在制定根本性的法规范围内展开集体活动，进行讨价还价，形成各种法案；在行政和司法阶段，公共选择要求将法案具体付诸实施执行，具体执行各项决策，其中行政和司法阶段既是操作难度最大的、问题最多的阶段，也是公共选择理论最关注的重要阶段。政府失败理论构成了公共选择理论的主要内容，是公共选择理论的核心论题。

（一）公共选择理论的方法视角

公共选择理论其研究方法上的突出特征是经济人假设、方法论上的个人主义和经济学的交换范式①。公共选择理论就是运用经济学来研究非市场决策问题，它运用经济人假设、个人主义分析方法和经济学的交换范式，来分析政治市场和政治决策，完全不同于传统意义上的政治学。

经济人假设。公共选择理论的一个主要分析方法就是把经济学中的经济人的假设，运用到政治领域来分析政治行为，它认为政治领域中的每个个体都是自利的经济人，以追求自身的利益最大化为目的。在政治领域（或称政治市场）也像经济市场一样，人们在政治领域也会讨价还价，进行各种政治交易，进行各种利益的交换过程。该理论认为，政府并不是传统政治学所宣扬的那样，是代表公民利益的，政府是追求自身利益最大化，官员和政治家的目标也不以追求社会利益的最大化为目标，他们都是追求自身利益最大化，因而产生了一系列政府失灵的问题。追求个人利益最大化是公共选择理论的基本观点，公共选择理论坚持经济人假设是其与传统的政治理论相区别的重要尺度。然而，现实的政治领域中，有许多政府官员和政治家是以追求公共利益最大化为目的，不仅仅是追求自身利益的。因此，公共选择理论受到一些学者的猛烈批评，认为理性人的利益最大化部分地而不是全部地解释了所有政治领域中发生的事情。②

方法论上的个人主义。公共选择理论采取个人主义的分析方法探究政治问题，由个人选择入手，分析个体选择行为如何影响社会决策，认为社会选择不过是个人选择的集结，个人是基本的分析单位，一切社会选择的起因都是源于个人的有目的行动和选择。公共选择理论这种研究路径，学者一般简称为"方法论上的个人主义"或称为"个人主义的

---

① ［美］詹姆斯·M. 布坎南、戈登·塔洛克：《同意的计算——立宪民主的逻辑基础》，陈光金译，中国社会科学出版社2000年版，第21页。

② ［美］格林、沙皮罗：《理性选择理论的病变：政治学应用批判》，徐湘林、袁瑞军译，广西师范大学出版社2004年版，第36页。

分析方法"。方法论上的个人主义是相对于方法论上的整体主义而言的，是一种从个体到整体的分析思路，它认为个体的动机与选择对整体行为选择有重要影响，个体的动机和独立的目标深深影响并决定着集体行为选择。布坎南认为，集体行动不过是个人选择通过集体来实现其目的的个人活动，在政治过程中只不过是众多个人行动导致一系列政治结果。公共选择理论基于方法论上的个人主义对集体决策的考察，认为集体行动是实现既定目标时的多个个人行动集合，因而不存在独立于个人利益而存在的国家利益或公共利益，公共选择自始至终都贯穿个人私利。因此，公共选择不过是多个人选择通过一定游戏规则，而形成个体选择的集结，与经济运行决策一样，政治决策可以也应该采用个人主义的分析方法。

经济学的交换范式。经济学的交换范式是指从事经济学的研究者所共同遵守的，以交换为基本原则的世界观和行为方式。公共选择理论用经济学的交换范式来研究政治决策和集体行动，认为政治决策结果主要归因于复杂的政治交换，政治过程是一种类似于市场交换过程。在政治市场，政治供给方是政治家和官员，政治需求方是选民和纳税人，供求双方组成政治市场上的主体，由于他们也是经济人，受自利本性影响，政治市场的供求双方在政治决策时，都会对个人的成本与收益进行计算，支持、不支持或反对某项决策，与经济市场交易结构有相似性，政府及官员受自利动机的限制，他们采用利用多种诸如寻租等方式来实现自身的利益①。

（二）公共选择理论的政府失败论

公共选择理论全面地分析了西方民主社会的政治结构，其中心命题可以归结为政府的失败。在布坎南看来，政府并不能总是弥补市场经济的不足，有些时候政府的作用恰恰相反。布坎南对政府失败的主要表现形式、政策和政府部门低效原因，进行了较为深入的分析，并提出了政策建议。

---

① ［美］詹姆斯·M. 布坎南：《寻求租金与寻求利润》（中译文），载《经济社会体制比较》编辑部编《腐败：权力与金钱的交换》，中国经济出版社 1993 年版，第 112—113 页。

在布坎南等人看来，政府失败的情形很多，但其主要表现在四个方面：政治制度失灵；权力滥用和预算扩张；寻租普遍导致交易费用高；机构膨胀，但效率却下降。布坎南认为"政府的缺陷至少和市场一样严重"①。

布坎南等分析了政府失败的原因，他认为政府政策的低效率的原因可以从政府内部和外部两个方面来考察②。从政府内部看，政治家具有自利动机，容易受自身的经济人动机影响，会遵从个人效用最大化原则来决策；从政府外部看，外部环境往往缺乏一种约束机制，不能够制约政府的行为方式。缺乏竞争机制、缺乏降低成本的激励机制、政府机构自我膨胀和监督信息不完备等因素，是造成政府机构工作低效率的主要原因。

布坎南等公共选择理论家提出补救"政府失败"的政策建议。首先要约束政府的权力。要借助于"需求显示法"，使所有个体都有充分的激励，提高社会民主程度，进而制止政府扩张的倾向；其次要提高官僚体制的运转效率。政府机关要在内部重新建立竞争结构，引进市场机制，允许若干个"办事机构"在工作分配问题上展开竞争，提高运营效率；再次要恢复个人积极性的激励制度，既可以采用负责人占有本部门节省的部分预算费用的方法，也可以把晋升的可能性同部门的节约程度联系起来，允许把"节约资金"用于"预算外"活动结合起来，加强部门之间的竞争；最后要创新财税制度，限制政府的税收收入，约束政府财税无限增长。

（三）对农村公共文化服务供给的启示

公共选择理论的出现凝结着人类共同智慧的结晶，它对于我国的农村公共文化服务供给具有重要的启示作用。农村公共服务供给决策过程中也要引入多元主体参与决策，实现公共选择理论所主张的多数人的共同决策，克服政府和官员的自利行为，以使各方利益或矛盾达到折中与

---

① ［美］詹姆斯·M. 布坎南：《自由市场和国家》，平新乔、莫扶民译，北京经济学院出版社1988年版，第28页。

② Mueller D. C. , *Public Choice II：A Revised Edition of Public Choice*, Cambridge University Press, 1989, pp. 322 - 343.

平衡，制定出更好的供给政策，减少和克服我国农村公共文化服务供给中的无效供给，供需结构的失衡等问题；我国农村公共服务供给要防止政府供给的失败的可能性，认识到政府及其官员具有自利动机，容易受自身的经济人动机影响；要打破政府单一供给的局面，政府在机关内部建立竞争结构，引入市场竞争机制，引入社会力量，实现多元供给主体协同的供给，并且使多元供给主体在竞争中互助合作，相互监督，以提高政府公共服务供给效率和质量。总之，公共选择理论为我国农村公共文化服务供给创新提供了理论来源。

第二章　农村公共文化服务供给的分析框架

农村公共文化服务供给分析框架就是要合理明确农村公共文化服务供给研究范畴，避免研究要么过于宽泛或过于狭窄从而失去对实践中农村公共文化服务供给指导意义。农村公共文化服务供给研究应该首先从厘清供给本身入手，厘清供给主体、供给内容、供给方式以及供给运行机制等构成要素的含义，明确供给与需求的影响因素。农村公共文化服务供给的分析框架应该由供给构成要素及供需影响因素组成，其中农村公共文化服务供给构成要素包括供给主体、供给内容、供给方式以及供给运行机制等要素，这些要素相互作用、相互联系形成了农村公共文化服务供给的构成要素体系，它们成为农村公共文化服务供给的分析框架主要内容，供给与需求的影响因素对供给的有效性产生重要影响，它们也成为农村公共文化服务供给的分析框架的重要内容。农村公共文化服务供给的分析框架，是完整理解农村公共文化服务供给是一个复杂服务过程的关键，也直接关系供给主体活力能否发挥，供给内容能否丰富健康，供给方式能否灵活多样，供给运行机制是否协调高效和供需结构是否平衡与对接，因此，农村公共文化服务供给的分析框架研究是后续研究的逻辑起点，也为后续研究限定了研究范畴。

第一节　农村公共文化服务的供给主体

农村公共文化服务的供给主体是指负责提供农村公共文化服务各种组织和个人。根据公共产品理论，政府一直被认为是公共文化服务最优的供给主体，但是根据新公共管理理论和公共选择理论，公共文化服务不但可以由市场主体和社会主体来提供，而且市场主体和社会主体参与供给可以提高公共文化服务供给的针对性、有效性和满意度。目前，我国农村公共文化服务供给主体主要有各级政府及其文化管理部门，文化馆和图书馆等各类公益性文化事业单位，公共文化企业和农村经济合作组织等经济组织，农村村民委员会、共青团、妇联、文联、老年人协会等社会团体，以及包括文化热心人士在内的其他社会力量等，它们都可以一定形式提供农村公共文化服务，但是绝大多数农村公共文化服务仍由政府生产和提供，政府垄断农民公共文化服务的现象还是比较普遍。本节主要对属于第一部门里的政府、属于第二部门的企业和属于第三部门的非政府组织这三种供给主体进行研究，明确各个主体在农村公共文化服务供给中的主体地位。

一 政府：居核心地位的供给主体

广义上的政府是指包括立法、行政、司法和检察机关在内的一切国家机关。狭义的政府机构仅指各级行政机关，即依照国家法律设立并享有行政权力、担负行政管理职能的国家机关，是国家权力机关的执行机关，是社会中不以营利为目的的公共组织。政府的职能就是提供公共产品与公共服务，这是国际行政学界的共识。

政府是农村公共文化服务当然的供给主体。公共产品经济理论认为，公共产品具有不可分割性、非竞争性与非排他性，在公共产品的供给中仅仅靠市场机制，不可避免地会出现"免费搭车"的现象，是无法达到"帕累托最优"，无法实现公共利益最大化的。由于在公共产品供给方面的"市场失灵"的存在，就需要由政府来提供公共产品，也决定了政府应该成为公共产品最重要的供给主体，通过制定各种政策措施规避市场供给的弊端，从而为公民提供优质的公共产品。从本质上说，农村公共文化服务供给就是提供一种公共产品。因此，按照公共产品理论，政府理应是农村公共文化服务中居核心地位的供给主体，理应是农村公共文化服务的主要决策者和提供者。

政府提供公共文化服务最大优势就是能够较好地维护公共利益，保持供给的公平性。我国政府长期承担各种农村公共文化服务供给的职责，这些职责主要包括：制定有关农村公共文化服务方面的法律、法规、政策及发展规划，明确农村公共文化服务供给的目标、项目及评估指标等内容；确定专项农村公共文化财政资金，明确文化经费投入方向和支持重点文化项目，为开展农村公共文化服务供给提供财力支撑；完善各种文化制度和政策，创造良好农村文化氛围；兴办农村各种公共文化事业，举办农村公共文化活动，消除其他供给主体提供服务时产生的负外部性等职责。政府通过履行这些职责，用行政手段强制性地对公共文化资源进行优化和配置，能够较好地满足农民对公共文化服务的需求，维护农民的基本文化权益，因此，在我国政府一直是居核心地位的农村公共文化服务供给力量，在我国农村公共文化服务供给中发挥主导作用。

二　企业：主要的市场供给主体

企业一般是指以营利为目的，运用各种生产要素生产商品的社会经济组织。虽然企业是现代社会中的必要的基础性的经济单位，按照传统公共产品理论，企业被排除在公共服务供给主体之外。但是，随着理论和实践的发展，企业可以通过市场机制，发展政企伙伴关系，直接或间接参与生产公共产品和提供公共服务。现在企业在农村公共文化服务供给中已经发挥重要作用，是农村公共文化服务主要的市场供给主体。

农村公共文化服务供给并不需要全部由政府公共文化服务部门自己来生产，一部分农村公共文化服务供给由政府支付费用，可以通过合约购买，农民凭券消费的方式，由文化企业来生产和提供；另一部分农村公共文化服务供给，如专业性的农村戏剧表演、乡村音乐会等，也必须由文化企业来生产和提供。此外，文化企业还可以提供相当数量的免费公益性的文化产品，如免费文艺表演和文体设施的捐赠等。在现实的农村公共文化服务供给中，离开企业提供农村公共文化服务，很多公共文化服务供给是不可能达到理想供给效率，企业参与农村公共文化服务供给具有必要性。

企业能够作为供给主体的缘由主要体现在三个方面：首先，企业拥有自身优势。企业有较多的资金，有强大的生产能力和市场竞争力优势，由企业直接来提供文化服务，可以节约文化服务的成本，企业供可以成为政府供给的有益补充和合理延伸。其次，企业除了担负经济责任外，也应在繁荣农村文化方面负有一定的社会责任。农村文化建设是整个社会文化建设事业的重要组成部分，企业理应在其所在农村社区，通过自己的优势，为农村文化的繁荣做贡献，为农民生产和提供一些公共文化服务。最后，政府文化职能转变客观需要企业承接政府已转让的部分职能。如转制后的文化团体和民营文化企业可以通过公私合作、公益捐助等方式，广泛参与农村文化产品的生产和提供。政府可以通过引入竞争机制，优胜劣汰，由竞争机制选择优秀企业，委托企业提供农村公共文化服务。在我国，各种企业越来越广泛地参与农村公共文化服务的供给，已经成为农村公共文化服务供给的市场供给力量。企业作为重要的市场力量，在参与农村公共文化服务供给方面日益发挥重要作用。

三 非政府组织：主要的社会供给主体

从广义上讲，非政府组织是指政府和营利企业之外的一切社会组织，是独立于政府体系之外的具有一定程度公共性质并承担一定公共职能的社会组织。狭义的非政府组织在我国主要指按照国家规定在民政部登记的社会团体、民办非企业组织和基金会等以非政府性、非营利性、志愿性、公益性与组织性等为主要特征的社会组织[①]。随着我国非政府组织的快速发展，非政府组织越来越多承接部分由政府转移过来的职能，直接或间接参与农村公共文化服务供给，是新型的农村公共文化服务供给主体。

非政府组织参与农村公共文化服务供给有其特殊的优势。一是信息优势，人们交往比较紧密，信息能在农村范围内广泛传播。二是激励充分，由于它与人们关系紧密，对于参与文化供给相关问题的解决更有积极性。三是具有较好的回应性。四是对财政资金依赖程度较小。政府可以将公共文化资源让渡给非政府组织，对其运营进行补贴和资助，由非政府组织提供公共文化服务，政府也可以将需要提供的公共文化服务，以行政合同的形式，委托非政府组织提供，并通过法律法规、财政资助

---

① 徐双敏：《公共事业管理概论》，北京大学出版社 2013 年版，第 28—31 页。

额度和税收优惠政策，由非政府组织提供公共文化服务，并对非政府组织提供公共文化服务的行为进行监督管理。非政府组织日渐广泛地参与农村公共文化服务供给，成为农村公共文化服务供给中不可或缺的社会供给力量。

农村非政府组织充分利用自身资源，发挥自身优势，承担着农民与政府之间的中介，有效地化解了当前农村公共文化服务总量不足、供需结构失衡的矛盾，在农村公共文化服务供给中发挥着积极作用。在我国农村，有许多有正式组织的非政府组织，如村委会、妇联和共青团等组织和无正式组织的非政府组织性质，如农村群众文艺团队、农村文体健身队、农民秧歌队、文化志愿队、群众业余文化组织、农村文化户等，它们都能提供多种公共文化服务，这些文化活动活跃了农村的文化氛围，丰富了农民的日常文化生活。随着经济社会发展转型，非政府组织已日益成为我国城乡公民文化生活的主要组织空间。各种非政府组织在农村积极提供的志愿性、公益性、互助性的公共文化服务活动，对于丰富农民的公共文化生活具有重要意义。

四　社区和农民：辅助性的社会供给主体

农村公共文化服务供给主体除了政府、企业和非政府组织外，还包括社区和农民个人等社会力量，他们都可以在特定条件下成为农村公共文化服务供给主体。农村社区与农民的关系最为密切，对农民需求往往有准确把握，社区提供农村公共文化服务有一定优势。当前我国农村社区主要表现为各个农村自然村、自然村小组和农村的新型社区，这些社区可以提供一些如农村文化志愿者服务、利用非政府组织整合社区内的文化资源和其他主体合作提供部分公共文化服务。农民作为农村公共文化服务的消费者和供给主体，农民可以通过承担个人责任以及志愿参加社区性的公共文化活动，直接成为社区公共文化服务的供给者。但是我国农村社区发展不够充分，农民的力量也十分有限，我国农村公共文化服务供给中，社区和农民个人作用非常有限，是农村公共文化服务供给中起辅助作用的供给主体。因此，本书没有把社区和农民个人参与的农村公共文化服务的供给作为独立内容进行重点研究。

第二节 农村公共文化服务的供给内容

农村公共文化服务供给内容就是就指农村公共文化服务供给所提供的各种具体公共文化服务。农村公共文化服务供给内容非常广泛，按照不同标准，可以分为不同的类型。农村公共文化服务供给内容的分类，有利于深入把握农村公共文化服务供给类型，便于对农村公共文化服务进行分类供给，开展精细化的农村公共文化服务，提高文化服务供给的针对性和有效性。从我国农村公共文化服务供给实践情况看，主要是通过各种主体来提供公共文化服务的，同时也是主要以各种公共文化设施建设和开展各种公共文化活动为主要内容来开展公共文化服务的。因此，本节主要是按照供给主体和公共文化服务的形态，对农村公共文化服务供给内容来进行分类介绍，以便更精确地把握农村公共文化服务供给，实施精准化的农村公共文化服务。

一 按照供给主体划分

农村公共文化服务供给主体中，政府是核心供给主体，企业和非政府组织也日益成为重要供给主体，社区和农民个人等社会力量，他们也可以在特定条件下成为农村公共文化服务供给主体。

（一）政府供给的农村公共文化服务

政府直接供给的农村公共文化服务。这种公共文化服务供给是指政府通过自身机构直接生产并提供给农民的，农民能够直接享用到的各类公共文化服务。如由政府通过自身机构免费提供给农民的农业科技培训、新闻信息服务活动、教育科技文化"三下乡"服务活动、政府在农村举办民俗活动和节庆文化演出服务活动等公共文化活动。又如，政府通过自身机构直接提供的公共文化设施，如县级的图书馆、博物馆和群艺馆，乡镇的综合文化站，行政村的棋牌室、图书室、文体室、农家书屋等，政府还能够直接提供流动文化设施以及数字文化建设平台等公共文化设施建设。此外，各级政府还可以从宏观角度，制定有关农村文化建设和农村公共文化服务的法律、法规和规范性的文件，为农村公共文化服务供给提供财政政策、人事政策、市场准入政策和知识产权保护政策等政策，对农村各个供给主体公共文化活动和公共文化服务内容进行监督与管理。

政府间接供给的农村公共文化服务。这种公共文化服务是指政府通过政策性引导、合约形式、出资补助等形式辅助其他组织生产农村公共文化服务，政府代表社会直接购买或项目补贴这种公共文化服务。如购买文化企业在农村基层举办文艺演出活动和传统戏曲演出活动，如政府购买农村图书馆、农村文化大院和农家书屋等供给的农村社区性公益性文化活动；如资助非政府组织举办公益文艺活动，为一些非政府组织和文化企业举办的公益性文化活动提供办公用品及视听设备等。政府间接供给的农村公共文化服务的内容也非常广泛。

（二）企业供给的公共文化服务

企业供给的农村公共文化服务主要是指政府向购买的或补助文化企业生产的，免费或优惠供给农民享用的公共文化服务。企业供给的农村公共文化服务有多种形式，如以国民合办的形式提供农村公共文化服务。企业作为农村公共文化提供者和生产者参与合作，以其投入的资金为标志，和政府一道成为农村公共文化服务供给的安排者；以国办民助的形式提供农村公共文化服务。企业通过特定平台，以农村文化服务的捐赠者与赞助者的身份，参与有关农村公共文化服务的供给；以国助民办的形式提供农村公共文化服务。由企业担任公共文化服务的兴办者与提供者的角色，参与有关农村公共文化服务的供给；以国有民营的形式提供农村公共文化服务，企业以经营管理者身份，参与农村公共文化服务供给。企业供给的农村公共文化服务，使政府从"办文化"向"管文化"转变，形成一种农村公共文化服务供给的新格局。

（三）非政府组织供给的公共文化服务

非政府组织供给的农村公共文化服务是指社会非政府组织兴办具有公益性和准公益性特点的直接面向农民提供公益性文化服务。非政府组织供给的农村公共文化服务包括政府与非政府组织签订行政合同方式提供的服务，政府把文化项目外包给非政府组织，通过行政合同来制约和管理非政府组织供给活动，形成合同外包式的合作供给模式。非政府组织供给的农村公共文化服务还包括图书馆等文化事业单位、农村村委会、妇联组织、共青团组织、农村民间文化组织等非政府组织为公益而志愿提供的公共文化服务，如图书馆在百姓讲堂举办健康保健、饮食文化和民俗文化等系列讲座的公益性讲座活动，农村共青团主办文化汇演活动、村委会提供村级公共文化活动，这些都是非政府组织供给的农村公共文化服务的主要形式。

（四）其他主体供给的农村公共文化服务

其他主体供给的农村公共文化服务主要指农村社区、农民个人等社会力量为公益而志愿提供的公共文化服务，如社区健身组织提供歌舞活动，农村文化热心人士为农村提供文化捐赠活动，农村社区民间文化组织培训文艺骨干活动、参加地方戏曲等公益演出等文化志愿服务。其他主体供给的农村公共文化服务在我国并不广泛，在整个农村公共文化服务中起补充辅助性作用。

二 按照公共文化实物形态划分

按照公共文化实物形态划分，农村公共文化服务可以分为实物形态和非实物形态两类。

（一）实物形态的农村公共文化服务

实物形态的农村公共文化服务是指为农村提供有一定实物形态、用特定材质做成的、可以被重复利用的各种公益性文化产品的总称。农村公共文化服务基础设施是有实物形态的农村公共文化服务的主要内容，它包括县级、乡（镇）级和村级的各种农村公共文化基础设施和设备。县级主要包括博物馆、体育馆、群艺馆和发射转播接收设施等基础设施和设备，乡（镇）级主要包括剧院、文化广场、综合文化站等基础设施和设备，村级主要包括村文化中心、文化室、农家书屋等基础设施和设备，这些有实物形态的公共文化服务，是开展其他农村公共文化服务活动的物质基础。

（二）非实物形态的农村公共文化服务

非实物形态的农村公共文化服务主要是指供给主体在农村提供的没有固定物质形态的各种精神文化产品和各种公益性文化活动。非实物形态的农村公共文化服务包括多种农村公共文化产品，如由政府投资的无偿用于农村文艺作品、地方文化剧目、民族语言文艺节目和农村数字文化资源等农村公共文化产品,还包括各类农村公共文化活动,包括各种文化惠农活动、各种公益性文化讲座活动、农村特色节庆文化活动、农村特色民间文艺活动和民俗表演活动,"文化科技卫生三下乡"公共文化服务活动和健康快乐的群众文化活动等。另外,各级政府制定有关农村文化建设和农村公共文化服务的法律、法规和规范性的文件,为农村公共文化服务供给提供财政政策、人事政策、市场准入政策和知识产权保护政策等政策,以及农村公共文化监管层面服务活动等,都属于非实物形态的农村公共文化服务。非实物形态的农村公共文化服务往往要以实物形态公共文化服务为载体,才可能发挥其满足农民精神文化的需求。如地方剧目,往往需要一定物质场所和文化设备,才能展示出来,发挥其文化服务的功能。

三 按照公共产品属性划分

农村公共文化服务实质上是一种公共产品,按照公共产品的属性,可以把农村公共文化服务分为农村纯公共文化服务和农村准公共文化服务。农村纯公共文化服务,是指在农村具有很明显非排他性和非竞争性的公共文化服务,如中央政府举办的面向全体农村的各种农村公共文化服务工程和农村公共文化服务活动,地方政府举办的服务当地农村的公共文化服务,如农村公共电视节目服务,每个人都可以收看,具有明显的非排他性,每增加一个收看观众,电视节目的支出费用又不会增长,具有明显的非竞争性。公共电视节目服务,就属于纯农村公共文化服务供给。农村准公共文化服务,是指不完全具有非排他性和非竞争性的农村公共文化服务。如那些只服务于一定农村社区的农村图书室和农村公共棋牌室等。它分为三小类:具有强非竞争性和弱非排他性的公共文化服务,如发行的报纸和杂志;具有强非排他性和弱非竞争性的文化服务,如图书馆和博物馆;具有弱的非排他性和弱的非竞争性的文化服务,如农村少年活动中心和县群艺馆。

四 按照服务对象年龄划分

不同年龄段的农民群体有不同文化需求,农村公共文化服务还可以按照年龄进行划分。如专门为农村青少年提供公共文化服务。农村青少年大多在校学习或者部分青年还在外打工，专门为农村青少年提供的公共文化服务并不多见，但是一些发达地区农村，有一些农村公共文化服务是专门为农村青少年提供的，如农村青少年文艺表演活动、农村青少年读书展、青少年影视剧播出等文化活动，乡村青少年活动室和农村文体运动场所等；又如专门为中年农民提供公共文化服务。中年农民是一个比较特殊的群体，生活压力大，很少有精力考虑和参加公共文化活动。我国针对中年农民提供公共文化服务较少，在一些发达地区农村，也有一些向中年人提供家庭生活、卫生保健和生产生活知识等方面公共文化服务；此外，还有专门为老年农民提供的公共文化服务。尽管当前我国对农村老年人所提供的公共文化服务尚不尽如人意，但是一些农村老年人的文化活动也开始广泛地开展，如各地老年人协会举办舞蹈、健身活动以及健康讲座活动等。这些专门公共文化服务活动，对于满足农村这些不同群体的文化需求往往具有较强针对性，供给效果比较好。

此外，还可以按照公共文化服务的收益范围，把农村公共文化服务分为全国性的农村公共文化服务、区域性的农村公共文化服务以及社区性的农村公共文化服务；依据公共服务水平，可以将农村公共文化服务分为基本公共文化服务和非基本公共文化服务。

第三节　农村公共文化服务的供给方式

农村公共文化服务供给方式是指公共文化服务具体的实现形式，也就是供给主体将公共文化服务提供给农民享受的具体手段。农村公共文化服务供给涉及政府、企业、非政府组织等多个供给主体，所以相应的农村公共文化服务供给具有多种具体的实现形式和手段，按供给主体来划分，主要包括政府、市场、社会以及多元主体四种类型的供给方式。

一　政府供给方式

政府供给方式是指农村公共文化服务由政府运用行政手段，动用公共财政支出，免费或优惠提供给农民享用的一种文化服务的实现形式。这种供给方式是农村公共文化服务主要的供给方式，它主要包括以下几种形式：一是政府作为投资和生产主体，免费向农民供给，如放电影工程、公益性的讲座和组织举办民间文化活动、农村文化站和农家书屋等；二是政府作为投资和生产主体，以优惠的形式，低价地向农村供给，如有线电视台、有线广播和收取一定费用的公共文艺演出等；三是政府作为投资主体，以招标采购的办法或收费来实现供给，如政府为农民购买的农村技能培训、农村公益讲座和文化设施用品供给；四是政府通过签订行政合同，授权特许经营权或给予补助方式实现供给，如一些发达地区的农村，电影院、体育场的建设和经营，往往采取这种供给方式。

政府供给方式有其独特优势，供给主体政府拥有行政强制力，可以通过税收强制来获得资金来源，资源丰富，资金雄厚，可以为农村公共文化服务供给提供可靠的人力、财力、物力和信息保证，同时能够较好注重农村公共文化供给的公平性和公益性等，保证农村公共文化服务供给均等化的方向；同时政府供给方式也有劣势，由于政府供给处于垄断地位，决策是自上而下，供给中缺乏必要的竞争，容易导致"政府供给失灵"，可能导致农村公共文化服务供给效率低下，供给与需求错位、供需之间的矛盾尖锐的现象时有发生，同时也由于政府的大包大揽，势必加重政府的财政负担，使农村公共文化服务缺乏后期资金的投入，使供给缺乏稳定性和持续性。随着福利国家危机的出现，政府作为公共文化服务唯一供给主体受到质疑，在公共选择理论看来，单一的政府供给方式，可能导致政府供给失灵，可能导致浪费和滥用资源，致使政府供给效率降低或缺乏效率，或者脱离满足农民文化需求的供给目标。

二 市场供给方式

市场供给方式是指农村公共文化服务由政府通过引入市场竞争机制，市场微观主体企业按照市场交换原则参与公共文化服务生产，免费或优惠提供农民享用的一种公共文化服务的实现形式。这种市场供给方式有合同外包、内部市场、特许经营、补贴和用者付费等多种形式①。

---

① 石国亮、张超、徐子梁：《国外公共服务与实践》，中国实言出版社 2011 年版，第 30 页。

由于政府单一供给方式的缺陷，政府供给经常出现低效和失效的现象，客观上有必要利用市场机制效率较高的优点，来提高农村公共文化服务供给的效率。在市场化程度很高的国家，公共文化服务引入市场机制是最为主要的制度安排，市场供给方式已成为他们改革的重要方式，在英国、美国和新西兰等西方发达国家的公共服务供给改革中，大量使用合同外包、特许经营和用者付费等市场供给的形式，来实现公共文化服务的供给。

农村公共文化服务市场供给方式具有其优势：它可以促使潜在的私人部门参与农村公共文化的供给，利用竞争机制更好地进行文化资源的配置；利用市场机制效率较高，来提高政府公共文化服务的供给效率和供给质量；降低了行政成本，分散政府供给负担，能够较好地满足农民多元化的公共文化需求。但是市场供给方式不是十全十美的，也有其固有劣势，市场微观主体企业是追求利润最大化的经济主体，市场供给方式虽然具有效率但是却容易忽视了公平，容易产生市场供给失灵现象，如特许经营和签订行政合同时，容易出现官商合谋问题，市场供给的交易费用可能很高，公私利益难以协调，导致市场提供农村公共文化服务经常会产生供给数量短缺、质量不达标等问题；同时完全依靠市场供给还会造成供给不足、过度竞争、地区之间不平等、政府公共责任缺失等风险。但是市场供给方式也存在其固有弊病，如果不能够有效监管，它可能导致市场供给失灵，市场无法有效率地供给农村公共文化服务，农民的文化需求无法得到有效满足的现象。

三 社会供给方式

在农村公共文化服务中，社会供给方式是指由不以营利为目的的、具有志愿者性质的非政府组织和其他社会力量来负责农村公共文化服务供给，免费或优惠提供农民享用的一种公共文化服务的实现形式，它可以分为非政府组织供给、社区供给和农民自愿供给三种供给方式，其中非政府组织供给方式是农村公共文化服务社会供给的主要供给方式。

社会供给方式可以利用其非营利性、志愿性、公益性的特点和发挥贴近群众自身优势，成为政府供给方式和市场供给方式的有益补充。社会供给方式主要有签订行政合同、无偿捐赠和志愿服务形式。农村公共文化服务供给中存在无偿捐赠的实现形式，如非政府组织和社会热心人士，向农村捐赠书刊杂志、捐赠健身器材或组织文艺汇演活动；志愿精神正在被越来越多的社会公众认可和接受，农村也出现了一些文化志愿服务活动，如一些热心农村公益文化活动的体育明星、歌手、专家、学者和普通的农民，都积极参与到农村志愿服务活动之中，通过捐资、捐款、举办科普知识讲座和多种文体活动，成为农村文化繁荣的重要力量。

社会供给方式具有其明显供给优势，社会供给方式一般将非营利性行为与志愿者行为有机结合起来，可以较好弥补政府供给方式和市场供给方式的不足，既能迅速确认并满足农民文化需求，具有一定供给效率，同时又能因为其非营利性和公益性的行为，在一定程度上保证供给公平性。社会供给方式也存在一些劣势，社会供给方式资金来源不稳定、社会公信度不佳、志愿者参与有限和供给缺乏稳定性和持续性等问题，加之社会组织的志愿性和业余性，可能发生社会供给失灵现象，导致农村公共文化服务供给会发生偏离社会组织的公益宗旨，不能较好满足农民的文化需求，需要政府进行有关制度设计，做好社会供给扶持和监督工作。

四　多元供给方式

多元供给方式就是农村公共文化服务由政府、市场、社会三种力量彼此独立但又相互合作，免费或优惠共同提供给农民享用的一种文化服务的实现形式。多元供给方式为不同层面的政策工具提供了一个整合框架，创造了多元而富有弹性的供给工具箱[①]。在多元供给方式中，政府、市场、社会这三种供给方式既可以单独运作，实现农村公共文化服务的供给，也可以让三种力量联合起来，相互合作提供农村公共文化服务。多元供给方式中政府、企业、社会三种力量，相互合作和相互监督，可以扬长避短，发挥各种供给方式的优势。政府力量可以发挥其优势，较好地克服供给中的市场供给失灵和非政府组织失灵；市场力量可

---

① ［美］E. S. 萨瓦斯：《民营化与公私部门的伙伴关系网》，周志忍译，中国人民大学出版社 2002 年版，第 91 页。

以发挥其优势，能够较好地弥补供给中政府失灵和非政府组织失灵；而社会力量可以发挥其优势，较好地弥补供给中市场失灵和政府失灵，这样农村公共文化服务多元供给方式可以实现政府、企业、社会三种力量协同的供给格局，使农村公共文化服务供给效率达到最优。

多元供给方式的供给优势比较明显。多元供给方式为政府、市场、社会三个部门创造了合作、监督、互补的平台，在一定程度上分散了高度集中的政府权力，传统的政府部门直接生产减少，政府供给机构和政府公务员也会随之减少，政府部门的供给效率会提高；在这个平台里，市场和社会力量积极性和潜力会得到较好挖掘，它们的积极供给意味着将不同公共文化服务输送到不同的农民群体之中，能够更好地满足农民不断分化的文化需求。农村公共文化服务以多元供给方式进行提供，使一部分农村公共文化服务的供给，由政府供给向其他部门供给转移的同时，又可以保持服务普遍性、福利性和高效率。虽然多元供给方式可能产生主体之间的协调问题，但是它仍是一种较为理想的农村公共文化服务的供给方式。

第四节　农村公共文化服务的供给运行机制

农村公共文化服务供给运行机制是指在影响公共文化服务供给的各种因素之间相互作用相互影响的，保障农村公共文化服务供给能够协调、灵活、高效地运行必需的各种规则和制度体系，主要包括供给决策、供给筹资、供给监管和供给激励等机制。这些机制相互联系，相互作用，高效运行，可以保证农村公共文化服务供给得以实现。

一　供给决策机制

农村公共文化服务供给决策机制是有关农村文化服务供给决策主体及其权责分配、需求偏好显示、决策的程序、方法和信息等要素之间所形成的相关规则和制度体系。决策机制本身包括多个子机制：规定决策主体地位的权责分配机制；反映文化需求偏好显示机制；影响决策效果的方法程序机制和决策信息沟通机制。由于长期深受计划经济体制的影响，我国农村公共文化服务供给长期实行"自上而下"的决策机制。这种"自上而下"制度安排曾发挥了保障维护基层农民的基本文化生活的作用，但是随着农民的文化需求日益多元化，这种决策机制越来越不适应农村经济社会文化发展的要求，造成农村公共文化服务供给与需求对接错位和供需结构失衡等问题。因此，健全农村公共文化服务供给决策机制，实现供给与需求有效对接，供需结构平衡，提高供给效率。决策机制在农村公共文化服务供给运行机制中居于核心地位，它是构建其他相关机制的基础。

二 供给筹资机制

供给筹资机制是为实现农村公共文化服务供需平衡及满足农民基本文化需求，保障有充足稳定资金来源，有关农村公共文化服务筹资的渠道、标准、方式、层次及监督等内容的一整套相关规则和制度体系。农村公共文化服务供给要实现有效供给，不仅要提升农村公共文化服务的供给主体的活力，而且要建立农村公共文化服务有效供给的资金保障制度规范，保障农村公共文化服务有充足稳定的资金来源。为此，需要创新农村公共文化服务供给筹资机制和理念方式，扩大公共财政专项支出，拓展向企业和社会组织的筹资力度，确保农村公共文化服务供给资金来源。需要通过明确公民权利和政府责任，为公共文化服务体系的构建与运行寻找更多的资金保障，实现农村公共文化服务的全覆盖。农村公共文化服务供给的筹资机制是其他机制得以正常开展和运行的财力保障，供给筹资机制是农村公共文化服务运行机制正常运行的物质基础。

三 供给监管机制

农村公共文化服务供给监管机制是以政府为核心的，企业、志愿组织、公众等力量对农村公共文化服务供给进行监督和管理形成的相关规则和制度体系。农村公共文化服务供给监管类型可分为政府监管和社会监管两大类。政府作为农村公共文化服务的付费者和政策供给者，同时也是服务效果和政策效果的监督者，政府理应有对公共文化服务的监督管理职能，其监督方式分为预算监督、部门监督、绩效监督。社会监管按主体可以分为企业、公众、新闻媒体、政党和社会组织等主体的监督等。由于自利性动机的存在，政府官员在农民文化服务供给的过程中，往往会试图通过文化服务的供给而实现自身利益的最大化，因而常常会忽略农民的利益和社会的整体利益，可能会出现农村公共文化服务供给中"政府失灵"，而农村文化产品中那些以营利为目的企业供给主体，往往也能够利用政府官员的弱点和政府制度的漏洞，通过行贿等行为，使政府官员成为为自己牟利的手段，严重影响公共文化服务供给的数量和质量，可能会产生"市场失灵"，而非政府组织等社会力量由于自身不足，也会产生"社会失灵"的现象。因此，必须采取合理措施，完善农民公共文化服务供给监管机制，使农民公共文化服务过程更为透明、公正、有效率。农民公共文化服务供给监管机制是供给运行机制正常运行的重要保障。

四 供给激励机制

农村公共文化服务供给激励机制是指在供给过程中国家通过多种激励措施，调动各个供给主体供给积极性的所有相关规则和制度体系，它可以分为外部和内部的激励机制。外部激励是指政府以外组织对农村公共文化服务各种主体的激励。内部激励机制是指政府内部上级政府对下级政府，各级政府与对其公务员的激励。农村公共文化服务供给激励机制有利于提高政府、企业、社会组织和个人参加农村公共文化服务供给的积极性和主动性，提高各个供给主体提供公共文化服务的能力，加强公共服务政策的执行力度，扩大供给总量，更好地满足农民的基本文化需求。农村公共文化服务供给激励机制是农村公共文化服务供给的动力机制，是供给运行机制能够高效的重要保证。

第五节　农村公共文化服务供需的影响因素

农村公共文化服务的供给主体、供给内容、供给方式和供给运行机制直接受到经济、政策、资源和人口等因素的影响，同时它们也与农村公共文化服务的需求密不可分，也受到需求的间接影响。对供给与需求的主要影响因素进行研究分析，有助于在农村公共文化服务的供给中，认清主客观条件，以农民的文化需求为导向，因地制宜地提供农村公共文化服务，实行精准化的公共文化服务，满足农民多样化的文化需求。

一　供给的影响因素

农村公共文化服务的供给影响因素有很多，主要有经济、政策、资源和人口等因素，它们都直接影响到农村公共文化服务的供给能力。

（一）经济因素

农村公共文化服务供给深受地方经济因素的影响。生产力发展水平、农民经济收入、财富积累程度都是影响农村公共文化服务供给的经济因素。经济生产力发展水平高，农民经济收入较高，财富积累较多，从而政府就会有较多的财税收入，农民的需求也就旺盛，政府的公共财政能力和供给意愿就会较强，其提供公共文化服务能力也比较强。经济生产力发展水平低，农民经济收入较低，财富积累也较少，政府就会有较少的财税收入，政府的公共财政能力就比较弱，其提供公共文化服务能力也较弱。经济发展水平也决定了农村公共文化服务供给的经济环境，它为当地公共文化服务奠定了物质基础，经济因素是影响地方政府供给能力的主要因素。

（二）政策因素

农村公共文化服务供给深受农村公共文化服务政策的影响，农村公共文化服务政策决定农村公共文化服务供给的目标、原则、战略及实施细则。我国受城乡二元的公共文化供给体制的影响，农村公共文化服务供给长期受到忽视，县以下的农村公共文化事业投入一直远远低于县以上公共文化事业投入，农村公共文化事业发展滞后，相比城市的公共文化服务供给水平，农村的供给水平普遍较低。我国政府是农村公共文化服务最主要的供给主体，其政策决定农村公共文化服务供给方向、供给重点、资金来源和供给效率。农村公共文化服务政策是影响农村公共文化供给的重要政治因素。

（三）人口因素

农村公共文化服务供给也受农村人口因素的影响。在适当人口规模内，受规模经济的影响，农村人口越多，农村公共文化服务的供给成本更低，农村人口越少，农村公共文化服务的供给成本越高。农村人口越多，对农村公共文化服务的需求就越多，对供给能力的要求也越高。农村人口越少，对农村公共文化服务的需求也就越少，对供给能力的要求也越低。农村地区人口的多少和人口素质，在很大程度上决定了农村文化人才队伍的整体水平，从而影响着农村公共文化服务供给的自我供给能力。农村人口因素也是影响着农村公共文化供给能力的一个重要因素。

（四）资源因素

农村公共文化服务供给还受农村文化资源因素的影响。农村文化资源因素，是农村开展公共文化活动和享受文化生活的物质基础，是农村公共文化健康发展的必要条件，文化资源丰裕，如传统文化资源丰富，农村人口文化素质高，而且农村文化服务设施齐全，农村公共文化活动经常开展，文化气氛好，农村公共文化服务供给能力就较强；文化资源贫乏，传统文化资源缺乏、农村人口文化素质低，农村文化设施落后，文化活动开展较少，文化气氛差，农村公共文化服务的供给能力就会较差。农村文化资源因素也是影响农村公共文化服务供给的重要因素。

此外，像地理环境、民族习惯、宗教习俗和准公共文化产品的价格等因素对农村公共文化服务供给都有一定影响。

二 需求的影响因素

一般来说，影响需求的第一因素是物品的价格水平，但是由于农村公共文化服务是公共文化产品，一般是免费或优惠提供给农民的，因此，影响农村公共文化服务需求的主要因素不是公共文化服务的价格，而是农民的收入水平、文化程度、农民的余暇时间、政府的供给政策和社会环境等因素。

（一）社会环境

农村公共文化需求深受社会环境因素的影响。农村的公共文化服务的供给都是在特定社会环境和自然环境中开展的，社会环境因素影响着农村公共文化需求的一些基本方面。社会传统文化发展状况、政治制度、经济体制、法律制度、社会教育发展状况以及社会文化组织发展状况等社会因素都是决定农村公共文化需求的外部环境条件，决定着农村公共文化需求内容的广度和深度。一般来说，社会传统文化保存比较好的农村地区，文化气氛浓厚，对农村公共文化需求相对旺盛；基层民主制度比较健全，需求表达渠道比较顺畅，农村公共文化需求相对旺盛；反之，农村公共文化需求就会受到压制，农村公共文化需求发展较慢。同样，经济比较发达，法制比较完善，教育文化水平较高，社会文化组织发展良好的农村地区，农村公共文化需求相对旺盛；反之，农村公共文化需求就会受到压制，农村公共文化需求发展较慢。

（二）政府的供给政策

政府政策也影响农村公共文化需求。当政府实行鼓励文化服务的供给，加大农村公共文化服务的投入力度，为农村公共文化设施和公共文化活动提供更多资金来源，提供农村的公共文化服务项目才可能更加丰富多彩，就会吸引农民去利用公共文化设施，参与公共文化活动，从而刺激农村公共文化需求的发展；反之，农民参与各种文化项目的积极性就会收到压抑，从而致使农民文化需求低迷。同样，政府有关鼓励农村公共文化服务社会和市场供给的优惠政策，也会起到刺激农村公共文化需求的发展。政府的供给政策是影响农村公共文化需求的重要因素。

（三）农民的家庭收入水平

农民家庭收入水平的增加，满足了最基本的物质生活需求后，农民的需求就会向更高层次的文化需求发展。在新中国成立初期，广大农村地区深受战争影响，农民家庭收入仅够其基本生计，而且在计划经济体制条件下，农民除了集体劳动的工分收入，再也没有什么收入可言，农民的需求基本上处于物质需求层次；随着改革开放的推进和农村经济的发展，农民收入水平有了显著的提高，拥有更多可支配收入，农民的需求层次会逐渐向高层次文化需求发展。农民家庭收入水平是其公共文化需求的重要影响因素。

（四）农民的文化程度

农民文化程度会影响农民对公共文化服务的数量、质量、种类的选择和评价，直接影响其文化需求。农民文化程度不同，农民对公共文化服务认同程度、接受程度和质量的要求也相应有所不同。农民文化程度不同，对这个世界的认知就会有很大的差别，不仅会影响到农民对公共文化服务的数量、质量、种类的选择，而且还会影响到对农村公共文化服务供给的评价。因农民文化程度不同，农民对文化认知就会有很大的差别，收入以及拥有的闲暇时间也有较大差别。农民文化程度是对其公共文化需求影响较大的因素。

（五）农民的余暇时间

一定的文化需求的实现，是以享受余暇时间为前提。一般来说，农民拥有余暇时间越多，他们的文化需求就会越旺盛，对文化需求的数量也会相应增加。农民拥有余暇时间减少，他们的文化需求就会随之减少，对文化需求的数量也会相应减少。农民文化需求同农民的余暇时间的关系是呈正相关关系。农民的余暇时间是影响农村文化需求满足的重要因素。

总之，农村公共文化服务供给是一个复杂的供给过程，是由供给主体、供给内容、供给方式和供给运行机制等要素组成。农村公共文化服务供给主体包括政府、企业和非政府组织三种主要供给主体，农村公共文化服务供给内容非常广泛，按照不同标准农村公共文化服务可以分为不同的类型，农村公共文化服务供给方式主要有政府供给方式、市场供给方式、社会供给方式以及多元供给方式四种类型，农村公共文化服务供给运行机制主要包括供给决策、供给筹资、供给监管和供给激励等机制，农村公共文化服务的供需受多重因素的影响，要因地制宜提供农村公共文化服务。农村公共文化服务供给要素和供需影响因素构成了农村公共文化服务供给的分析框架。农村公共文化服务供给应该从供给要素入手，对农村公共文化服务供给进行全方位的优化设计，形成一个以农民文化需求为导向，多元供给主体充满活力，供给内容丰富健康，供给方式多元协同，供给运行机制协调高效的供给格局。

第三章　农村公共文化服务供给发展演变

　　道格拉斯·诺思在讨论制度变迁时曾说过：历史表明，人民过去作出的选择决定了其现在可能的选择。① 考察新中国成立以来农村公共文化服务供给发展演变历史，吸取农村公共文化服务供给的历史经验，能够为当前农村公共文化服务的供给提供有益借鉴。新中国成立六十多年来，随着我国经济社会的不断发展，不同时期的农村公共文化服务供给呈现出不同特色，最终形成我国现行的农村公共文化服务供给体制和模式。新中国成立后农村文化服务供给的变迁历程，大体可以划分为改革之前和改革之后两个时期。近五年来，我国农村公共文化建设进入了"十二五"规划时期，农村公共文化服务政策有许多新变化，有关农村公共文化服务供给政策不断颁布，农村公共事业费用不断增加，取得了巨大的成就，因此，本章将"十二五"以来的五年作为一个独立的时期，分单独一节来进行分析研究。

第一节　改革开放之前农村公共文化服务供给

　　从新中国成立到改革开放之前，农村公共文化服务供给是包含在文化事业中，以文化事业建设的形式展开。由于深受计划经济体制的影响，农村公共文化服务供给由政府统一包办，文化事业建设也没有严格区分文化产业和公益文化事业之间的关系。这个时期，农村公共文化服

---

① 道格拉斯·诺思：《经济史中的结构与变迁》，陈郁、罗华平等译，上海三联书店、上海人民出版社 1994 年版，第 1 页。

务供给虽然有为丰富群众文化生活的一面，但是却也具有很强的政治性，主要是为社会主义政治意识形态服务。从新中国成立到改革开放前的农村文化建设成果不可忽视，这个时期有关的农村文化政策，为当前我们制定农村公共文化服务供给提供了历史参考。改革开放之前又可以细分为新中国成立初期和人民公社时期两个时期，这两个时期农村公共文化服务供给情况具有较大的不同。

一　新中国成立初期农村公共文化服务供给特点

新中国成立初期是指 1949—1957 年这段历史时期。在党的领导下，中国政府努力恢复并发展了人民文化教育事业，农村文化教育事业也获得了飞速发展，取得了不小的成就。在农村土地改革和农业合作化运动中，农村公共文化服务供给制度雏形开始显现。这时期农村公共文化服务供给最主要的特点是由农业生产合作社承担供给责任的计划供给，国家的生产以满足农民物质需求为主，农民文化需求容易被忽视。具体表现为以下几方面。

（一）供给主体是农业生产合作社

新中国成立初期，在农村集体经济非常脆弱，仍然以分散的小农经济为主体。农村土地改革的推进，农村的主要生产资料日趋平均化，农业生产合作社开始成为农村公共产品的重要供给主体。由于国家财力主要向城市建设倾斜，没有更多的财力和物力为农民群众提供公共文化服务，进行农村文化建设，有关农村公共文化服务的供给职责历史性地交给了农业生产合作社，由农业生产合作社承担了农村文化产品与服务的主要职责，负责承担开展了扫盲运动、夜校学习和兴办农村中小学文化教育事业，也就成为农村公共文化服务的主要供给主体。

（二）供给内容比较简单

农村公共文化服务供给内容服务于党和国家的政治形势和政治任务需要，供给内容以宣传革命时期新民主主义文化为主，为当时的政治革命服务。当时整个国家是百废待兴，能够提供农村公共文化服务的资源非常有限，供给内容比较简单，但是在党和政府的有力领导下，鼓励和争取知识分子为文化事业服务，使知识分子在开展各种形式的文化学习活动中发挥了重要作用，并承担为社员提供公共文化产品和服务的责任，比较迅速地恢复农村社会各项文化事业。这个时期比较注重发展中小学教育和文化扫盲，注重较简单供给内容来提高农村文化教育的普及率，并且注重在节假日举办一些重大公共文化活动。总的来说，新中国成立初期农村文化设施比较简陋，公共文化活动和公共文化产品都比较少，农村公共文化服务供给内容比较简单。

（三）供给方式是农业生产合作社计划供给

农业生产合作社是带有半社会主义性质或社会主义性质的合作经济组织，全面负责当时文化事业建设。文化事业建设内容、数量、文化产品分配方式以及文化产业收益对象，都是按照当时党的政策和上级政府有关计划或政策来执行，农业生产合作社只有执行的义务。农村公共文化服务供给都是上级党委和政府统一安排的，甚至还是党中央和国务院统一作出的决策。基层在党团组织和社有的文化团体利用农业生产合作社的资源，在国庆节等重大节日，为农业生产合作社的社员提供较为丰富的公共文化活动。当时农村公共文化服务供给方式典型特点就是计划供给，基层没有自主权。

（四）供给运行机制不健全

农民文化需求表达机制由于当时阶级斗争形势还比较严峻，党和国家基于政治形势和政治任务需要提供公共文化服务，很少考虑到农民的文化需求，需求表达渠道较为闭塞；有关农村公共文化服务供给的决策都是源于上级党委和政府，农业生产合作社只有执行的义务，实行自上而下的供给决策机制。国家对整个农村公共文化服务投入财政总量很少，加之国家公共文化服务供给的重点又在城市，农村公共文化服务的供给筹资渠道有限，基本上采取制度外筹资渠道，"农民业余文化教育的经费，除少数专职人员的开支、业余教师训练费、主要乡干部离职学习的办公杂支以及一定的奖励费外，都由群众自筹"①。"农业生产合作社从每年的收入当中留出一定数量的公积金和公益金，公益金的用途用

---

① 中共中央文献研究室：《建国以来重要文献选编（第六册）》，中国文献出版社1993年版，第263—266页。

于发展合作社的文化事业、公共福利事业"①。可见，新中国成立初期的农村公共文化服务供给筹资机制不健全，主要采取制度外的筹资渠道，由农民群众自筹为主。新中国成立初期农村公共文化服务供给的各种运行机制极不健全。

二　人民公社时期农村公共文化服务供给特点

1958—1977 年是我国人民公社时期，人民公社具有行使行政职能的权利，是基层国家政权在乡村的具体表现形式，同时它又是一个经济组织，直接组织生产、分配及交换活动，实行"政社合一"高度集中的计划管理体制。人民公社的体制进一步强化新中国成立初期形成的农村公共文化服务的供给制度，这个时期最主要特点是由人民公社承担主要供给责任的计划供给，农民的文化需求依然容易被忽视，需求表达的渠道不畅，具体表现为以下几方面。

（一）供给主体是人民公社"集体"

人民公社"集体"几乎控制了农村的所有资源，除农村集体组织外，基本不存在市场、非政府组织等民间供给主体，在人民公社时期，农村"三级所有，以队为基础"的经济体制的环境下，它们都没有生存和发展空间。但这种经济体制使农村建立比较完整的农村公共文化服务供给体系，公社、大队和生产队成为农村公共文化服务的供给者，它们可以从多个方面为农民提供农村公共文化服务。因此，公社、大队和生产队这三级"集体"组织是农村公共文化服务的供给主体。

（二）供给内容日渐丰富

农村公共文化服务供给虽然主要是为社会主义政治意识形态和社会主义文化建设服务，有较强的政治性，但是在新中国成立初期的农村扫盲运动、夜校学习和兴办农村中小学文化教育事业基础上，文化服务供给内容开始丰富起来。人民公社普遍设立了文化组织和机构，如文化站、广播站、中心学校等，三级集体分别利用强调集体力量，开展了一系列与当时政治运动结合的公共文化活动，如读书识字活动、歌舞活动

---

① 中共中央文献研究室：《建国以来重要文献选编（第八册）》，中国文献出版社 1994 年版，第 411 页。

和节假日群众性公共文化活动，从多方面为农民提供较为丰富的农村公共文化服务，农村公共文化服务供给内容呈现日渐丰富的趋势①。

（三）供给方式是以农村人民公社为主的计划供给

人民公社作为国家政权在乡村的具体体现，是具有行使行政职能的权利的基层政权组织。由于深受高度集中的计划经济体制的影响，人民公社对公社文化资源实施全方位垄断，普遍设立了文化站等文化组织和文化机构，由农村人民公社为主计划供给，供给的人员队伍、内容、质量和数量，都由人民公社负责。当时所谓社办公助的农村文化事业，实质上也都是公社自己举办，公助的成分非常少，农村集体成为文化供给投资主体，但是人民公社时期，由于大队和生产队两级对农村集体财产和各种资源拥有一定支配权，大队和生产队只是生产组织，它们作为经济生产组织也提供一些农村公共文化服务，出现了一定形式社会供给的萌芽。

（四）供给运行机制依然不健全

人民公社时期，农村公共文化服务的供给数量、品种、形式等内容往往由中央政府统一决策，统一指挥和统一安排，农村公共文化服务供给的决策权高度集中，下级服从上级，基层服从于中央，依然实行的是自上而下的决策机制，形成了一种典型的政府自上而下的单向决策。农民仅仅是集体组织内的劳动者，只是相关文化服务的被动接受者，缺乏对农村公共文化服务需求的主动诉求，也缺乏话语权和参与权，农民需求表达不能有效表达。尽管农村公共文化服务供给的筹资渠道有制度内和制度外两种渠道，但是我国公共财政资金主要用于支持工业的发展，对整个农村公共产品的财政投入极少，从财政渠道获得所需资金来投入农村公共文化服务的供给更是极少的。农村公共文化服务供给外筹资渠道仍是制度外筹资渠道，农村公共文化服务的资金主要由社员来承担，形成了公社社员"隐形"承担为主的制度外筹资机制。农村公共文化服务供给运行机制依然不健全。

---

① 这种趋势在"文化大革命"期间戛然而止，当时文化事业管理体制的政治色彩浓厚，"文化大革命"期间形成了文化专制，文化供给内容单调乏味的"革命样板戏"或"革命样板作品"。

三 改革开放之前的成就与问题

(一) 取得的成就

从新中国成立到改革开放前，农村公共文化服务的供给过程中，农村文化事业取得很大的成绩。在新中国成立初期在全国范围内的农村普遍开展了扫盲运动、夜校学习和兴办农村中小学文化教育事业，提高了农民群众的文化素质，取得了很大成绩。据统计，1950 年，有 2500 万多农民参加了冬学，1951 年农民参加夜校学习达 1100 多万人，同时，1952 年与 1949 年相比，农村中小学在校学生数分别增加 186.2% 和 111.8%[①]。这些文化教育事业的发展，不但为农村社会进步发挥了重要作用，而且也极大丰富了农民文化生活。此外，1949 年和 1952 年全国文化事业单位和文艺表演团体数量有了较大增加（见表 3 - 1）。在农村，这些文化事业单位和文艺表演团体，在党的文化宣传组织领导和配合下，依据社会主义文化思想建设宣传的需要，在农村广泛地开展多种文化艺术表演活动，提高农民的文化生活水平。

表 3 - 1　　　　　1949 年和 1952 年全国文化事业单位和
文艺表演团体数量对比

年份	电影放映单位 （个）	艺术表演团体 （个）	文化馆 （座）	公共图书馆 （座）	博物馆 （座）
1949	646	1000	896	55	21
1952	2285	2084	2430	83	35

资料来源：徐达深：《中华人民共和国实录（第五卷）——文献与研究》，吉林人民出版社 1994 年版，第 289 页。

从三大改造的基本完成到"文化大革命"开始，我国农村在 1958 年进入人民公社时期。人民公社对农村公共文化事业实行统一管理，同样农村公共文化服务供给也取得很大的成绩。1958 年全国电影放映单位达 12579 个，流动电影放映队达到 8384 个，业余学校学习的人数也

---

① 中共中央党史研究室：《中国共产党历史》第二卷（1949—1978）上册，中共党史出版社 2011 年版，第 101 页。

有 3000 多万人①。在"文化大革命"时期，农村群众文化事业虽然受到很大冲击，但是农村的一些公共文化服务仍然能正常开展，"文化大革命"时期农村公共文化服务，不同于当时城市公共文化服务处于停滞或倒退状态，农村公共文化服务仍然在一定程度上有所发展。总体而言，新中国成立以后到"文化大革命"之前，农村文化事业呈现出生机勃勃的景象，在全国各地农村，基本建立了人民公社、生产大队和生产队所有的三级文化供给体系，兴建一大批公共文化设施，开展了各种公共文化活动，为农村公共文化服务的有效供给奠定了基础。

（二）存在的问题

新中国成立以后到改革开放之前，由于我国实行高度集权的计划经济体制，政府是全能型的，几乎包揽了整个农村社会的方方面面，因此就导致农村公共文化服务供给也存在许多问题。这些问题主要体现在以下几个方面。

一是农村公共文化服务供给总量严重不足。但由于整个国家经济发展缓慢，农村发展更是落后于国家的平均水平，在国家公共文化服务总体供给严重不足，加之城乡二元的文化供给体制的影响，农村公共文化服务更是低水平的，农村公共文化服务供给总量严重不足，很多农村地区甚至是严重匮乏。

二是农民缺乏自身文化需求的决策权。在人民公社体制下，公社的管理人员是由上级任命的，掌握决策权，执行国家的政策和命令，他们代表的只是国家的利益。社员虽说是公社的主人，但是他们没有决策权，他们的意愿很难影响公社干部的决策，导致农民只能服从公社的命令。在这样的决策机制下，农村公共文化服务的供给就很容易忽视农民自身意愿，所作决策往往偏离农民的需求，也会导致有限的农村公共文化服务供给还存在失误和偏差。

三是农村文化服务供给内容有较强的政治化倾向。改革前农村公共文化供给，在内容上过于强调文化的政治作用，过于强调其文化阶级属

---

① 沈雁冰：《新中国社会主义文化艺术的辉煌成就·辉煌的十年》，人民日报出版社 1960 年版，第 458—459 页。

性，在农村公共文化活动中存在过多政治说教，较少注重文化的娱乐休闲功能。农村文化服务供给还存在重视农村文化教育普及，忽视文化教育质量的提高，重视文化设施和服务的数量，忽视文化设施实用性和服务的质量等问题。

四　有益借鉴

从新中国成立到改革开放前，这一时期的农村公共文化服务供给虽然存在以上许多不足，但是在经济水平极端落后的情况下，三级所有的供给体系，兴建一批公共文化设施，开展了大量公共文化活动，使农民享有较为均等的公共文化服务，从新中国成立到改革开放前，这一时期的农村公共文化服务供给取得的成就和教训，为当前农村公共文化服务供给提供了有益借鉴。

农村公共文化服务供给要充分调动社会资源。从新中国成立到改革开放前，无论是专业文化艺术团体还是从业余文化艺术活动都获得了较快发展，农民的文化娱乐生活有很大的提高。这些成就一方面得益于计划体制在人财物配置方面的优势，为农村公共文化服务供给提供了必要的人力、财力和物力的保障；另一方面得益于充分调动社会资源。农村公共文化服务供给较好地利用了农村基层党组织、农村共青团和妇联等组织的社会资源，建立了从上到下相对完善的农村公共文化组织体系，在编排文艺表演节目、组织公共文化活动和培养的业余文化工作者等方面发挥了重要作用。农村公共文化服务只有充分调动各种社会资源，才可能较好满足农民多样化的文化需求。

农村公共文化服务供给要紧贴农村实际。从新中国成立到改革开放前，在这个时期，针对农民中文盲和半文盲占绝大多数的现实，农村公共文化建设将办识字班、农民夜校和发展农村中小学教育活动作为重要内容，开展农村文化活动，并以农民群众自创形式为主，较好地显示了农村文化的乡土特征。农村文化服务供给开展农村公共文化活动紧贴农村实际，较好地调动了人民群众参与公共文化服务。当前农村公共文化服务供给要贴近农村，贴近生活和贴近农民，提供相应的农村公共文化服务。

农村公共文化服务供给要适应社会主义宣传需要。从新中国成立到改革开放前，在这个时期，中国正处于政治、经济和社会文化大变革时期，当时农村公共文化服务供给与农村社会主义革命和社会主义建设的宣传等紧密相连，其供给的内容从政治方向、价值观和人生观等多角度，宣传社会主义思想道德和价值观，宣传社会主义革命和社会主义建设中党和国家的路线、方针和政策，较好地发挥了社会主义文化作为社会主义建设的精神动力和智力支持的作用，提供了适应社会主义宣传需要的农村公共文化产品和公共文化服务。

农村公共文化服务供给要遵行文化自身发展的客观规律。主观意识虽然有能动作用，但是不能凭个人主观愿望，脱离经济发展所能提供的实际条件，脱离人们群众的文化水准和实际需要。如大跃进时期很多地方提出的"人人能创作"的要求①，这就违背了文化自身发展的规律，过于强调人的主观作用。又如"文化大革命"时期，过分强调文化的政治属性，认为一切文化艺术都要服务于政治斗争，造成农村公共文化服务过于严肃，文化活动形式过于单一，不利于文化的发展和繁荣。

农村公共文化服务供给必须法治化。改革开放前，举办农村公共文化建设人治色彩比较浓厚。农村的公共文化服务供给主要取决于领导重视程度，使我国农村文化建设缺少必要法律制度的保障，农村的公共文化服务供给缺乏制度性保障，具有较大的变动性和不稳定性。农村公共文化服务供给必须法治化，依法保障财政投入，依法实施监督，保证农村的公共文化服务供给的稳定性和持续性。

农村公共文化供给主体要多元化。改革开放前，农业合作社或人民公社基本上包揽了各种文化事业，是单一投入主体和建设主体，文化建设的资金投入以政府计划划拨为投入形式。一方面单一主体包揽生产与提供，使文化产品和服务形式单一，不能很好地满足人们群众的多样化需求。另一方面单一主体致使制度内的资金投入不足，不能调动农民参与文化服务供给和创新积极性。因此，要调动社会和市场积极性，鼓励

---

① 中共中央党史研究室：《中国共产党历史》第二卷（1949—1978），中共党史出版社2011年版，第485页。

社会资金和企业资金的投入，增加农村公共文化物品生产供给，满足农民多样化的需求。

第二节　改革开放以来农村公共文化服务供给

改革开放之后，我国农村发生了翻天覆地的变化，国家在注重农村文化建设的同时，也加大了农村公共文化服务的供给。农村公共文化服务供给由体制外转向体制内，由于市场经济经济的逐步建立，企业和社会组织开始有更多的自主权，开始成为农村公共文化服务供给主体，供给主体逐步多元，供给内容日渐丰富，供给方式也逐步走向多元，供给运行机制也逐步完善，但是在取得巨大成绩的同时，也存在一些明显的问题。改革开放之后农村公共文化服务供给制度的演变分为三个时期，全面税费改革时期（1978—2003 年）、全面税费改革后（2003—2010年）和"十二五"规划时期，这三个时期农村公共文化服务供给情况具有较大的不同。[①]

一　全面税费改革之前农村公共文化服务供给特点

税费改革之前，是指 1978—2003 年这段时期。这个时期农村公共文化服务供给经历了一系列的制度变迁。1978 年，我国农村开始实行农村家庭联产承包制。家庭承包制的实施，使家庭获得经营自主权，农户成为我国农村土地的生产经营主体，与此相连，农村基层政权逐渐过渡到乡镇政府，村民委员会的成立也取代原来生产大队。1988 年，国家对农村公共产品供给机构采取了"下放"的策略，由乡镇一级政府拥有农业生产服务的管理权限。1994 年又开始实行分税制改革，农村公共文化服务的财政筹资制度又有新的改变。这一系列的制度变迁，使得农村公共文化服务供给与人民公社时期相比有了新特点，农村公共文化服务供给开始由原先高度集权的政府供给向市场供给和社会供给过

[①] "十二五"规划时期，农村公共文化服务政策有许多新变化。"十二五"规划时期的农村公共文化服务供给的政策、成就和问题等内容将在第三节进行专门研究。

渡，农村的文化需求也开始受到重视。

（一）供给主体呈现多元化趋势

人民公社由乡镇政府所取代，家庭承包制的实施，致使人民公社集中提供农村公共文化服务的制度瓦解。从供给主体看，与人民公社时期不同，政府不再是唯一供给主体垄断农村公共文化产品或服务，企业、私人、农村社区等都开始在一定程度上成为农村公共文化服务的供给主体，供给主体呈现出多元化趋势，但总的来看，这个时期，企业、社会组织、农村社区和农民私人的力量有限，拥有资源较少，它们参与农村公共文化服务供给途径也不多，政府仍然是那些覆盖面广、成本高、效益低的农村公共文化产品或服务的主要供给主体。因此，农村公共文化服务的供给主体仍然主要是政府，但是呈现出多元化的趋势。

（二）供给内容较为丰富

我国各级政府继续在基础设施和公共文化活动方面提供为农村公共文化服务。家庭承包制的实施，"乡政村治"体制的建立，农民对物资资源和劳动力支配的权利相对增加，村民委员会制度的实施，村委会成为村级公共文化服务重要的提供者；由于我国先后出台了一系列适应当时文化事业发展的倾向性政策，鼓励符合条件的文化事业单位开展有偿服务和经营活动，对宣传文化单位实行财税优惠政策，这些倾向性政策促进了文化事业建设与经济建设的协调发展，也促使部分文化事业单位有一定资金和能力为农村提供部分农村公共文化服务；农村经济的发展和乡镇企业兴起，使一些企业和农村能人也为当地农村志愿提供部分公共文化服务；农村社区和农村民间组织等社会组织也提供部分农村公共文化服务。供给主体的增加，使农村公共文化服务种类和数量逐渐增多，农村公共文化服务供给内容较为丰富。

（三）供给方式以政府供给为主

随着商品经济和市场经济的提出，企业日益成为中国当时社会生活中的重要力量，日益参与到农村公共文化的供给之中，而且一些带有半官方性质社会组织，如共青团组织、妇联组织、村委会、文化事业单位等社会力量，也通过不同途径提供农村公共文化服务。但是除经济发达省会和城郊地区的农村以外，在广大的农村地区企业为主市场供给力量和非政府组织为主社会供给的力量比较弱小，在农村地区没有形成强大的力量，没有更多财力和人员提供农村公共文化服务。因此，这个时期，农村公共文化供给方式仍以政府供给为主，市场供给和社会供给起着补充和辅助作用。

（四）供给运行机制逐步健全

家庭承包制的实施，村民在一定范围内能够参与公共文化服务的供给决策。一些私人和企业、社区等社会供给主体，为了提高供给的针对性和效率，也在一定程度上反映农民的意愿和需求。因此，农村公共文化服务的需求表达机制有所完善，供给决策机制也显现自下而上的趋势。但是由于人民公社时期的惯性思维，加之财政资金主要依赖于上级拨款，村委会听命于乡镇政府，乡镇必须听命于上级政府，农村公共文化服务供给一般是按照上级政府指令，分配农村公共文化服务供给的品种和数目，农民的意愿和需求往往会被忽视，得不到尊重，自主决策部分也是以乡镇、村官们的意见为主。因此，这一时期的决策属于自上而下为主决策机制，但是显现出自下而上的决策趋势。乡镇基层政府并不像人民公社那样，拥有农村所有资源的支配权，乡镇基层政府维护其正常运转的行政经费往往不足，为弥补其费用的缺陷，有关农村公共文化服务的资金，主要是由农民交纳"三提五统"的形式承担或是向农民"集资摊派"来承担。因此，农村公共文化服务供给筹资机制仍然是制度外的供给机制，成本仍由农民额外负担，形成了一种"显性化"的制度外的筹资机制。农村公共文化服务供给的决策机制和筹集机制较人民公社时期更为健全和完善。

二 全面税费改革后农村公共文化服务供给特点

20世纪80年代中后期开始，由于乡镇运用各种名目"集资摊派"，使得农民负担日益加重，农村开始出现农民增收困难，甚至还导致农村社会不安定。为了促进农村基层政府转变职能，减轻农民负担，维护农村社会稳定，贯彻依法治国的方略，我国2003年农村税费改革从安徽推广到全国各省，2006年正式废止的《农业税条例》，取消了"三提五统"和各种集资摊派和税费等。因此，农村公共文化服务的供给又出现了较大的变化，农村公共文化服务供给主体呈现多元趋势，政府供给、市场供给和社会供给等多种供给方式并存，供给内容丰富多样，供给运行机制进一步健全，农民文化需求开始受到高度重视。

（一）供给主体多元化格局逐渐形成

全面税费改革后，农村公共文化服务供给主体多元化，政府依然处于主导地位，但各级政府农村公共文化服务供给的职能有了较为明确的分工。中央政府负责承担最基本的公共文化服务供给职责，在地方性的公共文化服务中，强调县级以上政府承担更多的供给职责，乡镇政府的职责弱化。农村公共文化服务供给特别强调市场和社会力量的参与，国家通过优惠措施和税收减免政策，鼓励和支持企业为代表市场主体和以非政府组织为代表的社会力量，参与农村公共文化服务的生产与供给，政府主导，市场和社会力量参与的多元化格局逐渐形成。

（二）供给内容丰富多样

全面税费改革后，政府、市场和社会的供给活力进一步激发，参与农村公共文化服务供给的积极性也明显提高。中央政府拥有了更多财力，通过加大文化事业单位的投入费用和重点文化服务项目建设力度，承担全国性的公共文化服务供给职责，力求基本公共文化服务均等化，并通过转移支付制度，财政资金向农村地区和中西部倾斜，建立专门针对农村和中西部贫困地区文化项目的转移支付制度，使农村县级一般建立了以图书馆、博物馆、文化馆等为代表的公共文化基础设施，乡（镇）层级建立了以综合文化站为代表的基础公共文化设施，村级建立了农家书屋。国家实施了一系列重大的文化惠民工程，以政策的形式保障了文化工程的顺利实施。市场力量开始以合同外包、内部市场和用者付费等多种形式参与到农村公共文化服务供给之中，社会力量也开始承接政府职能转变后的部分职能，以行政合同、无偿捐赠和志愿服务等多种形式，为基层农村提供多样化的公共文化服务，供给内容相比税费改革之前更加丰富多样。

（三）供给方式呈现多元并存

全面税费改革后，各级政府依然是农村公共文化服务的主要投资主体，但是政府开始更多地采取政府购买的方式提供公共文化服务，大量使用合同外包、特许经营和用者付费等市场供给的形式，来实现农村公共文化服务的供给。企业和社会组织开始参与到农村公共文化服务的计划、融资、生产、提供和监控等多个环节。政府、市场、社会这三种供给方式既有单独运作，各自提供农村公共文化服务，也有这三种力量联合起来，相互合作共同提供农村公共文化服务。政府主导，市场和社会力量参与的供给格局逐渐形成，农村公共文化服务供给呈现多元供给方式。

（四）供给运行机制进一步健全

随着政府人事改革的深入、服务理念的逐步形成、官员民主素养提高、公仆意识的提高以及农村基层民主制度的进一步完善，各级政府决策者日益注重农民对公共文化服务的实际需求，注重听取农民的意愿，不但有我国乡镇人民代表大会及村民委员会这些正式需求表达渠道，还有网络和农村民间文化组织等非正式渠道，农民的文化需求表达机制进一步健全；伴随农民文化素养的提高，农民的文化权利意识逐步增长，农民也开始从先前被动接受者日益变成主动需求者，主动向政府反馈其文化需求，也"倒逼"决策者日渐尊重农民的意愿，自上而下的决策有所弱化，而自下而上的决策逐渐增强，"自上而下"和"自下而上"的双向供给决策机制逐步形成；税费改革以来，由于国家强制干预乱收费、乱摊派，农村公共产品的制度外筹资得到根本治理。为了保证农村公共文化服务供给资金投入，中央财政加大了对农村文化事业的投入力度。像乡镇文化站建设以及农家书屋建设等农村公共文化服务项目，也都以政府投入为主。制度内筹资成为农村公共文化服务供给筹资的主渠道，供给筹资机制进一步健全；此外，供给监管机制和供给激励机制也配套地建立起来了，在农村公共文化服务供给中发挥越来越大的作用，农村公共文化服务供给运行机制进一步健全。

三 改革开放以来的成就与问题

（一）取得的成就

改革开放以来①，文化建设一直是国家整体建设的重要组成部分，

---

① 这里特指 1978—2010 年这段时期，2011 年以后将在下一节介绍。

我国一直强调精神文明建设，把公共文化服务供给纳入文化建设之中，注重维护广大人民的文化权益，取得巨大的文化成就，较好地惠及广大城乡居民。特别是党的十六大以来，我国坚持以基层，特别是农村为重点，大力发展公益性文化事业，公共文化服务体系建设卓有成效。

各级财政对农村公共文化的投入大幅度增加。从改革开放到2010年，各级财政对农村公共文化的投入逐年加大。仅"十一五"期间，各级财政对文化的投入大幅度增加，用于基层文化设施建设的资金是"十五"时期的8倍。"十一五"期间，中央和地方加大了全国乡镇综合文化站、广播电视村村工程、农村电影放映工程、农家书屋工程等文化设施的投入，投入总额是"十五"时期的近4倍；此外，文化事业费向注重西部地区和农村基层进一步倾斜①。

农村公共文化服务供给运行机制不断创新。从改革开放到2010年，各级政府积极探索农村公共文化服务高效优质免费供给机制，不断创新供给运行机制。各地普遍推动公共文化机构，如博物馆、图书馆和文化馆等在农村开展流动公共服务，将公共文化服务送到农村基层，提高文化资源的利用效率；政府积极探索与市场和社会力量的提供公共服务方式，采取政府采购招标、合同外包、社会志愿服务等供给方式，较好地推进农村综合文化站和农家书屋等公共文化设施共建共享，实现农村公共文化设施建设高效率和享有上的最大效能；博物馆、纪念馆、美术馆、公共图书馆、文化馆（站）和爱国主义教育基地积极推行免费开放制度，减轻了农民享受公共文化服务的经济负担，也增强了农村公共文化服务的吸引力。

覆盖城乡的公共文化服务体系框架基本建立。各级政府积极探索为农民提供均等化的公共文化服务，逐步建立了覆盖城乡的公共文化服务体系。"十一五"期间，广播电视村村通工程已覆盖全部通电行政村和20户以上自然村，文化信息资源共享工程覆盖全国90%的行政村，农家书屋覆盖40%的行政村，基本实现乡乡有综合文化站，农村基本实

---

① 周玮、白瀛、黄小希等：《党的十六大以来我国公共文化服务体系建设综述》（2014年2月13日），http：//news. xinhuanet. com/society/2011 – 09/24/c_ 122082923. htm。

现一村一月放映一场电影的目标，农民看书难、看电影难、收听收看广播电视难的问题得到明显改善，覆盖城乡的公共文化服务体系框架基本建立。

开展了丰富的各类群众文化活动。围绕各类重大纪念活动、传统节日等主题，广泛组织开展群众歌咏、展览展示、文艺演出、讲座等多种形式的文化活动和日常广场歌舞类的群众文化活动，丰富城乡群众文化生活。为鼓励和扶持农民自办文化，各地文化部门大力鼓励农民自办文化，加强了农村业余演出队、农村义务文化管理员以及社区文化指导员等业余队伍的培训，支持农民群众兴办农民书社和电影放映队，农民自办文化成为农村公共文化服务的重要补充，取得了很好的效果。

（二）存在的问题

农村公共文化服务投入总量过少。虽然覆盖城乡的公共文化服务体系框架已初步建立，但是仍然存在投入总量过少问题。城乡公共文化资源供给不平衡，县以下公共文化费远远低于县以上公共文化事业费，1995年县以上公共文化事业费为24.44亿元，而县以下公共文化费8.95亿元，只是略超县以上事业1/3，2005年县以上公共文化事业费为98.12亿元，而县以下公共文化费35.70亿元，只是略超县以上事业1/3，直到2010年这种供给不平衡现象略有好转，2010年县以上公共文化事业费为206.65亿元，而县以下公共文化费116.41亿元，只是略超县以上事业1/2。农村公共文化服务投入总量过少，导致农村公共文化设施短缺、陈旧、缺乏维护，使用效率低，农村公共文化活动少，公共文化服务质量亟待提高。农村公共文化服务投入保障机制需进一步完善。

农村公共文化服务供给地区发展不平衡。东部地区公共文化服务的投入远远高于中西部地区，2005年，东部地区公共文化服务投入48.1亿元，中部地区22.9亿元，西部20.6亿元，东部地区的文化事业投入比中西部的总和还多，2010年东部地区文化事业投入44.4亿元，中西部地区分别为24.3亿元和26.6亿元，这种投入的不平等，导致东部地区的供给水平远远高于西部地区。

农村公共文化服务供需矛盾突出。农村公共文化服务供给中存在供给总量不足，但农村公共文化需求量巨大，供需结构不对接等问题，农村公共文化服务"有效供给"相对不足，与农民快速增长的精神文化需求有较大差距。

农村专业文化人才短缺严重。由于农村经济不发达，收入水平不高，农村文化事业单位的高素质文化人才，大量流向城市和发达地区，加上农村青壮年人口向城市流动，造成农村文化专业人才短缺，尤其是懂得相关文化知识又具备高科技素养的复合型人才极为短缺，农村文化人才培养和激励保障机制有待完善。

四　有益借鉴

改革开放以来到 2010 年这段时间，由于整个社会政治经济制度发生了较大的变更，我国农村公共文化服务的供给从制度外供给转变为制度内供给，农村公共文化服务水平逐步提高，取得巨大的成绩同时，也存在一些明显问题，这段时期为当前的农村公共文化服务供给提供了有益的经验借鉴。

农村公共文化服务供给必须坚持以农民文化需求为导向。农村公共文化服务供给必须以农民为本，坚持以农民文化需求为导向，要紧密联系农民的生产生活实际，提供农民真正需要的公共文化产品和公共文化服务。因为需求与供给是市场不可分割统一体的两个方面，只有需求和供给达到均衡，需求才是有效需求，供给才是有效供给。当前农村公共文化服务供给中常常出现所供非所需的结构性问题，说明农村公共文化服务供给中我们必须坚持群众观点，认真深入农村实际和农民的实际，切实了解农民的真正需求，否则农村公共文化服务供给就是低效供给，或是无效供给。农民既是农村公共文化服务的接受者，也是农村公共文化服务的参与者和供给问题反馈者，没有农民的有效参与和反馈，就没有农村文化建设的发展和农村公共文化服务的高效供给。因此，农村公共文化服务供给必须坚持以农民的公共文化需求为导向，提高农村公共文化服务供给的针对性和有效性。

农村公共文化服务供给要坚持以基本公共文化服务均等化为目标。在推进农村基本公共文化服务均等化过程中，政府要承担核心主体责任，大力提升各级政府的基本公共文化服务供给能力。为满足城乡居民公共文化需求和享受改革发展成果，我国政府逐步重视推进基本公共文化公共服务均等化，然而，现阶段我国农村要实现农村公共文化服务均等化，仍面临许多问题和挑战。我国农村基本公共文化服务依然存在非均等化现象，在中西部地区甚至呈现出某种恶化的态势。在农村基本公共文化服务供给过程中，我国政府供给存在供给不均和享受不均两种情况，这两种情况是造成农村基本公共文化服务不均等的重要原因。因此，尽管在短期内不可能实现城乡和区域内公共文化服务均等化的目标，但是，在方向和指导思想上，我国要坚持基本公共文化服务均等化的目标，力争早日实现全体公民享受基本均等公共文化服务。面对我国城乡和区域的巨大差异，国家公共文化服务供给就必须坚持基本公共文化服务均衡化的目标，强调对公平正义原则的坚守，供给政策的重点应该是农村地区和中西部地区，逐步实现城乡和区域的基本公共文化服务均等化。

农村公共文化服务供给要兼顾效率与公平。兼顾效率与公平也是优化农村公共文化服务供给中的重要问题。效率与公平有所偏重或者是兼顾效率与公平，在某种程度上反映出政府供给农村公共文化服务理念。作为公共利益的代表，政府理应公平合理地提供公共服务，即使经济利益较少的公共文化服务也必须提供相关供给，保障公共服务的公平性，但是政府由于其自身的缺陷，供给效率比较低。市场企业作为经济实体，其自利动机使其更加注重效率，不愿提供经济利益较少的公共文化服务，更愿供给有较大经济利益的公共文化服务，市场供给效率较高，但难以兼顾公平。因此，农村公共文化服务供给中，政府要兼顾公平，要保障农村公共文化的供给，保障一些低收入农民能够享受基本的公共文化服务，同时，政府也要兼顾效率，引进市场和社会力量，使市场和社会主体协同参与供给，高效地提供公共文化服务。总之，在公共文化服务供给过程中，要根据农村公共文化服务供给的内容不同，在政府、市场和社会中选择适合的供给主体，充分发挥各供给主体的优势，实现农村公共文化服务供给效率与公平的有效统一。

农村公共文化服务供给要加强法律制度建设。改革开放以前，我国文化事业发展起伏很大，其中一个重要原因就是我国一直没有完整的法律制度保障。农村公共文化服务供给也是如此，经常受到地方党政领导人的主观好恶影响，人治色彩浓厚，这与农村公共文化服务供给缺乏必要财政、税收和人事等方面的法律制度保障紧密相关，没有形成农村公共文化服务供给保障机制。今后要从依法治国的高度，进一步完善农村公共文化服务供给有关财政和税收等方面法律法规，进一步完善农村公共文化服务供给监管、绩效评估和优惠激励等方面法律法规，加强和完善农村公共文化服务供给相关体制机制方面的制度建设，使农村公共文化服务供给有完备的文化法律制度保障。

第三节 "十二五"规划以来农村公共 文化服务供给

从 2011 年开始，我国进入了国民经济和社会发展第十二个五年规划时期，先后召开党的十七届六中全会、十八大、十八届三中全会、全国文艺工作座谈会和十八届四中全会等重大会议，出台了一系列有关农村公共文化服务供给的政策，实施了一批重大的文化惠民工程，农村公共文化服务供给进入了一个新时期，农村公共文化服务供给开始走向以农民基本文化需求为导向，维护农民基本文化权利，落实城乡公共文化服务均等化政策时期。

一　"十二五"规划以来农村公共文化服务的政策概述

"十二五"（从 2011 年开始），党中央和国务院先后提出了一系列文化发展和建设的政策，实施了一批重点文化惠民工程，出台了一系列有关农村公共文化服务供给的政策，为农村公共文化服务供给提供了政策保证和实施依据，极大地促进了农村公共文化服务的供给力度。这些政策在理论和实践上推进农村公共文化服务体系建设，对于满足基层农民日益增长的文化需求，维护农民的基本文化权益，促进社会主义文化大发展大繁荣具有重要意义。

2011 年，党的十七届六中全会专门通过《深化文化体制改革决定》，进一步提出"按照公益性、基本性、均等性、便利性的要求，让群众广泛享有免费或优惠的基本公共文化服务"①，这个文件把发展公益性文化事业作为文化建设的重要任务，把满足人民基本文化需求作为社会主义文化建设的基本任务，覆盖城乡的公共文化服务体系，向社会免费开放服务，鼓励开展公益性文化活动，鼓励社会力量通过兴办实体等形式参与公共文化服务。

2012 年 2 月，中共中央办公厅、国务院办公厅印发《国家"十二五"时期文化改革发展规划纲要》，提出要构建覆盖城乡公共文化服务体系，对加强公共文化产品和服务供给做了系统规定。同年 7 月，国务院还印发《国家基本公共服务体系"十二五"规划》，该规划将公益性文化和广播影视和新闻出版和群众体育作为"十二五"基本公共文化体育服务的重要任务，要求实施公共文化体育服务保障工程，并对城乡基本公共文化服务做了总体规划。同年 11 月，在党的十八报告中，提出到 2020 年，基本建成现代公共文化服务体系，使社会主义文化强国建设基础更加坚实，认为实现中华民族伟大复兴，必须推动社会主义文化大发展大繁荣，完善公共文化服务体系。

2013 年 1 月，文化部颁布了《文化部"十二五"时期公共文化服务体系建设实施纲要》，从总体思路、重点任务和保障机制三个方面对公共文化服务体系建设进行系统设计，强调要坚持以政府为主导，强化公益性文化单位的骨干作用，充分调动市场和社会文化资源，形成共建共享，实现城乡公共文化服务多元化、社会化。同年 11 月，党的十八届三中全会提出，建设社会主义文化强国，必须坚持以人民为中心的工作导向，构建现代公共文化服务体系。

2014 年，习近平总书记在文艺工作座谈会上发表重要讲话，强调要把满足人民精神文化需求作为文艺和文艺工作的出发点和落脚点，把为人民服务作为文艺工作者的天职。同年 10 月，十八届四中全会提出，要建立健全有利于激发文化创造活力、保障人民基本文化权益的文化法

---

① 《中共中央关于深化文化体制改革推动社会主义文化大发展大繁荣若干重大问题的决定》（2011 年 10 月 18 日中国共产党第十七届中央委员会第六次全体会议通过），http://news. xinhuanet. com/politics/2011 – 10/25/c_ 122197737_ 5. htm。

律制度，强调制定公共文化服务保障法，促进基本公共文化服务标准化、均等化。

2015 年 1 月，为贯彻党的十八届三中全会审议通过的《中共中央关于全面深化改革若干重大问题的决定》的有关要求，加快构建现代公共文化服务体系，中共中央办公厅、国务院办公厅印发了《关于加快构建现代公共文化服务体系的意见》，从总体要求等七个方面，对构建现代公共文化服务体系做了原则性规定，成为今后一段时间构建现代公共文化服务体系的指导性文件。

通过以上我国"十二五"公共文化服务政策的梳理，我们可以看出，近年来党和国家特别重视公共文化服务，特别重视农村公共文化服务，特别重视农村基层的公共文化服务，强调要让群众广泛享有免费或优惠的基本公共文化服务，强调加强保障人民基本文化权益的文化法律制度建设，把满足农民文化需求作为农村公共文化服务供给的出发点，强调农村基层为重点，构建我国现代公共文化服务体系。这些公共文化服务政策，直接导致我国农村公共文化事业费用投入的大幅提升，我国农村公共文化建设取得巨大的成效，有力推动了我国农村公共文化服务供给的健康快速发展。

二　"十二五"规划以来农村文化事业费投入整体情况

文化事业费是指区域内各级财政对文化系统主办单位的经费投入总和。一般包括艺术表演团体、公共图书馆、文化馆（站）等文化事业单位的财政拨款（不含基建拨款）及文化部门所属企业的财政补贴。文化事业费集中反映了政府对文化事业的资金投入，是衡量政府公共文化服务供给能力的重要指标[①]。

2000 年至 2014 年我国文化事业费用逐年上升，特别是"十二五"以来，我国文化事业费用上升很快，到 2014 年全国文化事业费高达583.44 亿元，比上年增加 52.95 亿元，增长 10.0%；全国人均文化事业费 42.65 元，比上年增加 3.66 元，增长 9.4%（见图 3 - 1）。

---

① 文化部财务司：《中华人民共和国 2014 年文化发展统计公报》（2015 年 5 月 14 日），http：//zwgk. mcprc. gov. cn/auto255/201505/W020150525608812349181. pdf。

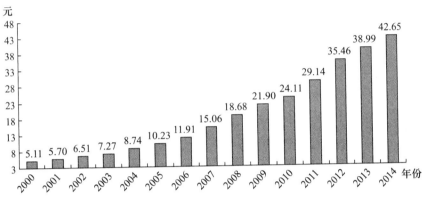

图 3-1 2000—2014 年全国人均文化事业费用

"十二五"以来，全国文化事业费占财政总支出的比重为 0.36%—0.38%，2014 年为 0.38%，与上年基本持平（见图 3-2）。

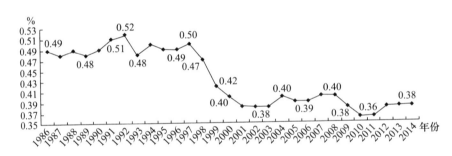

图 3-2 全国文化事业费占财政总支出比重

"十二五"以来，全国城乡文化事业费的比重渐趋平衡。2012 年、2013 年、2014 年全国文化事业费中，县以上文化单位文化事业费分别为 243.08 亿元、272.67 亿元、292.12 亿元，占比分别为 50.6%、51.4%、50.1%，比重有所降低。2012 年、2013 年、2014 年县及县以下文化单位文化事业费分别为 237.02 亿元、257.82 亿元、291.32 亿元，占比分别为 49.9%、48.6%、49.9%，比重有所提高。而 1995 年、2000 年和 2005 年，城乡文化事业费比重失衡，县及县以下文化单位文化事业费远远低于县以上文化单位的费用，相比而言，仅 2012 年、2013 年、2014 年城乡文化事业费的比重大致平衡。

表 3-2　　　　　全国文化事业费按城乡和区域分布情况

项目	1995 年	2000 年	2005 年	2010 年	2012 年	2013 年	2014 年
全国总量（亿元）	33.39	63.16	133.82	323.06	480.10	530.49	583.44
#县以上	24.44	46.33	98.12	206.65	243.08	272.67	292.12
县及县以下	8.95	16.87	35.70	116.41	237.02	257.82	291.32
#东部地区	13.43	28.85	64.37	143.35	211.56	231.41	242.98
中部地区	9.54	15.05	30.58	78.65	107.78	120.01	133.46
西部地区	8.30	13.70	27.56	85.78	139.53	152.16	171.15
全国所占比重（%）	100.0	100.0	100.0	100.0	100.0	100.0	100.0
#县以上	73.2	73.4	73.3	64.0	50.6	51.4	50.1
县及县以下	26.8	26.7	26.7	36.0	49.4	48.6	49.9
#东部地区	40.2	45.7	48.1	44.4	44.1	43.6	41.6
中部地区	28.6	23.8	22.9	24.3	22.4	22.6	22.9
西部地区	24.9	21.7	20.6	26.6	29.1	28.7	29.3

三　"十二五"规划以来的成就与问题

"十二五"规划以来，特别是党的十七届六中全会以来，党中央和国务院把农村文化建设提升到一个重要的层面，全国文化系统认真贯彻落实党的十八大、十八届三中、四中全会精神，紧紧围绕社会主义文化强国建设，坚持重心下移、面向基层、面向群众的方针，以农民需求为导向，逐年增加对农村文化事业财政投入力度，提出了一系列文化政策，实施了一批文化惠民工程，促进了农村公共文化繁荣发展，较好地满足农民日益增长的文化需求，取得了显著的成效①。

（一）取得的成就

1. 农村公共文化繁荣发展

"十二五"以来各级政府和文化管理部门，采取各种鼓励政策和措施，积极促进了农村公共文化的发展繁荣。舞台艺术精品工程和重大革命历史题材美术创作工程实施，推出了一批农村题材为主的优秀舞台艺

---

① 雒树刚：《国务院关于公共文化服务体系建设工作情况的报告》（2015 年 4 月 23 日），http：//www.npc.gov.cn/npc/xinwen/2015-04/23/content_ 1934246.htm。

术作品、美术作品、电影、电视和出版物；广大文艺工作者深入基层、深入农村、深入生活，坚持以人民为中心的创作导向，创作了一大批农村题材的优秀文艺作品、新闻出版物和广播影视节目，在广大农村弘扬了社会主义主旋律和核心价值观，农村公共文化产品丰富，农村公共文化空前繁荣发展。国家有关部门组织了文化科技卫生"三下乡""送欢乐下基层""结对子、种文化""文化进万家""心连心"活动，在基层，全民健身活动、文化志愿服务活动、广场文化活动等农村公共文化活动的广泛开展，农民群众文化生活日趋丰富多彩。

2. 初步建成覆盖城乡公共文化设施网络

近年来，国家统筹城乡基层公共文化设施网络建设，加大了农村公共文化服务设施建设，基本实现了"县县有图书馆文化馆、乡乡有综合文化站"的建设目标。2012 年以来，先后投资 17 亿元对偏远农村地区进行补助，建设农村骨干无线发射台站基础设施。国家还专门安排专项资金，补助购置乡镇文化站和城市社区文化中心（文化活动室）设施设备，以解决基层文化设施"空壳"问题。截至 2014 年年底，全国共建成县级以上公共图书馆 3117 个，文化馆（含群艺馆）3313 个，乡镇（街道）文化站 41110 个，建设阅报栏、广播阅报屏 7.2 万余个，建成农民体育健身工程 42 万多个。经过国家长期投入建设，我国初步建成覆盖城乡公共文化设施网络。

3. 公益性文化单位供给能力明显增强

各地区各有关部门积极进行文化体制机制改革创新，我国公共图书馆、博物馆、文化馆（站）等公益性文化单位的农村公共文化服务供给能力明显增强。由文化部门牵头的公共文化服务体系建设协调组，推动了多部门的协调机制建立，加强对文化事业单位改革的分类指导。文化事业单位的分类改革，创新了管理运行机制，使公共图书馆等公益一类事业单位和党报党刊和电台电视台等公益二类事业单位的职责划分明确，突出各自的公益属性，有利于强化公共文化服务功能，增强了它们提供农村公共文化服务的活力和能力。截至 2014 年年底，全国 2780 个公共博物馆、347 个爱国主义教育示范基地及 43510 个公共图书馆、美术馆、文化馆（站）已实现免费开放。这些公益性的文化单位向社会免费或优惠开放，它们的公共文化服务供给能力明显增强。

4. 重大文化惠民工程成效显著

"十二五"以来我国以基层为重点，坚持把重大文化惠民工程作为促进公共文化服务均等化的重要抓手，积极推进基本公共文化服务均等化。截至 2014 年年底，我国广播和电视节目覆盖率分别达到 97.99% 和98.6%，全国已通电农村地区基本实现了广播电视村村通；文化信息资源共享工程成绩斐然，截至 2014 年年底，在乡镇（街道）已建成 3.55 万个基层服务点，在农村（社区）已建成 70 万个基层服务点，所有乡镇和行政村基本实现文化信息资源共享工程全覆盖；农村电影放映工程已建设数字院线 252 条、放映队约 5 万支，年放映 800 万场，年观众人次约 15 亿；农家书屋工程建成 60.1 万家书屋，为边远地区建成 1.6 万家卫星数字农家书屋。这些重大文化惠民工程的实施，使公共文化资源有效地向中西部地区和农村区倾斜，有效弥补了农村基层文化资源不足，增加基层公共文化服务资源总量，明显地改善了农村公共文化服务条件，丰富了农民的公共文化生活。

5. 市场和社会成为重要供给力量

改革开放以来，我国先后出台了一系列鼓励引导民间投资公共服务政策、向社会力量购买公共服务政策和对公益事业捐赠减免税收的重要政策，使市场和社会日益成为重要农村公共文化服务的供给重要力量。截至 2014 年年底，登记在册的县级以上文化志愿服务组织机构 6337个，文化志愿者 91 万人，社会体育指导员 174 万名，初步形成了一支专兼结合的基层文化工作队伍。市场和社会成为重要供给动力，发挥市场和社会力量作用，较好地满足了群众的基本文化需求和多样化文化需求，推动公共文化服务的优质和高效。

6. 现代传播体系和互联网文化建设进一步加强

为了适应信息化和传播技术发展趋势，国家积极促进现代科技与公共文化服务深度融合，以促进公共文化数字化水平的全面提高。国家利用现代互联网技术和计算机技术和通信技术，建设一批数字图书馆、美术馆、文化馆、博物馆等，截至 2014 年年底，开办 69 个高清电视频道、605 家互联网视听节目服务机构，29 家网络广播电视台、移动多媒体广播电视用户数达 4500 万户，初步建立了一个现代传播体系。国家实施网上传播工程和中华经典资源库建设，积极弘扬中华优秀文化。现代传播体系和互联网文化建设，促进现代传播方式的创新，加强网络文化建设，拓宽了农村公共文化服务资源和空间，也为建设现代化的农村公共文化服务体系创造了条件。

（二）存在的问题

"十二五"以来，我国农村公共文化服务供给虽然取得了一些成绩，但由于重经济发展、轻文化建设的倾向，政府在公共文化领域还存在"越位""缺位"现象，政府与社会良性互动机制尚未形成，农村公共文化服务体系建设还存在与小康社会的目标要求、农村的经济社会发展水平、基层群众精神文化需求等不相适应的问题。具体主要表现在：

第一，农村公共文化服务供给水平相对落后。基础设施方面，农村基层城乡接合部、贫困地区和边疆地区还有空白点，达标率低。截至2014 年年底，全国有 4876 个乡镇综合文化站建筑面积小于 300 平方米，达标率低。投入方面，虽然各级财政对农村文化建设的投入与文化发展的需求之间仍有不小差距。队伍方面，农村基层公共文化专业人员流失严重和服务水平参差不齐的问题比较突出，制约了公共文化服务质量的提升。

第二，农村公共文化服务效能不高。当前存在农村文化服务产品种类数量少、质量不高、内容过分娱乐化和庸俗化等问题；农村地区公益性文化单位还存在活力不足、效率不高等问题；不少农村地区存在"重设施建设，轻管理使用"的问题，许多农村公共文化设施缺乏后期维护和管理资金而处于闲置状态。

第三，均等化水平有待提高。从城乡看，县级以下基层公共文化体育资源仍然比较匮乏。2013 年，全国无购书经费支出县级图书馆有 580个，占到县级公共图书馆的 21.4%。从区域看，中西部地区远远落后于东部地区。2013 年，东部地区文化体育与传媒支出约占全国总量的44.15%，中部约占 22.57%，西部约占 33.25%，区域存在不均等问题。

四　有益借鉴

"十二五"以来，我国农村公共文化服务供给取得巨大成就，同时也存在一些问题，"十二五"以来的供给实践，为当前农村公共文化服务供给提供了有益借鉴。

政府农村公共文化服务职责必须合理界定。在农村公共文化服务供给中，各级政府要明确划分其承担农村公共文化服务的职责和权限，做到事权与财权匹配统一。我国宪法和政府组织法初步规定了各级政府的职责，但其内容却没有明确地区分各级政府的农村公共文化服务职责和权限，政府拥有的财政权力和事权各不相同，比如1994年我国分税制改革以来，中央和地方对财政支出责任进行初步划分，但是省级以下政府之间的支出责任划分更为模糊，在实践中各级政府公共服务支出的越位缺位、上下错位、互相推诿的问题较为突出。在实行分税制以后，中央或省级政府更好地管控地方，财权越来越上收集中，而却把事权大量下放，造成财权与事权不相匹配，县乡基层政府无法有效提供农村所需的公共文化服务。因此，要实现农村公共文化的有效供给，必须科学合理划分各级政府的财权与事权，合理界定各级政府在提供农村公共文化服务职责，按照农村公共文化服务的类别和层次，明确界定从中央政府到基层乡镇在农村公共文化服务的责权范围，使事权和财权相匹配。

农民群众基本文化权益应该得到有效保障。人民基本文化权益的内容包括享受文化成果、参与文化活动、文化审美、文化产品创造的自由、知识产权受保护、文化产业创业的自由、文化资产受保护等方面的一系列权益。农村公共文化服务供给要注意保障农民最基本的文化权益，如阅读、娱乐、学习和观赏权益，应该在农村居住地，就近建设文化中心，方便农民广泛参与文化活动、方便农民共享文化资源，保证农民基本的文化权益。农村公共文化服务供给，必须着力解决农民群众的基本文化权益问题，落实各项文化惠民政策和措施，使农民基本公共文化权益得到有效保障。

政府与市场，政府与社会的关系必须合理厘清。农村公共文化服务要有效供给，必须调动政府、市场和社会的活力，多元协同参与供给，但是必须厘清政府、市场和社会的边界。农村公共文化服务供给必须分清供给主体职责范围，要提高农村公共文化服务效率和促进供给公平。必须厘清政府与市场的边界，农村公共文化服务虽然是公共产品的范畴，对其供给市场不应也不可能发挥决定性作用，但是要克服政府供给的劣势，必须积极探索发挥市场机制的作用方式和方法，如政府与文化企业签订公共合同，购买服务等形式，让市场力量参与相关供给，发挥市场主体在农村公共文化供给中的积极作用；要厘清政府与社会的边界，充分发挥社会组织的作用，填补市场和政府双重失灵，要使政府治理和社会治理相得益彰，坚持政府主导的前提下，通过制度改革创新，确保社会积极参与农村公共文化服务供给，培育农村社会文化组织，使其积极参与农村公共文化服务供给，使其能够发挥自我管理、自我服务和自我供给的作用，最大限度地调动农村社会力量，推进农村基本公共文化服务均等化。

农村公共文化服务供给应该以促进和谐社会建设和新农村建设为主题。农村公共文化服务供给是农村文化建设的重要途径和手段，是构建和谐农村社会的基础，对于丰富农民群众文化生活具有重要意义，对于转变农民文化观念，把握农村文化发展规律，运用社会主义先进文化在武装人、塑造人、感化人等方面发挥巨大作用，是推动社会主义和谐社会发展和进步的精神要素。农村公共文化服务供给，要注重充分发挥社会主义先进文化在构建和谐社会进程中的重要作用，弘扬时代精神、凝聚民族力量，推动农村文化的大发展大繁荣，积极构建农村和谐社会。根据国际经验和我国自身实际，我国作出建设社会主义新农村的战略决策，要求把农村建设成为"乡风文明"的社会主义新农村。乡风文明体现农村精神文明建设的要求，是对农民文化素质提出的新要求。只有提高了农民群众的思想、文化、道德水平，才能使农民群众能够崇尚文明和科学，才能使农村形成良好的社会氛围，新农村建设也才算是全面的完整的。因此，农村公共文化服务供给要以促进和谐社会建设和新农村建设为主题，紧紧围绕和谐社会和新农村建设，积极建设多样化文化设施，大力开展公共文化活动，为社会主义新农村提供多形式的、有农村特色的公共农村文化产品或服务，满足农民群众多样化的文化需求，提高农民思想道德素养和科学文化素质，为农村和谐社会建设和社会主义新农村建设提供精神力量和智力支持，为新型农民提供精神食粮。

新中国成立以来农村公共文化服务供给演变表明，农村公共文化服务供给是经历一个供给主体从单一主体到多元化的主体，供给内容从简单到丰富，供给方式从政府单一供给方式到多种供给方式并存，供给运行机制从不健全到健全的历史过程。农村公共文化服务供给也经历了从忽视农民需求到逐渐重视农民需求的过程。农村公共文化服务供给受到国家政治、经济和社会发展的深刻影响，良好的政治、经济和社会环境对提高农村公共文化服务供给水平具有至关重要意义。优化农村公共文化服务供给，解决农村公共文化服务的供需匹配及平衡的问题，应该从我国的供给历史寻求经验借鉴。

第四章　农村公共文化服务供需现状实证分析

依据供需关系理论，农村公共文化服务供给与需求存在对立统一不可分割的联系，是相互依存互为前提的。只有了解农民的真实公共文化需求，以农民文化需求为导向，做到需求与供给均衡时，供给才最为有效。只有了解农民的真实公共文化需求，农村公共文化服务供给与需求才可能做到有效匹配，达到供需平衡，提高供给的针对性和有效性。本章在实地调查基础上，以湖北六县区调研数据为依据，对湖北农村公共文化服务需求现状、供给现状、供需契合状况和供需区域差异性进行了实证分析，并对造成供需契合状况和供需区域差异状况的原因进行分析，得出了实证结论。

第一节　调查数据收集与数据描述

本节主要是对调查问卷的对象、设计过程、问卷内容，样本来源、样本容量、抽样过程和数据获取过程进行简要介绍，并对样本来源、村庄分布和调查对象的总体特征进行描述统计，为本章的需求分析、供给分析、供需的区域差异分析和下一章的供给满意度分析奠定实证分析的基础。

一　调查问卷

（一）调查问卷的对象

从农民文化需求的视角，研究当前湖北农村公共文化服务需求现状、供给现状、供需区域差异性，得出实证分析结论，为优化农村公共文化服务供给对策做准备。依据研究的需要，调查对象农村居民分为两类：一类是湖北发达地区农民，主要包括武汉市新洲区、荆州监利县和江陵县的农村居民；另一类是湖北欠发达地区农民，主要包括恩施州建始县和巴东县及神农架林区的农村居民，针对两类地区调查对象进行了问卷调查。

（二）调查问卷的设计

结合研究的实际需要，本书分以下几个阶段进行问卷设计：

首先，在文献研究阶段，主要明确衡量农村公共文化服务需求和供给的主要指标，并据此对它们进行操作化的描述。

其次，实地调查阶段，主要是对农民进行访谈，明确当前农民的主要文化需求，明确当前政府和其他组织提供的主要文化服务项目，力求使用通俗化的词语反映各个主要指标。

再次，编制初始问卷阶段，主要在征询武汉大学、华中师范大学、中南财经政法大学等相关研究专家的意见基础上，对问卷在概念、内容和语义等方面进行了详细的修改。

最后，预测试和问卷定稿阶段，主要是进行小范围测试，以检验调查问卷中指标设计和问卷表述的合理性，通过对麻城市三河口镇黄土咀村的部分农民进行预测试，对问卷的有些问项进行修改，增强问卷的可读性和易识性，并对部分问项进行增删，得出了问卷的最终版本。

（三）调查问卷内容

本书实证研究的目的主要是对农村公共文化服务的供需现状和区域差异现状进行描述性统计分析，对供给满意度进行灰色相关分析和回归分析，要求问卷中的问题能够对这些实证分析提供所需的有效数据。因此，正式调查问卷主要内容由三个部分组成（见附录）：

第一部分是基本信息调查，有 7 个调查问项。主要对调查对象的性别、年龄、民族、婚姻状况、文化程度、家庭人口和 2012 年收入（人均年收入）进行调查①。

第二部分是农村公共文化文化服务的供需情况调查，有 24 个调查问项，要求被调查者按要求做答。这 24 个调查问项分别是：B1. 您日

---

① 问卷调查是在 2013 年暑期和国庆节期间进行的，所以对 2012 年的收入进行调查。

常主要的娱乐方式有哪些（可多选）；B2. 您很喜欢的电视栏目主要有（可多选）；B3. 您经常参与的公共文化活动有（可多选）；B4. 您更愿意参加下列哪一种公共文化活动（单选）；B5. 您经常会使用的公共文化设施有（可多选）；B6. 您村是否有农家书屋，您使用情况是（单选）；B7. 您获得信息的主要渠道（单选）；B8. 您家每年用于文化消费大致金额为（不计读书教育开支，单选）；B9. 您最希望政府提供下列哪些公共文化活动（可多选）；B10. 您最希望政府提供下列哪些公共文化设施（可多选）；B11. 您愿意花钱购买下列哪些类型的文化产品（可多选）；B12. 如果带有商业性文艺演出，你会花钱去看吗？（单选）；B13. 您最喜欢接受下列哪些组织提供的农村公共文化服务（单选）；B14 您能够得到的或享受的公共文化活动有哪些（可多选）；B15. 您村已经有以下哪些公共文化设施（可多选）；B16. 您是否愿意积极参加村里组织的农村文化活动（单选）；B17. 农民对你村公共文化生活现状总体评价是（单选）；B18. 您认为满足您的文化需求的主要途径有哪些（可多选）；B19. 政府和村委会已经为您提供过文化服务有哪些（可多选）；B20. 您通过听广播、看电视、上网络更多的是了解哪些方面信息（可多选）；B21. 你村有下列哪些文化组织或机构（可多选）；B22. 关于农村文化建设，您认为当前文化建设面临的最大问题是什么（可多选）；B23. 您认为农村文化建设谁的作用最重要？（单选）；B24. 您最需要政府为您提供的文化方面的帮助是（请具体提出）。

第三部分是农村公共文化服务供给满意度调查，共有 17 个调查问项。这 17 个调查项分别是：C1. 对县市博物馆和图书馆提供服务的评价；C2. 对乡镇综合文化站提供服务的评价；C3. 对农家书屋提供服务的评价；C4. 对老年活动中心提供服务的评价；C5. 对农业技能培训室提供服务的评价；C6. 您对当地公共网吧提供服务的评价；C7. 对本村体育休闲设施的评价；C8. 对农村公共文化设施和活动的管理制度的评价；C9. 对提供农村公共文化服务工作人员的评价；C10. 对农村电影放映工程的评价；C11. 对当地农村节假日公共文化活动的评价；C12. 对当地日常群众性广场舞等文化活动的评价；C13. 对当地教育就业培训等公益性文化活动的评价；C14. 对广播电视村村通工程的评价；

C15. 被调查农民对全国文化信息资源共享工程的满意度；C16. 对当地民俗表演活动的满意度；C17. 对享受到农村公共文化服务整体评价。

二　数据收集

（一）样本来源

样本全部来自湖北省，本书选取湖北农村公共文化服务供给状况作为典型样本地，来考察中国农村公共文化服务供给的一般情况，主要基于以下三点考虑：

第一，单一制国家地方政府提供的公共服务具有相似性。我国是一个实行中央集权的社会主义单一制国家，各省、直辖市和自治区的政府农村公共文化服务的供给体制机制有很大的相似性。各个省和直辖市都是按照中央政府的统一的政策来开展农村文化服务活动，提供公共文化服务的，只是由于经济、社会和文化发展基础不同，一些具体实施措施有差异。湖北农村公共文化服务供需现状，在一定程度上能够反映我国农村公共文化服务供需状况。因此，本书主要以湖北省的调研数据为分析依据，来探讨中国农村公共文化服务供需的相关问题。

第二，湖北省的地理空间区域具有代表性。我国整体分为东部、中部和西部三大地理区域。在经济发展水平、社会发展程度以及农民经济收入和文化生活水平等方面，这三大区域都存在较大的差异。东部区域省份属于我国的发达地区，我国经济社会文化发展得最好的区域，农村公共文化服务供给水平相对较高；而中部地区则是我国中等发达区域，农村公共文化服务供给处于中等水平，是承东启西的独特区域。西部地区属于我国尚欠发达区域，其经济文化发展水平较低，农村公共服务供给水平较为落后。湖北省是我国中部的有代表性的省份，是东西融合与南北对接的中部区域的中心省份。所以我们认为选择湖北省作为代表来进行调查，具有一定代表性和典型性。

第三，湖北省的农村公共文化服务供给水平接近全国的平均数，能够反映一般供给情况。湖北省是我国中等发达地区，农村居民收入水平处于全国中等水平，与中部地区各省经济文化发展也大致相当，湖北农村公共文化服务水平大体上接近全国的平均数或是中位数，如果我们选择文化服务水平较高的东部省份，或者选择文化服务水平相对较低的西部省份作代表，文化服务水平都会或高或低地偏离全国的平均数，都不能很好地反映中国农村的一般服务水平，所以当在不是采取全国性抽样方法来研究全国性的问题时，只有选择中部地区的代表性的省份来做典型，其调查研究结论才有可能较好地反映我国农村公共文化服务供给一般情况。

（二）样本容量

样本大小取决于所用数据分析的方法。本书主要采用 SPSS17.0、Eviews7.2 和 DPS 数据处理系统（9.50），进行数据描述分析、灰色相关度分析和逐步回归分析，需要大样本，才能降低不适当的参数估计的概率、减小标准差、降低非收敛性，并能增加度量的可靠性。但是大样本是个相对陈述，到底多大才合适，并无统一标准。Hair 等（1998）认为，样本数大于 100 是最起码的要求，因样本数太少可能导致不能收敛或得不到合适的解，但样本也不能太大，如果超过 400，最大似然估计法将会变得非常敏感，从而使所有适合度指标变得很差①。由于湖北调研的总体数目较大，综合考虑专家学者的意见，有效样本应在 500 以上为宜。本书在实际调查过程中获得 712 个有效样本，该样本大小符合要求。

（三）抽样过程

采取分层抽样②的方法，对湖北不同发展水平及不同区域的 6 个县级区域中抽取 18 个村共有 800 家农户，抽样过程如下：

（1）选择样本县（区）。依据县域经济发展水平、结合该县的区域特征、地形特征选择样本县。根据湖北的实际情况，其地理特征和收入情况都存在较大差异，即便是同样地理特征，经济发展也有差别。因此，本书以县域经济和地理特征联合考虑作为分层抽样的区分变量，其主要理由是：一是经济水平是影响基本农村公共文化服务供给的重要因素；二是不同区域的农民有着不同的文化习俗，这对农民的基本文化需

---

① Hair J. F. , Black W. C. , Babin B. J. , Anderson R. E. . *Multi - variate Data Analysis*. Upper Saddle River, NJ: Prentice Hall. 1998: p. 222.

② 分层抽样是指按照总体中个体某些特征，把总体的个体分成若干群（或类），然后对各群内的个体进行简单的随机抽样（马国庆，2002）。

求具有重要影响。不同区域的地区经济水平差异大，这样选择的样本可能更具有代表性，实证分析的结果可能更具有解释力。因此，经过仔细比较分析，选择湖北不同地区典型县市农村，先后对湖北武汉新洲区、湖北中部的监利县、江陵县、湖北西部的神农架林区、恩施州的建始县和巴东县等地农村进行了实地调研和问卷调查。

（2）抽取样本村①。在对县区分层抽样的基础上，从每个县区随机抽取三个村，对每个村编号区分。

（3）被调查对象的抽取。被调查对象是在被调查村的村民，入村后随机抽取。为研究需要和整理方便，我们对每个村的被调查农民进行编号，将编号与被调查农民一一对应。

（四）数据获取过程

1. 确定调查过程，选择调查员

本书采取入户调查的方式进行问卷调查，笔者通过中南财经政法大学 2013 年大学生暑期实践活动，深入农村进行入户问卷调查。按照前述抽样方式，挑选社会学和经济学专业学生 30 名，负责荆州监利县和江陵县、恩施的建始县和巴东县以及神农架林区等五个县区的调研，笔者负责对武汉新洲区三个村，自己进行问卷调研。调研时由学生向被访问成员询问并当面填写，并尽可能留下对方电话，以便核对有关信息。正式调研之前，笔者对 30 名学生进行了详细问卷说明和指导，并对他们进行分组，每两人一组，负责一村的调研，并对安全提出要求，这样的安排主要考虑两位同学可以相互照应，遇事可商量，有助于提高学生的安全感，有利于问卷调查的顺利展开。

2. 问卷的填写与回收

问卷主要由参加过培训的调研员负责边问边写，少量由农民自填，我们采取一些激励方式，淳朴的农民和乡村干部绝大多数给予积极配合。按照湖北农村经济发展状况来决定样本分配比例和选取调查地点，共发放调查问卷样本 800 份，收回 744 份，剔除不合格问卷，收回有效问卷 712 份，问卷的有效率为 95.7%（见表 4 - 1）。

---

① 指的是行政村，由一个或若干个自然村组成。

表4-1   发放、回收和有效样本基本情况

	调查对象	发放样本数	回收样本数	有效样本	有效率
总计	农民	800	744	712	95.7%

3. 数据分析方法与工具

数据处理与分析主要以 SPSS17.0 软件、灰色关联分析软件 DPS (9.50) 软件和 Eviews7.2 软件为主，具体而言，用 SPSS17.0 软件进行描述性统计分析，主要用于样本总体情况、需求现状分析、供给现状分析和供需区域差异性分析；以 DPS 数据处理系统 (9.50) 软件进行满意度灰色关联分析，以 Eviews7.2 软件进行满意度回归分析。借助以上软件进行数据分析，分析湖北农村公共文化服务需求与供给现状、供需的区域差异性和供给满意度，得出一系列实证分析结果。

三　数据描述

（一）抽样区域样本来源和样本分布情况

样本来源于湖北经济较为发达区域武汉市新洲区和荆州的监利县和江陵县、经济欠发达区域的恩施州的建始县和巴东县和神农架林区等六个县（区），这些县（区）地理位置不同，地形地貌有较大差异，抽样区域样本来源和样本分布情况如表4-2所示。新洲区、监利、江陵、巴东、建始县和神农架回收有效样本数分别为：136 份、135 份、138 份、99 份、103 份和 101 份，样本有效率分别为 94.4%、95.1%、95.2%、95.1%、98.1%和96.2%，回收样本的有效率较高①。

表4-2   抽样区域样本来源和分布情况

县别	新洲区	监利	江陵	巴东	建始县	神农架
区域	发达	发达	发达	欠发达	欠发达	欠发达
地理位置	东部	中部	中部	西部	西部	西部
地理特征	平原	平原	平原	山地	山地	山地
取样村数	3	3	3	3	3	3

---

①　由于湖北发达区域的总体人数远远超过欠发达区域的总体人数，因此在调查时发达区域发放 450 份原始问卷，回收有效问卷 409 份，而欠发达区域发放 350 份原始问卷，回收有效问卷 303 份，并没有在两个区域平均发放原始问卷。

续表

县别	新洲区	监利	江陵	巴东	建始县	神农架
回收问卷	144	142	145	104	105	105
有效问卷	136	135	138	99	103	101
样本有效率(%)	94.4	95.1	95.2	95.1	98.1	96.2

（二）样本的村庄分布情况

样本涉及的农民分布于 6 县 18 个村，样本的村庄分布情况如表 4 - 3 所示。两区域内各村的样本数差异不大，样本分布基本均匀。

表 4 - 3　　　　　　　　　样本的村庄分布情况

编号	区域	村名	所在县区	农民调查		样本数
				样本数	占比（%）	
1 - 1	发达区域	四屋湾	新洲区	45	6.3	409
1 - 2		三屋湾村	新洲区	45	6.3	
1 - 3		周家寨村	新洲区	46	6.5	
2 - 1		新湾村	监利县	45	6.3	
2 - 2		桐湖村	监利县	44	6.2	
2 - 3		南湾村	监利县	46	6.5	
3 - 1		马林村	江陵县	47	6.6	
3 - 2		祁渊村	江陵县	45	6.3	
3 - 3		邓泓村	江陵县	46	6.5	
4 - 1	欠发达区域	官店坡村	建始县	35	4.9	303
4 - 2		青里坝村	建始县	33	4.6	
4 - 3		干沟村	建始县	35	4.9	
5 - 1		八角庙村	神农架	33	4.6	
5 - 2		堂房村	神农架	34	4.8	
5 - 3		松柏村	神农架	34	4.8	
6 - 1		沙淌坪村	巴东	33	4.6	
6 - 2		水沟村	巴东	34	4.8	
6 - 3		泗井水村	巴东	32	4.5	
合计				712	100	712

（三）调查对象描述性统计

样本性别构成（见表4-4）。在有效调查样本中，男性农民人数为385人，有效百分比为54.3%；女性农民人数为324人，有效百分比为45.7%。男性对女性性别比为118.8%。调查数据显示，男女比例大致协调。

表4-4 调查对象的性别构成

			频率	有效百分比（%）
有效	男	385	54.1	54.3
	女	324	45.5	45.7
	合计	709	99.6	100
缺失	系统	3	0.4	
	合计	712		

注：样本中农民性别缺失数为3，有效数量709。

样本年龄构成（见表4-5）。在有效调查样本中，17岁以下农民19人，占农民总数为2.7%；18—25岁农民122人，占农民总数17.1%；25—39岁农民159人，占农民总数的22.3%；40—59岁农民333人，占农民总数的46.8%；60岁以上农民75人，占农民总数的10.5%。调查数据显示，在有效调查样本中，是以18—60岁成年人为主要调查对象。

表4-5 调查对象的年龄构成

		样本数	有效百分比（%）
有效	60岁以上	75	10.5
	40—59岁	333	46.8
	25—39岁	159	22.3
	18—25岁	122	17.1
	17岁以下	19	2.7
	合计	708	99.4
缺失	系统	4	0.6
	合计	712	100

注：样本中农民年龄数缺失4，有效数量708。

样本民族构成（见表4-6）。在有效调查样本中，汉族505人，占农民总数的72.1%；土家族174人，占农民总数的24.9%；回族11人，占农民总数的1.6%；苗族6人，占农民总数的0.9%；侗族2人，占农民总数的0.3%；其他民族2人，占农民总数的0.3%。调查数据显示，调查是以汉族和土家族农民为主要调查对象。

表4-6　　　　　　　　　　　　调查对象的民族构成

	民族	样本数	频率	有效百分比（%）
有效	汉族	505	70.9	72.1
	土家族	174	24.4	24.9
	回族	11	1.5	1.6
	苗族	6	0.8	0.9
	侗族	2	0.3	0.3
	其他	2	0.3	0.3
	合计	700	98.3	100
缺失	系统	12	1.7	
	合计	712	100	

注：样本中农民的民族构成缺失数为12，有效数量700。

农民婚姻状况（见表4-7）。在有效调查样本中，未婚142人，有效百分比为20.1%；已婚532人，有效百分比为75.1%；离异15人，有效百分比为2.1%；丧偶19人，有效百分比为2.7%。调查数据显示，绝大多数调查人员的婚姻状况稳定。

表4-7　　　　　　　　　　　　调查对象的婚姻状况

		样本数	频率	有效百分比（%）
有效	（1）未婚	142	19.9	20.1
	（2）已婚	532	74.7	75.1
	（3）离异	15	2.1	2.1
	（4）丧偶	19	2.7	2.7
	合计	708	99.4	100
缺失	系统	4	0.6	
	合计	712	100	

注：样本中农民的婚姻状况缺失数为4，有效数量708。

农民文化程度状况（见表4-8）。在有效调查样本中，从未上过学的有39人，有效百分比为5.6%；教育程度为小学的有143人，有效百分比为20.5%；教育程度为初中的有253人，有效百分比为36.3%；高中（中专）的有157人，有效百分比为22.5%；大学专科以上有105人，有效百分比为15.1%。调查数据显示，绝大多数调查人员的文化程度是小学、初中和高中（中专）学历，符合湖北农民文化现状。

表4-8　　　　　　　　　　　调查对象的文化程度

	文化程度	样本数	频率	有效百分比(%)
有效	没上过学	39	5.5	5.6
	小学	143	20.1	20.5
	初中	253	35.5	36.3
	高中、中专	157	22.1	22.5
	大专以上	105	14.7	15.1
	合计	697	97.9	100
缺失	系统	15	2.1	
	合计	712	100	

注：样本中农民的文化程度缺失数为15，有效数量697。

农民家庭人口状况（见表4-9）。在有效调查样本中，1—2人的家庭有71人，有效百分比为10.1%；3—4人的家庭有403人，有效百分比为57.1%；5—6人的家庭有218人，有效百分比为30.9%；7人以上的家庭有14人，有效百分比为2.0%。调查数据显示，农民家庭人数以3—6人为主。

表4-9　　　　　　　　　　　调查对象的家庭人口情况

	家庭人数	样本数	频率	有效百分比（%）
有效	1—2人	71	10	10.1
	3—4人	403	56.6	57.1
	5—6人	218	30.6	30.9
	7人以上	14	2	2
	合计	706		
缺失	系统	6	99.2	100

注：样本中农民的家庭人口情况缺失数为6，有效数量706。

农民家庭人均纯收入状况（见表4－10）。在有效调查样本中，人均纯收入2300元以下家庭有45人，有效百分比为6.4%；人均纯收入在2300—8000元的家庭有353人，有效百分比为50.1%；人均纯收入在8000元以上的家庭有306人，有效百分比为43.5%。调查数据显示，2012年，调查对象中，6.4%的家庭的收入在贫困线以下，43.5%的家庭已实现小康，近一半被调查人员正处于奔小康的途中，与湖北的实际情况大致相似[①]。

表4－10 2012年调查对象的家庭收入情况

		样本数	频率	有效百分比（%）
有效	2300元以下	45	6.3	6.4
	2300—8000元	353	49.6	50.1
	8000元以上	306	43	43.5
	合计	704	98.9	100
缺失	系统	8		

注：样本中农民的家庭人口情况缺失数为8，有效数量704。

第二节　湖北农村公共文化需求现状分析

如前文所述，供给与需求相互依存、互为前提，只有真正把握农民的基本文化需求及其特征，才能够较好回应农民日益增长的文化需求，为农民提供真正喜闻乐见的公共文化服务。湖北调查和问卷数据表明，当前农民文化需求的实现程度低，需求呈现新特点。

一　需求实现状况分析

（一）农民参加文化娱乐方式的情况

调查数据表明，湖北农民参加娱乐方式排在最前面的三项是：看电

[①] 中国科学院中国现代化研究中心主任何传启建议，农村家庭达到小康水平，农村家庭人均纯收入标准应超过8000元。

视、打牌和跳广场舞，其中56%的被调查者选择看电视，32%的选择打牌、20%的选跳广场舞，其他娱乐方式的占比由高到低依次排序是：读书看报、健身锻炼、听广播和上网（见图4-1）。对于看电视的选择，在性别、年龄文化程度和家庭收入等类别的差异分析时，"看电视"都是排在首位，可见，农民对电视的依赖程度相当高。打牌的占比也较高，特别是在25—39岁年龄段的农民的打牌比例较高，女性参加"跳广场舞"比例较高。而读书看报、上网和听广播的比率都不高。其中，被调查者经常观看的电视栏目，由高到低排序依次是新闻类、影视剧类、农技致富类、综艺类、教育科普类、法制类、体育类、戏曲类和其他（见图4-2），其中新闻类、影视剧类、农技致富类、教育科普类排在前四位。可见，湖北农民文化娱乐方式有限，可选择性较少，文化娱乐的偏好也较集中。

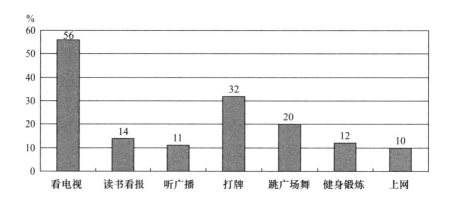

图4-1 受访者主要的娱乐方式

注：本项调查为多选题。

（二）农民经常参加的公共文化活动情况

湖北农民经常参加的公共文化活动主要有文化下乡活动、送戏送电影活动和群众歌舞活动，这三项活动占比分别为38%、35%和32%（见图4-3）。问卷显示农民对于文化下乡活动有较高参与度，也对送戏送电影活动很感兴趣，喜爱参加广场舞等歌舞活动，而对农技知识培

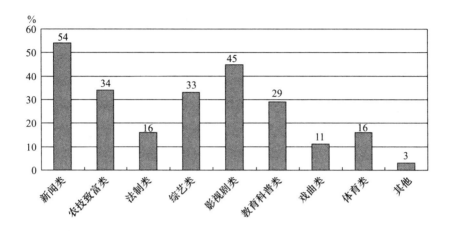

图 4 - 2 受访者经常观看的电视栏目

注：本项调查为多选题。

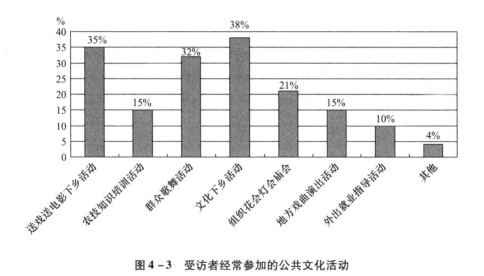

图 4 - 3 受访者经常参加的公共文化活动

注：本项调查为多选题。

训活动、地方戏曲演出活动、外出就业指导活动等参加较少，但实地调研发现，并不是因为农民没有这些类型需求，而是实际上这些类型的公共文化服务供给太少，绝大多数农民并不能经常参与。调查表明，目前政府供给是满足农民公共文化需求的主导途径，有学者认为农民能经常参加的一些公共文化活动形式中，在农村实际上仅有文化下乡活动、送戏送电影活动和群众歌舞活动等有限的形式，农村公共文化活动开展范围非常有限。

在回答"您更愿意参加下列哪一种公共文化活动"回答中，湖北农民对免费性质的公共文化活动有最大偏好，其次对有趣味性的公共文化活动有较大偏好，两项占比分别为36%和24%，而能够满足个人需求的活动和参与便利的占比分别为21%和19%，偏好差别不大（见图4-4）。可见，农民在参与公共文化活动中是有选择性的，对免费性质的公共文化活动比较看重。此外，还因年龄和性别差异，而有较大不同，如妇女受访者喜欢歌舞类的公共文化服务活动，男性则喜欢体育竞技类的文化活动。

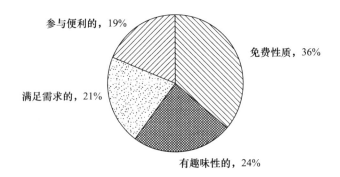

图4-4 受访者喜欢的不同性质文化活动统计

（三）农民对农村公共文化设施的利用情况

湖北农民经常使用的文化设施中，在回答"经常使用的公共文化设施"时，农民对体育场地和公共阅报栏使用占比较高，分别为33%和22%，其他公共文化设施使用情况的占比都比较低（见图4-5）。而对湖北各村已经普及的农家书屋的使用情况，进行问卷调查，农家书屋的使用率也极低，认为有农家书屋的并经常去农家书屋的受访者的占比为5%，偶尔去的占比为23%，令人奇怪的是，明明村村已普及的农家书屋，竟有54%的受访者认为没有农家书屋（见图4-6）。

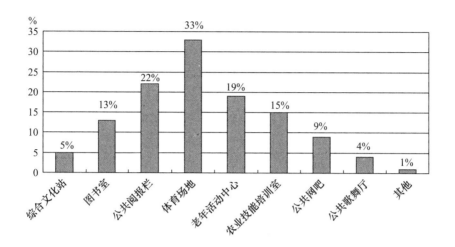

图 4 - 5　受访者村文化设施的利用情况

注：本项调查为多选题。

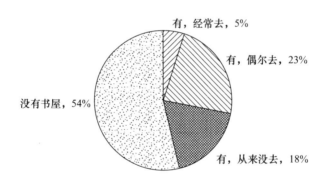

图 4 - 6　受访者对村农家书屋利用情况

　　为什么农村公共文化设施的利用率如此低。实地调研发现，在湖北农村文化设施利用率低主要有四种情况：第一种是农民有需求但利用设施不方便。特别是不发达区域，如乡镇上的综合文化站，离农家较远，交通又不发达，农民基本不利用这类设施。第二种是农民有需求但设施处于瘫痪状态。由于设施没有后期管理和维护，没有配套制度，如农家书屋没固定管理人员，也没有资金来进行书本更新，农家书屋处于瘫痪状态。第三种是有关设施基本没有组织有关公共文化服务，如农村技能培训室。第四种是设备管理收费较高，如村公共网吧和公共歌舞厅。总之，农村公共文化设施一方面存在短缺，另一方面利用率低，服务供给效率很低。

（四）获取公共文化服务信息的主要渠道

湖北农民获得公共文化服务信息主要有广播电视、书刊杂志、亲朋近邻传告、网络获取以及村干部告知五种渠道，其中对广播电视、村干部和亲朋近邻的依赖度较大，网络和书刊杂志的作用较小（见图 4 - 7）。这主要是因为电视基本普及，村干部的信息灵通，农村居民亲朋近邻关系较为密切，所以它们成为获取农村公共文化服务信息的主要渠道，而农民基本很少有书刊杂志等读物可供阅读，加之互联网在湖北农村还不普及，因此，它们不可能成为获取公共文化服务信息的主要渠道。

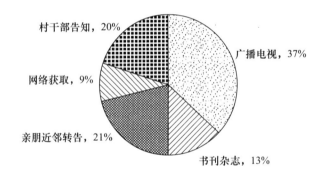

图 4 - 7　受访者获得信息的主要渠道

（五）农民文化产品的消费支出情况

湖北农村正处在向小康过渡时期，在 2012 年已达农村居民人均纯收入 7851.71 元①，但是由于调查地区分为中东部发达区域和西部欠发达区域，调查显示，湖北农村不同区域的文化消费水平有较大差异。西

①　湖北省统计局，国家统计局湖北调查总队：《湖北省 2012 年国民经济和社会发展统计公报》，（2013 年 2 月 20 日），http://www.stats - hb.gov.cn/wzlm/tjgb/ndtjgb/hbs1/94310.htm。

部欠发达区域的巴东县、建始县和神农架林区，经济收入有限，加之文化程度较低，文化生活整体水平较低，农民文化消费支出，普遍低于400元，而东部武汉市的新洲区、荆州的监利县和江陵县，农民文化消费支出又普遍高于400元（见图4-8和图4-9）。从总体上看，湖北文化消费支出水平总体偏低，低于农村人均消费支出的10%，农村文化消费支出在总支出中比重较小。因此，湖北农民文化产品的消费支出情况与经济发展情况有很大相关性，发展经济，增加农民收入，是促进农村文化消费的重要途径。

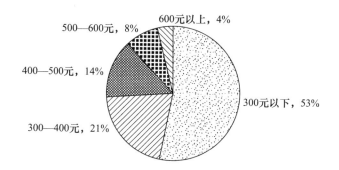

图4-8　湖北西部欠发达区域文化支出情况

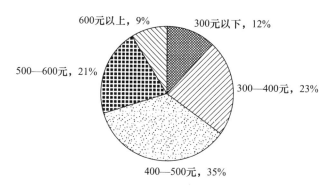

图4-9　湖北中东部发达区域文化支出情况

二　需求特征分析

（一）农村公共文化服务整体需求旺盛

农民对农村公共文化活动需求旺盛。调查发现，农民对农村公共文化活动需求日益增多。在回答"您最希望政府提供的公共文化活动"时，被调查的农民中，46.7%的人员希望能提供放电影服务活动，43.9%的人员希望能组织农技知识培训，43.0%的人员希望能进行外出就业指导，其他需求占比都高于10%，其需求具体占比情况如图4-10所示。这些显示出农民对多种公共文化活动的需求是非常旺盛的。

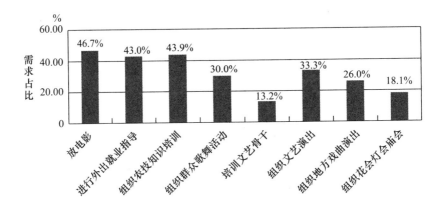

图4-10 农村公共文化活动需求现状统计

农民对农村公共文化服务设施需求旺盛。文化服务设施是农民文化生活的重要场所和物质载体，组织和发动农民群众参与公共文化活动，对于促进农村文化生活水平的提高具有基础性的意义。调查显示，农民对公共文化设施需求非常旺盛。在对"您希望政府提供的文化设施"作答时，被调查的农民中，57.0%的人员希望能有电影院，42.2%的人员希望能有文化活动站，40.9%的人员希望能有体育场，其他需求占比低于40%的公共文化设施的需求情况如图4-11所示。这些显示农民对多种公共文化设施的需求都是非常旺盛的。

（二）农村公共文化服务形式需求呈现多样化趋势

湖北农民对多项农村公共文化服务有旺盛的需求，需求呈现多元化的趋势。从农村公共文化服务活动需求看，农民对放电影、进行外出就业指导、组织农技知识培训、组织群众歌舞活动、培训骨干、组织文艺演出、组织地方戏曲演出和组织花会灯会庙会等文化活动都比较喜爱，

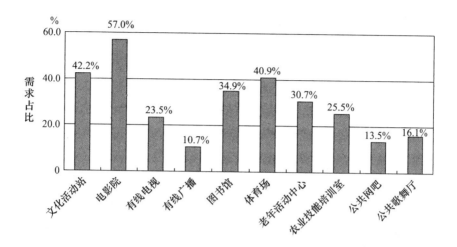

图 4-11 农村公共文化设施需求现状统计

其中放电影、进行外出就业指导和组织农技培训三项公共文化活动，需求占比较高，均超出40%，而其他种文化活动的需求占比也都超出了10%（见图4-10）。从农村公共文化服务设施的需求看，农民对文化活动站、农家书屋、电影院、有线电视、有线广播、图书馆、体育场、老年活动中心、农业技能培训室、公共网吧等文化设施都比较青睐，其中电影院、文化活动站、体育场地、图书馆和老年活动中心的需求尤为迫切，需求占比均在30%以上，其他文化设施的需求占比也均在10%以上（见图4-11）。由此可见，农村公共文化服务形式的需求呈现多样化趋势。

（三）农村公共文化服务需求层次呈现高级化趋势

随着农村经济的发展和农民收入的提高，农民的公共文化服务需求不再限于政府免费供给普及化公共文化服务，需求层次呈现高级化趋势。问卷中，在关于"您是否愿意花钱购买下列哪些文化产品"回答中，农民对由企业、社会团体提供的带有商品性质的农村公共文化产品，如对科学普及类、教育培训类和法制教育类的公共文化产品有着浓厚的兴趣，购买意愿占比分别为32%、38%、23%，即使是中外文学名著，其购买意愿占比也有16%（见图4-12）。又如问卷中关于"如果带有商业性文艺演出，你会花钱去看吗？"的回答，有61%的农民表示愿意花钱去看商业性演出以丰富自己的精神文化生活。农民的公共文化服务需求层次日渐呈现出高级化趋势。

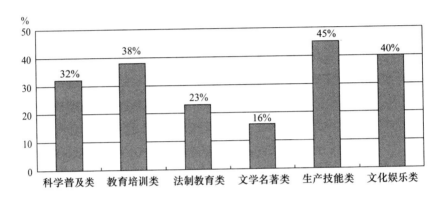

图 4-12　农民倾向购买的公共文化产品统计

（四）农民对供给主体需求选择呈现多元偏好

从新中国成立到人民公社时期，我国农村公共文化服务一直处于供给总量不足状况，而且供给内容政治化和形式主义的倾向比较严重，政府提供的农村公共文化服务越来越脱离农民的真实文化需求，然而农民对公共文化服务主体却别无选择，因为只有单一的政府供给。改革开放以来，随着文化体制改革的推进，政府、企业和社会组织开始共同提供农村公共文化服务，农村公共文化服务供给主体开始有了多元的选项。在回答"您最喜欢接受什么组织提供的农村公共文化服务？"时，湖北农民偏好的农村公共文化服务依次是：政府免费提供的文化服务、村委会提供的文化服务、社会文化组织提供的文化服务、企业商业提供的文化服务和村民个人提供的文化服务等，如图 4-13 所示。由于企业和社会组织有着政府所不具备的独特优势，能够较好地反映农民的文化需求，而且它们提供的文化产品和服务也日益丰富多彩，农民对公共文化服务供给主体的选择呈现多元偏好。

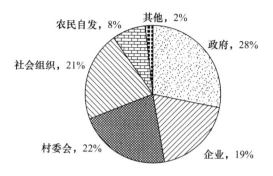

图 4 - 13　农民对公共文化服务供给主体的选择

三　研究结论

新中国成立以来的实践经验表明，计划经济体制之下的农村公共文化服务的计划供给，是很难以需求为导向的。当前农民文化需求的实现程度低，需求呈现新特点，要实现农村公共文化服务供需均衡，必须根据当前农民文化需求特点，以需求为导向，提供农民喜闻乐见的公共文化服务。

（一）树立以农民需求为导向的供给理念

在调查中，湖北农民主要娱乐方式排在前两位的是看电视和打牌，占被调查农民的近 90%，显示出农民的娱乐方式比较单调，对看电视和打牌依赖性较强；湖北农民经常参加的公共文化活动，也主要是文化下乡活动、送戏送电影活动和群众歌舞活动这三项活动，其他公共文化活动参与较少，显示出农民对公共文化活动参与率比较低；湖北农民对各种公共文化设施使用情况都比较低，显示出供给的效率比较低；湖北农民获得公共文化服务信息的主要渠道是广播电视、亲朋近邻转告和村干部告知，显示出农民自主获取公共文化服务信息的途径非常有限；农村文化消费支出在总支出中比重较小。这些调查结果表明当前农民的文化需求实现程度比较低，全面满足农民基本文化需求的任务任重而道远。因此，树立以农民文化需求为导向的供给理念，高度重视并加大农村公共文化服务供给，做出反映农民真实文化需求的公共文化服务决策，制定并贯彻执行符合农民文化需求的政策和制度，尽可能满足农民的文化需求，维护农民基本文化权益。

（二）供给要反映农民文化需求发展趋势

当前农民的文化需求发生了显著的变化，呈现出整体需求旺盛、需求形式呈现多样化、需求层次呈现高级化和需求选择呈现多元化等特征。在农村公共文化服务供给中，面对旺盛的文化需求，供给必须在整体推进、普遍供给的同时，把握供给的重点，提供农民最需要的公共文化服务；需求形式呈现多样化的趋势，农村公共文化服务的供给要尽可能切合当地农民的实际情况，针对不同的群体，实施精准化的公共服务；在需求层次呈现高级化的趋势情况下，农村公共文化服务的供给要注重文化产品质量的提升，提供优质文化产品或服务，适应需求高级化的趋势。因此，必须完善农村公共文化需求表达机制，畅通需求表达渠道，使农村公共文化服务供给决策和制度能够把握需求特征，及时反映农民文化需求发展趋势，使农村公共文化服务的供需能够及时对接，做到供需动态平衡。

（三）用多元化的供给回应农民多样化的需求

农民对供给主体需求选择呈现多元偏好，农民不仅仅需要政府免费提供的公共文化服务，而且还需要村委会和民间文化组织等非政府组织免费或优惠提供公共文化服务，需要企业商业提供的公共文化服务和村民志愿提供公共文化服务，以满足农民多样化的文化需求。政府应当通过使用合同外包、特许经营和用者付费等市场供给的形式，让企业参与农村公共文化服务的供给，用财政补助和税收优惠等形式，让各种社会力量参与农村公共文化的供给，应对农民对供给主体需求选择呈现多元偏好趋势，发挥政府、市场和社会各自优势，为农民提供更多更好的公共文化服务，满足农民多样化的文化需求。因此，发挥政府、市场和社会各自优势，调动多元主体供给的积极性和主动性，用多元化的供给回应农民多样化的文化需求，千方百计满足农民多样化的文化需求。

第三节　湖北农村公共文化服务供给现状分析

农村公共文化服务供给水平状况直接决定农民文化权益的实现程度。只有了解农村公共文化服务供给中存在的问题，才可能保证农村公共文化服务供给对策和措施的针对性和实用性。本节主要从分析农村公共文化服务供给现状入手，进而分析农村公共文化服务供需契合度状况及其原因，最后得出实证结论。

一　供给现状分析

"十二五"以来，湖北根据中央有关文件精神，不断加大了农村公共文化服务的供给力度，供给投入增多，湖北农村公共文化服务的供给类型日益多样化，供给总量较为短缺，供给内容缺乏吸引力。

（一）供给类型日益多样化

实地调查发现，湖北为农村提供了多样化的公共文化服务。这些公共文化服务供给类型日益多样化，大致分为八类：①歌舞文化类，如政府与有关社会组织向农民提供歌曲、戏曲和舞蹈表演等服务；②广场文化类，如政府与有关社会组织向农民提供农村广场舞蹈场地和器材、公共健身露天的体育场地与器材，建造农村集体的公共娱乐场地，为农民参与广场文化活动提供便利；③文化惠民类，如农村电视广播村村通工程和农家书屋，使绝大多数农民可以享受看电视、听广播、读书读报等公共文化服务；④知识培训类，如农业技术培训、科学种地的讲座和科普类健康知识讲座等；⑤宗教文化类，如宗教事务局组织信教学习佛教经典、做礼拜、做义工等活动；⑥旅游文化类，如各地旅游局组织富裕起来的农民进行红色旅游、历史名胜旅游和自然风光旅游等公共文化服务；⑦棋牌娱乐类，如政府与有关社会组织提供农村文化站和农村棋牌室，为农民提供棋牌等文化娱乐活动；⑧农村公共文化设施类，如政府与有关社会组织提供公共网吧、农村图书室、老年活动中心以及电影放映室等公共文化设施，为农民参加公共文化活动提供了物质基础。这些类型的公共文化活动的开展，为湖北农民提供了多项公共文化服务，农民文化需求在一定程度上得到较好的满足。

（二）供给总体较为短缺

尽管湖北为农村提供了多样化的公共文化服务，但是湖北农村公共文化服务供给总体较为短缺。一般认为，农村公共文化服务主要包括农村公共文化活动和农村公共文化设施两类①。调查显示，无论是农村公共文化活动供给，还是农村公共文化设施的供给都较为短缺。

农村公共文化活动供给较为短缺。相对于农民对各种公共文化活动的旺盛需求，农村公共文化活动供给却处于较为缺失状态。在回答"您能够得到的或享受的公共文化活动有哪些"调查中，在所调查的农民当中，所有的公共文化活动在农村供给占比都低于50%，连供给占比最高的放电影活动，也只有48.5%的被调查人员做了肯定回答。也就是说，所调查的农民中超过一半以上的人员认为，以上八项通常认为供给比较多的农村公共文化活动在农村都不能得到有效供给，显示出农村公共文化活动的供给处于较为短缺的状态（见图4-14）。

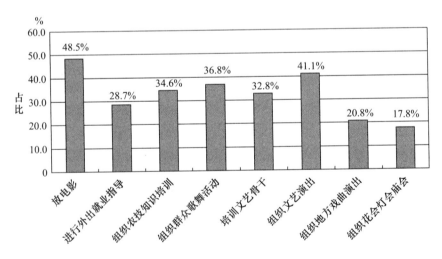

图4-14 农村公共文化活动供给现状统计

---

① 徐双敏、宋元武：《农民公共文化服务需求的区域差异性——基于在H省内的实证调查研究》，《湖北行政学院学报》2014年第5期。

农村基础文化设施供给较为短缺。调查发现，相对农民的旺盛需求，我国农村公共文化基础设施相对不足，多种公共文化设施供给仍然较为短缺。基层农村几乎没有电影院、图书馆和体育场，许多自然村的文化设施破旧残损，处于极端落后状态，甚至没有什么基础文化设施。在问及"您村已经有以下哪些公共文化设施"时，根据调查问卷反映，只有46.5%的人员反映自己村有文化服务中心，只有45.7的人员反映自己村里有运动健身场地，有43.9%的人员反映自己村有网吧，有70.8%的人员反映自己村有麻将馆，有47.7%的人员反映自己村有棋牌室，其他设施供给情况如图4-15所示。这些数据表明，在村级绝大多数的文化设施供给占比都低于50%，也就说一半以上农民认为该村没有上述村级公共文化设施。调查显示，对比旺盛的需求，农村村级公共文化设施供给极为短缺，这一现状令人忧心。

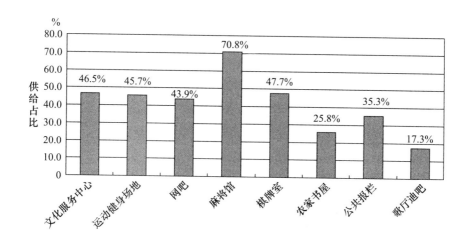

图4-15　农村公共文化设施供给现状统计

（三）供给内容缺乏吸引力

调查显示，一些农民反映现在农村几乎没什么公共文化服务，也没有什么文化生活，公共文化服务供给总量较少，有农民说"所谓的文化生活不过是看看电视，打打麻将"；有些农民反映农家书屋建设缺乏配套管理，书籍内容要么陈旧，要么难懂；有人说"有农家书屋又怎么样，谁管，谁看，谁看得懂?"；有些农民反映放电影工程由于没有公共电影院，发挥效用不大，还不如在家里看电视；有人说，"放电影是个好的服务，没有场所，但是谁愿在外面看啊"；送戏下乡年年就是那几部戏，送戏的次数太少；有人说，"送戏送戏，就是那几部戏，几年来一次"。总之，农民反映各种农村公共文化服务供给总量较少，供给项目偏少，供给内容缺乏吸引力。

农民参与度较低。农村公共文化服务供给内容缺乏吸引力，还可以通过农民较低的参与度来说明。问到"您是否愿意积极参加村里组织农村文化活动"时，尽管有72.8%的人愿意参加，但还是有15.1%受访人员不愿意参加，12.1%受访人员不清楚（见表4-11），这从侧面反映出农村公共文化服务由于公共文化服务供给内容单调，缺乏吸引力，致使一部分农民对关系切身利益文化活动在行动上表现极低参与欲。

表4-11　　　　　　是否愿意参加公共文化活动

		频率	百分比（%）	有效百分比（%）
有效	愿意	512	71.9	72.8
	不愿意	106	14.9	15.1
	不清楚	85	11.9	12.1
	合计	703	98.7	100
缺失	系统	9	1.3	
合计		712	100	

二　供需契合现状分析

调查问卷的统计数据显示，对比供给与需求状况，农村公共文化活动的供需契合度不高，供需结构失衡，这既表现为农村公共文化活动供需契合度不高，也表现为农村公共文化设施供需契合度不高[①]。

（一）公共文化活动服务供需契合度不高

这主要表现为农村公共文化活动供需优先顺序错位。农村公共文化

[①] 徐双敏、宋元武：《当前农村公共文化服务供需契合状况研究》，《学习与实践》2014年第5期。

文化活动供需对接错位较为严重。供需占比的高低顺序从一个侧面反映出农村公共文化活动供需重点。如果某种文化活动供给与需求的占比都排在前面，顺序一致，表明它是优先供给并且需求重点，供需对接没有错位，供需结构相对协调；反之，如果某种文化活动供给占比排在前面，但需求的占比排得较后，排序相差较远，表明它是优先供给但不是需求重点，供需对接错位，供需结构不协调。调研结果显示，农村公共文化活动供给占比从高到低依次是：放电影、组织文艺演出、组织群众歌舞活动、组织农技知识培训、培训文化骨干、进行外出就业指导、组织地方戏曲演出活动、组织花会灯会庙会活动，而这种排序与农村公共文化活动的需求占比从高到低排序有较大的不同，除放电影二者顺序一致以外，其他项目都不一致（见表 4 - 12）。供需双方对农村公共文化活动供求优先顺序存在较大差别，这表明农村公共文化活动供需失衡较为严重，农民特别需求的公共文化活动供给不多，如组织农技知识培训和进行外出就业指导，而不是很需求的公共文化活动又供给较多，如组织文艺演出和群众歌舞活动。可见，农村公共文化活动供需优先顺序错位，供需契合度不高。

表 4 - 12　　　　　农村公共文化活动供需占比排序对比

文化活动项目	放电影	组织文艺演出	群众歌舞活动	组织农技知识培训	培训文化骨干	进行外出就业指导	地方戏曲演出活动	花会灯会庙会活动
供给占比（%）	48.50	41.10	36.80	34.60	32.80	28.70	20.80	17.80
供给占比排序	1	2	3	4	5	6	7	8
需求占比（%）	46.70	33.30	30.00	43.90	13.2	43.00	26.00	18.10
需求占比排序	1	4	5	2	8	3	6	7

（二）公共文化设施服务供需契合度不高

农村公共文化设施供需优先顺序错位。调查显示，农民对公共文化设施的需求排在前三名的依次是电影院、文化活动站、体育场地，它们的需求占比都超过40%，其中对电影院的需求最为强烈，占比57%（见图4-15）。但是，无论是国家公共文化服务体系示范区（项目）的创建工作，还是国家和地方的农村公共文化建设重点内容里，都没有将电影院和体育场列入。另外，被列入农村公共文化设施重点项目的"农家书屋"，就是农民需要的图书馆，只是在我们的调查中，需求排序在第四，没有超过40%（见图4-11）。可见，在农村公共文化设施供给的优先顺序方面，与农民的实际需求顺序并不一致。

当前基层农民对公共文化设施的需求与城市居民对文化需求没有太大区别，对电影院、文化活动站、体育场地、图书馆和老年活动中心等的需求占比均在30%以上（见图4-11），而由于经济发展水平较低、农村人口的萎缩和经营成本较高，绝大多数的行政村基本没有这些文化设施。湖北最为发达的武汉地区，到2014年8月也只建成两家农村社区影院①。电影院、文化活动站、体育场地、图书馆和老年活动中心等主要集中在县乡（镇）驻所地，基层农民很少走几里或几十里去这些文化场所，这些文化设施供给与需求契合度不高，供需错位较为严重。

而在基层行政村，农民反映自己村公共文化设施的需求占比较高的，如文化服务中心、运动健身场地、公共网吧、棋牌室、公共报栏等文化设施供给需求占比都超过了30%，但它们供给占比（仅仅麻将馆例外）都低于50%（见图4-15），这表明这些村级公共文化设施供需对接错位，结构失衡很严重。而且调查还发现，由于这些村级文化设施缺乏资金维护和专门管理人员，实际利用率极低。如实际上供给率为100%的农家书屋，知晓度和利用率极低，农民只有很少人员反映自己所属的村有"农家书屋"，因此，真正有农村文化设施方面需求的农民是很难利用这些农村文化设施的，造成农民的文化生活一般就是待在家看看电视或是打打麻将，以自娱自乐为主。相对基层农民对大型文化设施的旺盛需求，农村公共文化设施供给错位，需求无法得到对接，同时

①《武汉已建成2家农村社区影院 年内计划再建8家》，荆楚网，http：//money.163.com/14/0808/11/A34GB99Q00253B0H.html。

基层有限文化设施利用率极低，这是农村公共文化服务供给结构性失衡，供需契合度不高的又一重要表现。

三　契合现状原因分析

（一）供需双方对公共文化服务内容各有侧重

农村公共文化服务供给是社会主义文化建设的重要组成部分。党的十八大报告指出，社会主义文化建设的内容主要包括，培育社会主义核心价值观，提高公民道德素质，丰富人民精神文化生活，增强国家软实力和竞争力等几个方面。作为基层的面向农民的公共文化服务，不可能面面俱到，文化建设要有侧重点。调研显示，农村公共文化服务供需契合度不高，实际就是供给方政府关注的侧重点与农民实际需求的侧重点不完全匹配。比如，农村公共文化活动供给占比排序依次是：放电影、组织文艺演出、组织群众歌舞活动、组织农技知识培训、培训文化骨干、进行外出就业指导、组织地方戏曲演出活动等。而农民的实际需求占比排序依次却是：放电影、组织农技知识培训、进行外出就业指导、组织文艺演出、组织群众歌舞活动等（见表4－12）。供给方的目的主要是丰富农民的精神文化生活，完成工作任务，而农民更希望提高自己的文化科技素质，以提高自身收入，满足自身个性化的需求。丰富文化精神生活的活动，是农民在物质生活条件得到一定程度满足之后才可能考虑的高层次需求，对于湖北省内多数农民来说，他们首先需要的还是能够改善他们物质生活条件的文化活动。

（二）供需双方对公共文化服务项目各有所取

文化属于人类精神生活方式，在人类发展中起着不可替代的精神支柱的作用。从总体看，文化的作用可以分为满足社会共同需要的公益性文化，以及满足个人需要的营利性文化。农村公共文化服务，属于公益性文化的范畴。公益性的文化是人类集体智慧的结晶，也是整个民族精神的传承，它的作用也是多方面的。它能够营造和谐的、健康的社会氛围，有利于社会的安定团结，有利于统一和规范人们的行为，这是任何一个国家的权力者都特别看重的文化作用的方面。政府在进行文化建设时，对农村公共文化的供给，首先就是供给这些可以传播正能量、维护国家整体利益的项目，比如农家书屋、一村一月放一场电影、文化馆的建设等。但另一方面，文化的现实载体又可以是高度个性化的，每一个人都可以成为文化载体，农民作为个性化的文化载体，每一个农民都本能地产生对文化的需求，如同我们调查中所见，他们需要能够愉悦自己精神，或者能够帮助自己提升生活技能的文化项目。同时，物质生活的水平也会影响他们的文化偏好，所以不同区域农村公共文化服务需求还会有所差异。也就是说，对农村公共文化服务的具体供给项目的认同，实际反映的是对公共文化服务项目的取舍。

（三）供给方更重视显性公共文化建设成果

文化是必须要有载体才能体现的，文化的载体形式可以是物质的也可以是非物质的。比如建图书馆、博物馆等就是物质形态的"硬件建设"，或者进行文艺演出、开展技能培训，这些就是非物质形态的活动，也可以称为"软件建设"。所有农村公共文化具体项目的供给，都是政府进行社会主义文化建设的载体形式。作为农村公共文化供给方的文化部门或地方政府，或多或少总会希望通过具体的文化项目建设，留下一些显性的建设印记，以彰显自身政绩。比如"农家书屋"工程、农村电影放映工程（2131 工程）、文化信息资源共享工程等，还有以农村为重点的国家公共文化服务体系示范区（项目）的创建工作。这些"工程"的建设都是全国统一建设标准，统一投入力度，统一建设时间要求，而对地方特点考虑不周，对不同环境经济发展程度地方的特点更是顾及不够。而对进行文化技能培训、就业指导、到农村进行文艺演出等，不容易留下显性标记物，不容易彰显自身政绩的文化建设项目重视程度就要低一些。此外，对已经建好的"三馆一站"的开放、运行情况的重视程度也会低一些，因为它们不容易彰显自身政绩，政府重视程度也就低些。

（四）农村公共文化服务供给机制不够完善

政府应该是公共文化服务的供给主体，但是调研发现这些供非所需，千村一面的农村公共文化服务供给现状表明，现有的公共文化服务供给机制还不够完善。首先，公共文化服务的供给主体责任不清。参与供给公共文化服务的主体有不同的政府部门，也有不同层级的政府，一些公共文化项目建设要求对方给予资金配套，但是，基层政府多是"吃饭财政"，难以承担文化建设经费，直接影响了公共文化服务项目的供给。其次，未能建立科学决策机制。调研显示农村公共文化服务供需契合度不高就是证明。农村公共文化服务内容的涵盖面很广，而且与地方经济发展程度、地方的民风民俗联系密切，所以，全国统一提供标准一致的公共文化服务并不科学。最后，农村公共文化服务供给的评价机制有待完善。近些年，国家明显加大了对公共文化服务的供给力度，但是总体上是重"投入"、轻"产出"，即对文化投入有考核，比如是不是实现了村村有"农家书屋"，是不是实现了广播电视"村村通"，是不是做到了每村月月都能放电影，这些都需要纳入文化建设考核。但是农家书屋是不是能开门、图书借阅量怎样、广播响不响、放电影能有多少人看等，就疏于考核了，这也导致一些文化投入流于形式。

四　研究结论

湖北省地处国家中部，东西融合、南北对接，是有地域代表性的省，湖北的公共文化服务供需总体状况在全国应该也是有代表性的。湖北农村公共文化服务供给与需求存在许多亟待解决的问题，归结起来就是，需求旺盛，但是供给短缺，供需契合度不高，农村公共文化服务的供需不匹配，湖北供需不匹配与失衡问题比较严重，所以，我们基于对湖北省内的调查分析，提出以下几点结论：

（一）多部门合作供给，丰富公共文化的载体形式

农村公共文化服务的内容丰富，载体形式多样，文化的这个特点可以为弥合公共文化的供需差距提供多样性选择。现在供给方和需求方在具体农村公共文化服务供给内容方面的意见不一致，不涉及实质问题，完全可以通过改变文化载体形式提高双方的契合度。比如农民除看电影以外，还更希望得到农技知识的培训和外出就业指导。文化部门可以和新闻出版、广播影视部门合作，补贴经费或设专项经费，制作、放映有关农业技术题材的影片和电视节目。可以组织编写、出版有关农业技术方面的读物。还可以把当地的创业、就业的典型人物事迹编成有地方特色的文艺作品，以小品、地方歌舞、戏曲等形式进行宣传教育。总之，"寓教于乐"是理想的解决问题的方法。不过这需要除文化、财政部门以外，其他与此相关的工信部、农业部、国家新闻出版总局、国家体育

总局等多个部门形成共识，然后协调、合作才能实现。

（二）减少统一部署，赋予地方更多创新空间

公共文化在促进经济社会发展中发挥着不可替代的作用。但这是就整体而言，在现实中，具体的公共文化内容、公共文化形式在同文化受众结合时，实际能够起到的作用是有区别的。同时，即便是相同的公共文化内容、公共文化形式，由于公共文化受众自身的情况不同，其实际起到的作用也会有所不同。这就是我们调查显示的，同样的公共文化形式和内容，在不同经济发展水平地区作用不同的原因。既然如此，我们就应该减少一些以"工程"的形式全国统一供给的公共文化项目，将公共文化建设的权力下放，允许各个地方结合本地区的经济发展程度、民族社会特点，优先供给适合本地区的农村公共文化。当然这需要与严格的考核制度的建立和执行相结合，也就是说，为了防止地方政策执行中的走样变形，需要有目标明确、可以实施的公共文化建设考核标准。

（三）全方位评估，建全科学的文化建设考评机制

近年来，国家和地方政府对文化的投入大大增加，但是农村公共文化服务供给与需求的契合度没有明显增加，与缺乏科学的财政经费投入效果评价机制是直接相关的。在公共文化服务供给项目上也应该引入绩效考评的理念，对公共文化建设的成效进行绩效考评。绩效考评与传统的业绩考评最明显的不同，就在于绩效考评更关注绩效目标的达成，而不仅仅是业绩目标。所谓绩效目标就是指符合项目目的的业绩。比如对"农家书屋"建设，农村电影放映的2131工程等项目的考评，传统的业绩考评就是进行"农家书屋"建设数量，电影放映场数的检查、验收。而绩效考评就不仅要检查、验收"农家书屋"的建成数量和电影放映场次，更主要的是要考评"农家书屋"图书的借阅率，每场电影的观看人数等这些"隐性"的建设成果。如果考评的指挥棒掉转方向，各级政府和相关政府部门一定会在关注公共文化建设的显性成果的同时，也对这些公共文化设施的使用效率给予足够的重视。另外，从绩效管理的理念看，如何考评也会直接影响考评的结果。传统的考评都是自上而下的考评，近年也会聘请第三方的专家参与。但是绩效管理主张360度考评，特别是服务对象的参与。请服务对象参与到绩效考评，可以最直

接地了解公共文化供给的效果。最后，绩效考评的结果一定是主要用来改进工作，而不仅仅是评出几个先进进行表彰。也就是说，考评是为了找出不足，完善工作。这样，通过一轮一轮的考评，工作就越来越完善了。工作完善，供需的契合度自然就随之提高了。

（四）多元主体参与，完善公共文化服务供给机制

农村公共文化的供给主体是政府，但是并不意味着所有的公共文化服务都要由政府一手包办。公共管理的原理告诉我们，政府的职责不一定由政府亲力亲为，政府完全可以运用市场的方法、社会的方法履行职责。具体说就是运用购买服务和志愿服务队方式，满足农民多样化的公共文化需求。比如供给广大农民特别欢迎的地方戏曲、地方歌舞演出等带有区域特色的公共文化需求，就完全可以运用补贴或购买服务的方式实现供给。即由地方政府对地方戏曲和地方歌舞演出，可由政府出资补助他们巡演。对一些长期难以开门的"农家书屋"，可以鼓励"乡贤"志愿提供服务，政府给予少量的午餐补贴即可。对基层文化站人员短缺，不能满足农民自发成立的文艺团体、运动团队等辅导需要，可以号召有特长的中小学教师、返乡学生志愿辅导，当然这需要对这些文化、体育志愿者给予一定的集中培训，并给予他们一定的午餐或交通补助。政府出资请专业人士给民间演出团体进行专业的培训、指导，包括对农民自发组织成立民间演出的指导和资助等。对地方专业剧团，还可以同样用购买的方式鼓励他们进行文艺创作。企业和非政府的多样主体参与，是满足农民公共文化服务需求的必由之路。

第四节　湖北农村公共文化服务
供需区域差异分析

由于公共文化服务需求与供给深受区域经济发展程度、文化传统、经济收入和自然地理特征等多种因素的影响，农村公共文化服务供需存在一定区域差异性。在各级财政满足人民日益增长的文化需求的问题上，我们不仅要关注公共文化服务均等化供给的问题，其实还需要同时

关注公共文化服务差异化供给的问题。各级财政的公共文化服务投入从宏观上要保证均等化供给，但是在具体的公共文化服务项目供给上，却应该充分考虑不同区域人民对基本公共文化的不同需求，这样才能保证文化投入的绩效。因此，本节利用已有数据，试图对湖北省域内农村公共文化服务供需区域差异现状及原因进行分析，并得出实证结论。

一 供需区域差异现状分析

统计整理的调查问卷和调研资料显示，受调查的发达区域和欠发达区域，农民在对公共文化生活的现状评价方面、在农村公共文化活动和公共文化设施的具体项目需求方面、满足文化需求的供给途径方面，不同区域的公共服务的供给水平有明显差异①。

（一）对公共文化生活的现状评价有差异

问卷统计显示，欠发达区域农民对公共文化生活的现状评价要高于发达区域（见表4-13）。

表4-13　　　　两类区域农民对公共文化生活现状评价比较

评价	欠发达区域		发达区域	
	计数	占比（%）	计数	占比（%）
非常满意	16	5.28	27	6.60
满意	131	43.20	155	37.90
一般	117	38.36	139	33.99
不太满意	21	6.93	47	11.49
非常不满意	18	5.94	41	10.02
合计	303	100	409	100

对公共文化生活现状的评价中，欠发达区域农民作出满意以上（包括"非常满意"，以下相同）和"一般"评价的人数分别占被调查人数的48.48%和38.36%，作出"不太满意"和"非常不满意"评价的人数占比分别为6.93%和5.94%。而发达区域农民作出"满意"以上评

① 徐双敏、宋元武：《农民公共文化服务需求的区域差异性——基于在H省内的实证调查研究》，《湖北行政学院学报》2014年第5期。

价和"一般"评价的人数分别占被调查人数的 44.50% 和 33.99%，作出"不太满意"和"非常不满意"评价人数占比分别为 11.49% 和 10.02%。而且发达区域"满意"以上的评价和"一般"评价占比都低于欠发达区域近 4 个百分点，同时，发达区域农民对公共文化生活现状作出"不满意"以下评价的比例，也要比欠发达区域高出 8 个百分点。可见，发达区域农民整体"满意"度低于欠发达区域农民，但是"不满意"度则是略高于欠发达区域农民。

这个评价差异显示，地区经济发展到一定程度以后，农民就会对公共文化生活提出更高的要求，所以对现状的不满意度就会增加。

（二）对公共文化活动需求程度有差异

在调查问卷中，我们列举了 8 项公共文化服务项目，即组织农技知识培训、放电影、进行外出就业指导、组织文艺演出、组织群众歌舞活动、培训骨干、组织地方戏曲演出和组织花会灯会庙。从回收的有效问卷看，总体上，欠发达区域农民的公共文化服务需求明显高于发达区域农民（见图 4 - 16）。

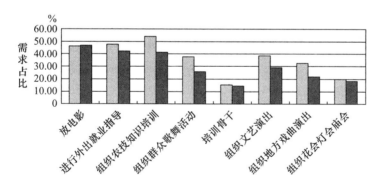

图 4 - 16　两类区域农民对不同公共文化活动项目的需求统计

图 4 - 16 显示，欠发达区域农民在这 8 个项目中，几乎每一项的需求比例都要高于发达区域的农民。其中组织农技知识培训、组织文艺演出、组织群众歌舞活动、组织地方戏曲演出 4 项，欠发达区域农民的需

求比发达区域农民的需求都要高出 10 个百分点以上（见表 4 - 14）。

这个需求程度的差异显示，农民收入不高，就更迫切地期望政府能够提供更多的公共文化服务，而且公共文化服务的形式也需要更丰富；农民的收入高，自我供给能力强，对政府的依赖程度也低。

（三）对公共文化活动项目的需求有排序差异

如前所述，我们在调查问卷中，列举了 8 项公共文化服务项目，统计问卷后我们看到，农技知识培训、进行外出就业指导和放电影这 3 项排在两个区域农民需求的前列，且需求占比都在 40% 以上。进一步比较欠发达区域、发达区域两类地区的统计数据，我们发现，两类地区的农民对这 8 项公共文化服务需求排序明显不同（见表 4 - 14）。

表 4 - 14　　　　两类区域农民对公共文化服务需求的排序比较

公共文化服务项目	欠发达区域		发达区域	
	频数	百分比（%）	频数	百分比（%）
组织农技知识培训	159	53.9	165	40.9
进行外出就业指导	140	47.5	169	41.9
放电影	135	45.8	185	46.0
组织文艺演出	114	38.6	116	28.8
组织群众歌舞活动	111	37.6	102	25.3
组织地方戏曲演出	96	32.5	87	21.6
组织花会灯会庙会	57	19.3	73	18.1
培训文艺骨干	44	14.9	58	14.4

注：此表为可多选项目。

欠发达区域农民期望政府提供的前 3 项公共文化服务依次是，组织农技知识培训（53.9%）、进行外出就业指导（47.5%）、放电影（45.8%），而发达区域农民需求排序则依次是放电影（46.0%）、进行外出就业指导（41.9%）、组织农技知识培训（40.9%）。"组织农技知识培训"在欠发达区域排在第一位，在发达区域却排在第三位，两个区域的农民需求相差 13 个百分点。"进行外出就业指导"虽然在两个区域都排在第二位，但是欠发达区域的需求比发达区域的需求要高出 5.6

个百分点。

这个需求排序的差异显示，在收入水平不高的地区，农民迫切需要的是能够帮助他们生产致富的知识性文化服务，而且学习农技知识的需求要高于外出就业指导需求，相比发达区域，也更希望外出就业。在收入水平提高了以后，农民们就会更需要休闲娱乐性的文化服务。

（四）对公共文化设施需求程度的差异

我们在问卷中还专门调查了农民对公共文化设施的需求，问卷列举了 10 项公共文化设施，即电影院、文化活动站、体育场、图书馆、老年活动中心、农业技能培训室、有线电视、有线广播、公共歌舞厅和公共网吧。从回收的有效问卷统计看，欠发达区域农民对公共文化设施的需求总体高于发达区域农民（见图 4 - 17）。

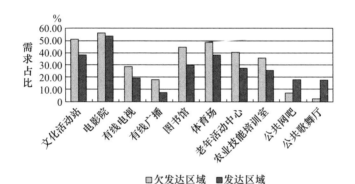

图 4 - 17　两类区域农民对不同公共文化设施的需求统计

图 4 - 17 显示，在 10 项公共文化设施中，欠发达区域农民只有公共歌舞厅和公共网吧两项设施的需求低于发达区域农民，其余全部高于发达区域农民。而且在这 8 项公共文化设施中，欠发达区域农民对文化活动站、体育场、图书馆、老年活动中心、农业技能培训室、有线广播 6 项设施的需求，都高于发达区域农民需求 10 个百分点左右（见表 4 - 14）。其中，对"文化活动站"和"老年活动中心"两项设施的需求，欠发达区域农民更是高于发达区域农民 12 个百分点以上。同时我们也注意到，欠发达区域农民对电影院和文化活动站的需求都超过 50%。

另外，比较两个区域农民的需求，还可以明显看到欠发达区域农民对公共文化设施需求更为迫切。在前述 8 项公共文化设施中，欠发达区域农民需求度超过 40% 的有电影院、文化活动站、体育场、图书馆 4 项，排在第五的老年活动中心，需求度也达到 39.9%。而发达区域农民需求度超过 40% 的项目只有"电影院"一项，而且排在第二位的体育场，需求度就只有 37.9%。

两类区域农民对公共文化设施需求程度的不同显示，经济相对落后的区域农民需要更多的公共文化设施，而且需求度也会明显高于经济相对发达的区域。

（五）对公共文化服务设施项目的需求有排序差异

比较欠发达和发达两类地区农民对公共文化服务设施项目需求的统计数据，我们还可以清楚地看到两类区域农民需求排序的差异（见表4－15）。

表4－15　　　两类区域农民对主要公共文化设施的需求比较

公共文化设施	欠发达区域		发达区域	
	计数	占比（%）	计数	占比（%）
电影院	164	55.4	215	53.2
文化活动站	149	50.3	151	37.5
体育场	143	48.3	153	37.9
图书馆	132	44.7	122	30.2
老年活动中心	118	39.9	109	27.0
农业技能培训室	105	35.5	103	25.6
有线电视	84	28.5	79	19.6
有线广播	53	17.9	30	7.4
公共歌舞厅	40	13.5	72	17.8
公共网吧	21	7.1	71	17.6

注：此表为可多选项目。

表4－15 显示，在 10 项公共文化设施项目中，两个区域农民的需求大致相同的只有电影院，而且需求度都超过 50%，具体数值十分接

近。但是在表4－15 的 10 个项目中的最后三项，两个区域农民需求排
序明显不同。欠发达区域农民的需求排序是有线广播（17.9%）、公共
歌舞厅（13.5%）和公共网吧（7.1%），而发达区域农民的排序是公
共歌舞厅（17.8%）、公共网吧（17.6%）和有线广播（7.4%）。另
外，前7 个项目的需求排序虽然是相同的，但是需求度的占比却是明显
不同的。

两类区域农民对公共文化服务设施项目需求排序差异，一方面印证
了前面两类区域农民对公共文化服务需求的差异；另一方面提示，在经
济欠发达的区域，有线广播还是农民重要的信息接收渠道，同时，这样
的区域对公共歌舞厅、公共网吧这些消费起点相对要高的公共文化设
施，需求的迫切程度也相对不太高。

（六）对满足公共文化服务需求途径的认识差异

在调查问卷中，我们还就满足公共文化服务需求的途径设置了7 个
选项，借以了解农民的认识差异。这7 个选项分别是多建文化场所、丰
富文化服务种类、增加农民经济收入、培养文艺骨干、降低文化服务价
格、资助民间文艺组织和资助地方戏曲团队。统计有效问卷的结果看，
两个区域农民比较，欠发达区域农民对这些供给途径的整体认同度要高
于发达区域农民（见图4－18）。

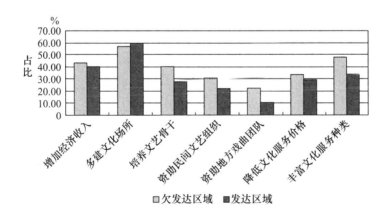

图4－18　两类区域农民对满足公共服务需求的途径统计

　　进一步比较两个区域农民的认同度可以看到，多建文化场所一项的认同度最高，在两个区域都超过50%，位居第一。另外，农民认同度超过40%的项目，在欠发达区域有4项，即多建文化场所、丰富文化服务种类、增加农民经济收入、培养文艺骨干。但是在发达区域就只有两项，即多建文化场所和增加农民经济收入。

　　进一步分析统计数据还可以看到，除了多建文化场所一项两个区域的农民都一致排序为第一以外，对其余六个项目的排序，两个区域的农民就不相同了（见表4-16）。欠发达区域农民的途径认同排序是多建文化场所（57.2%）、丰富文化产品种类（47.8%）、增加农民经济收入（42.8%）、培养文艺骨干（40.5%）、降低文化服务价格（33.6%）、资助民间文艺组织（30.8%）和资助地方戏曲团队（22.4%）。而发达区域农民的排序是多建文化场所（59.7%）、增加农民经济收入（40.3%）、丰富文化服务种类（33.8%）、降低文化服务价格（29.4%）、培养文艺骨干（27.6%）、资助民间文艺组织（21.9%）和资助地方戏曲团队（10.7%）。而且在丰富文化服务种类和培养文艺骨干两项，欠发达区域、发达区域农民的认同度相差达到13个百分点。

表4-16　　　　两类区域农民对满足公共文化需求途径认同比较

满足公共文化需求的途径	欠发达区域		发达区域	
	计数	占比（%）	计数	占比（%）
多建文化场所	171	57.2	240	59.7
丰富文化服务种类	143	47.8	136	33.8
增加农民经济收入	128	42.8	162	40.3
培养文艺骨干	121	40.5	111	27.6
降低文化服务价格	100	33.6	118	29.4
资助民间文艺组织	92	30.8	88	21.9
资助地方戏曲团队	67	22.4	43	10.7
其他	3	1.1	4	1.1

注：此表为可多选项目。

两类区域农民的上述异同提示，第一，"多建文化场所"的需求是绝对的，与地方的经济发展，以及农民的经济收入关系不大。第二，两个区域的农民都认为增加收入才能满足文化需求，这意味着仅靠纯公益的公共文化服务是不能满足农民的文化需求的。第三，欠发达区域农民更希望通过丰富文化服务种类、培养文艺骨干来满足他们的文化需求。也就是说，欠发达区域农民既希望政府直接提供更多的公共文化服务，也希望政府帮助他们实现自娱自乐。而发达区域农民则更希望政府直接提供更多的公共文化服务。

（七）两类区域农村公共文化服务供给水平有差异

通过调查，我们发现经济发展程度不同，会直接影响农民对公共文化服务的需求。整体看，经济欠发达区域对公共文化服务的需求明显更为旺盛。但是，实际却是对经济相对发达区域的公共文化服务供给更为充分一些。经济发达区域的公共文化服务供给水平明显要高于欠发达区域。

由于我国的农村地域辽阔以及区域经济发展的不平衡，造成农村公共文化服务区域供给差异较大。发达区域的农村公共文化服务供给水平高，而欠发达区域的供给水平低。调查发现，即使在湖北省内，发达区域与欠发达区域公共文化服务供给，无论是公共文化活动，还是公共文化设施，它们的供给水平都有较大差异，体现了不同的供给水平。在湖北省的农村，村级公共文化服务供给呈现明显不同供给水平。发达区域的公共文化服务供给水平都要高于欠发达区域供给水平（见图4-19）。也就是说，在公共文化服务供给方面，对更有需求的区域提供的服务反倒要少。

经济发达区域的公共文化服务供给水平明显要高，这种公共文化服务供给水平区域差异提示，要提高农村公共文化服务水平，较好地实现农民的基本文化需求，大力发展地方经济是解决问题的关键途径。

二　供需区域差异原因分析

通过对调查问卷进行统计分析后，笔者发现湖北发达和欠发达两个区域的农村公共文化服务供需存在明显差异，在开始区域差异性研究时，我们已经提出了一个基本假设前提，即不同经济发展程度地区农

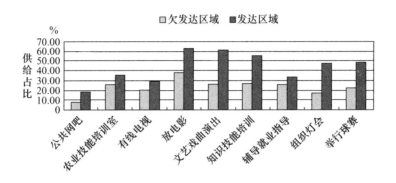

图 4 - 19   两类区域基层行政村公共文化供给状况统计

民的公共文化服务需求是不同的，并按照经济发展水平不同进行了分地区的调研，也就是说，经济发展程度是造成农民需求差异的根本原因。调研分析证实了我们的假设。结合我们在调研中访谈、座谈了解到的情况，我们还可以指出，具体的原因有以下几个方面。

（一）基层政府的供给能力存在差异

政府是农村公共文化服务供给的主体，在现实中，都是各级财政分担责任的，也就是以中央和地方各级政府共同投入为主，社会集资为辅，农民自愿义务投工投劳进行建设、组织管理的。许多公益性的公共文化服务项目，比如文化部和原国家广播电影电视总局的农村电影放映的 2131 工程，国家多部、委、办推出的农家书屋工程、农民体育健身工程等都是这样的建设机制。我们在调查中看到，由于地方财力不宽裕，基层政府基本上都是"吃饭财政"，所以不能保证公共文化服务的配套投入，在经济欠发达地区，这样的情况更是严重，造成公共文化服务欠账比较多的现实。调研中我们看到，欠发达区域农村基本上没有图书馆、体育场、文化馆等基本公共文化设施，农民的公共文化需求自然难以满足，而发达区域的情况就明显好很多。所以问卷统计反映，欠发达区域农民对公共文化服务项目、公共文化设施的需求普遍高于发达区域，而且需求项目也明显多于发达区域的农民。

（二）农民的经济收入存在区别

农民的文化需求与农民收入状况密切相关，一般来说，农民经济收入水平高，满足了基本生存需求和安全需求之后，用于基本文化消费额度才可能多。反之，农民经济收入水平低，满足基本生存需求和安全需求的金额在生活总支出中所占比例增加，可能用于文化消费的金额自然会减少，甚至会没有余额用于文化消费。另外，经济收入状况也会影响农民公共文化消费倾向，表 4 – 14 和表 4 – 15 都清楚地显示了这一点。在表 4 – 14 中，"组织农技知识培训"在欠发达区域排在第一位，但是在发达区域则只排在第三位，而且两者相差 13 个百分点之多。这一点在表 4 – 15 中也得到显示。在表 4 – 15 中，欠发达区域农民对农业技能培训室、有线广播的需求也超过发达区域农民近 10 个百分点。相比较之下，放电影在发达区域农民公共文化服务需求中排在第一位，而且在表 4 – 15 中，对公共歌舞厅、公共网吧的需求都明显超过欠发达区域农民。另外，笔者通过问卷和访谈还了解到，欠发达区域农民通过广播、电视、网络更多的是了解有关农业技术、时事新闻、生产和法制等方面的信息。也就是说，农民的收入水平会直接影响到他们的文化需求内容。

（三）农民文艺团体的自组织能力存在差异

中央《关于加强公共文化服务体系建设的若干意见》中提出，要积极开展公益性文化活动，要创新公共文化服务方式，而广泛动员社会力量，利用各种有效形式，在社区、乡村、企业、校园和军营搭建公益性文化活动平台，以及积极引导社会力量以兴办实体、赞助活动、免费提供设施等多种形式参与公共文化服务，就是中央的具体要求①。组建和健全农民文艺团体成为满足农民公共文化需求的重要途径。但是经济发展程度不同，农民收入水平不同，农民文艺团体的自组织能力就明显不同。

笔者调查时发现，在欠发达区域，由于一些有文化、有能力的劳动

---

① 《中共中央办公厅国务院办公厅关于加强公共文化服务体系建设的若干意见》（2007 – 8 – 21），http：//whj. lzcgq. gov. cn/art/2009/12/9/art_ 6555_ 14039. html。

力都外出打工了，农村文艺人才极为缺乏。许多行政村几乎所有文化工作都是由几个村干部兼管，基本没有文艺人才，专业人才更是无从谈起。相比较而言，在发达区域，农村专业文艺人才短缺状况明显好于欠发达区域，无论是在组织有关公共文化活动方面，还是管理有关公共文化设施方面，发达区域多数都可以安排专门人员负责。此外，调查中我们还发现，由于欠发达区域的农民收入水平不高，即便成立了农民的文艺演出团体，也存在缺乏专业人员辅导，缺乏购置乐器、服装的经费，缺乏演出场地等种种生存困难。相比较之下，发达区域的这些情况又要好一些。在有的集体经济发展较好的村，他们成立了民间管乐队、表演队，可以有经费定期请专业教师辅导，有的甚至可以自己修建大型的文艺演出场所。正是这个原因，我们看到表 4 - 16 关于不同区域农民对满足公共文化需求途径认同比较中，培养文艺骨干、资助民间文艺组织和资助地方戏曲团队三个选项，欠发达区域、发达区域占比相差都在 10个百分点左右，其中培养文艺骨干一项，两个区域更是相差 13 个百分点。显然，农民具备文艺团体的自组织能力，对公共文化服务的需求迫切程度就会不同，或者说对公共文化服务项目的需求就会不同。

三 研究结论

从区域差异性分析上看，湖北供需存在区域差异性，区域间供给水平有加大差异，农村公共文化服务的供需区域结构不匹配，发达区域供给水平高、需求低，欠发达区域供给水平低但需求高。在区域农村公共文化服务供给方面同样存在区域的供需不匹配、供需区域结构失衡等问题，因此，需要以文化需求为导向，立足于供需匹配和平衡，提出研究结论。

（一）需求差异实质是政府供给"欠账"的差异

上述对调查问卷进行的分析，证实了省域内经济发展程度不同的区域，农民的公共文化服务需求会有差异。笔者原来假设地域的民风民俗、宗教文化的差异会成为文化需求差异的主要内容，但是调研的结果证伪了相关假设。问卷统计显示，在一个省的范围内，农民公共文化需求的区域差异主要在于文化服务的内容、设施项目排序，以及需求程度方面。也就是说，调研资料显示，省域内，农民基本公共文化需求的主观偏好差异并不显著，是区域公共文化投入的客观差异，导致了农民主观需求的差异。现实中，供给公共文化服务的经费是由各级财政分担的，而地方财政总是比较困难的，尤其是基层政府，基本是"吃饭"财政，而文化投入属于"隐性政绩"投入，过去较长的一段时间内，地方各级政府在 GDP 考核压力下忽视公共文化投入在所难免。"十一五"以来中央把完善公共文化服务体系建设提到重要工作日程后，地方政府公共文化服务投入"欠账"的微观问题，很容易被掩盖在"公共服务均等化"的宏观政策之中，这是我们需要注意的。

（二）用差异性的供给回应差异性的需求

中央在《关于深化文化体制改革推动社会主义文化大发展大繁荣若干重大问题的决定》中提出，"必须坚持政府主导，按照公益性、基本性、均等性、便利性的要求，加强文化基础设施建设，完善公共文化服务网络，让群众广泛享有免费或优惠的基本公共文化服务"。不过，这是中央对宏观工作的部署，地方政府在实施这项战略任务时，必须以省域内并非均衡的区域公共文化服务供给现实为基础。显然，在起点非均衡的基础上均衡投入只能加剧非均衡，所以，在实现公共服务均等化的过程中，地方各级政府只有用差异性的供给回应差异性的需求，才可能加快实现公共服务的均等化。

（三）建立下情上达的制度性需求表达渠道

政府回应农民公共文化需求的前提，一是上级部门要能够允许基层政府差异性制订工作计划，即上级政府的公共文化投入可以按照大类安排资金，具体项目可由基层按照农民实际需要建设。比如安排公共文化设施建设经费，内容是修建文化场馆，具体项目比如体育场、老年活动中心，应该允许基层按实际需要自行决定，不必"一刀切"。二是地方政府要能够了解农民的公共文化需求。即有可靠的、专门的渠道收集"民意"，有责任人负责调查、了解农民的公共文化服务需求。比如组织专门的调查组深入农村进行走访调查，或者专题听取来自农村的人大代表的意见要求。只有建立了下情上达的制度性渠道，建立了民主、科学的决策机制，上级主管部门才能了解农民的需求，才可能实现农民公共文化服务的差异性供给。

（四）建立专项绩效评价机制保证差异性供给

地方政府为农民提供差异性的公共文化服务，如何认定可能是必须解决的问题，否则，专项资金被挪作他用也不是不可能的，这就要求加强事中事后的监管。因此，要建立专项资金的绩效评价机制。在绩效评价中自报、自查和上级的抽查、复查结合，奖惩措施应该是明确的，而且是能够得到严格执行的，这样才能保证公共文化服务的差异化供给不会偏离均等化的估计目标。

总之，农村公共文化服务供需现状实证表明，当前农村公共文化服务需求实现程度低，并呈现出新特点，农村公共文化服务的供需差距较大，对接程度低，供需存在契合度不高，供需存在区域差异性，农村公共文化服务的供需存在较为严重的供需不匹配和不平衡问题。实现农村公共文化服务供需均衡，必须根据当前农民文化需求特点，以需求为导向，提供农民喜闻乐见的公共文化服务。一方面，改变农村供需契合度不高现状，应该加强多部门合作，丰富公共文化的载体形式，减少统一部署，赋予地方更多创新空间，全方位评估，健全科学的文化建设考评机制，鼓励多主体参与，完善公共文化服务供给机制；另一方面，农村公共文化服务的供需区域差异，实质上是政府公共文化服务供给"欠账"的差异造成的，应该用差异性的供给回应差异性的需求，建立下情上达的制度性渠道，建立专项财政的绩效评价机制，保证农民公共文化服务的差异性供给的实现，保证差异性供给不偏离均等化目标，加快实现公共文化服务的均等化。

第五章　农村公共文化服务供给
满意度实证分析

Churchill 和 Surprenant（1982）认为顾客满意度是购买前的预期与实际使用产品后认知比较的结果[①]。农民的满意度评价与政府的供给水平有关，也与农民自身的特质有关，因为满意度实质是一种人们心理比较的过程，当感知质量与预期质量一致时，人们就会有较高的满意度，农村公共文化服务质量是以农民是否满意为评价标准。本章在介绍问卷中有关农民公共文化服务满意度调查问项的基础上，试图通过灰色相关度分析和逐步回归分析的方法，来考察当前农民对农村公共文化服务供给满意度状况，一方面是为了对农村公共文化服务供给满意度作出客观评价，另一方面是为了进一步考察农民文化需求，以农民文化需求为导向，明确农村公共文化服务的供给重点，提升农村公共文化服务供给的针对性，为提高政府公共文化服务供给能力提供咨询参考。

第一节　数据质量检测和量表分析

在上一章，我们曾对调查问卷、数据收集、数据描述等进行部分介绍，本章由于要进行满意度灰色相关度分析和满意度回归分析，因此有必要对调查问卷有关满意度调查的内容、记分方法、有关数据的质量以及满意度测量项的信度和效度等内容进一步分析，为后面的灰色相关度

---

① Churchill Jr. G. A. , Surprenant, C. , An Investigation of Satisfaction Customer Into the De-terminants, Journal of Marketing Research, 1982 （19）: pp. 491 –504.

分析和回归分析做准备。

一 调查问卷相关内容介绍

调查问卷第三部分是专门用来调查满意度的。题目涉及一个因变量 Y 和十六个自变量 X_i（$i = 1$，2，3，…，16）的问项。具体而言，17 个问项包括：C1 对县市博物馆和图书馆提供服务的评价（X_1）；C2 对乡镇综合文化站提供服务的评价（X_2）；C3 对农家书屋提供服务的评价（X_3）；C4 对老年活动中心提供服务的评价（X_4）；C5 对农业技能培训室提供服务的评价（X_5）；C6 对当地公共网吧提供服务的评价（X_6）；C7 对本村体育休闲设施的评价（X_7）；C8 对农村公共文化设施和活动的管理制度的评价（X_8）；C9 对提供农村公共文化服务工作人员的评价（X_9）；C10 对农村电影放映工程的评价（X_{10}）；C11 对当地农村节假日公共文化活动的评价（X_{11}）；C12 对当地日常群众性广场舞等文化活动的评价（X_{12}）；C13 对当地教育就业培训等公益性文化活动的评价（X_{13}）；C14 对广播电视村村通工程的评价（X_{14}）；C15 被调查农民对全国文化信息资源共享工程的满意度（X_{15}）；C16 对当地民俗表演活动的评价（X_{16}）；C17 对享受到农村公共文化服务整体评价（Y）17 个方面，共计 17 道题目（参见附录）。

前 16 个问项，基本涵盖当前政府提供农村公共文化服务的各个层面，通过满意度灰色相关度分析，可以较好把握各个层面的农村公共文化服务供给内容的满意度情况及其排序情况，通过前 16 个问项 X_i（$i = 1$，2，3，…，16）与第 17 个问项 Y 的回归分析，可以更加精确了解总体满意度与各个层面的农村公共文化服务供给内容的满意度之间的关系，可以分析得知对总体满意度有较大影响的因素，明晰当前农村公共文化服务的供给重点。

二 数据质量检测

在农村公共文化服务供给满意度分析之前，笔者对调查问卷的第三部分数据质量进行了检测，主要进行数据的完整性检查和数据的正态性检验。如果数据有缺失值（missing value）或处理不当，就可能产生"非正定矩阵"（positive definitive mateicse）问题。通过用 SPSS17.0 检查缺失值，发现有 2 个测量值各有 3 个缺失值，于是就用各自数列平均数补充了缺失值，从而保证了数据的完整性；一般认为，偏度绝对值小于3，峰度绝对值小于10时，表明样本基本服从正态分布[①]。通过数据的正态性检验，样本各测量维度均服从正态分布，因为它们的偏度的绝对值均小于2，而峰度的绝对值均小于4，小于一般标准。

三　信度分析和效度分析

验证问卷设计的质量，必定要看量表及问卷能否有效地考量问卷中所涉及的各个因素，否则所做的抽样调查、数据分析，甚至结论等都是白费。为了测量农村公共文化服务供给满意度，笔者对先前学者的量表及问卷进行了反复修定，以保证问卷的满意度各指标的内容与量表有较高的信度和效度。

（一）问卷测量项的信度分析

问卷的信度分析是为了验证测量结果是否前后一致，也被称为稳定性或可靠性分析。任何工具测量时都包含实际值与误差值两部分，误差值越低则表明信度越高，所得的观测实际值越具有较好的稳定性。本书采用李克特量表中常用的 Cronbach's α 系数检验问卷的内在一致性，Cronbach's α 是学界常用来作为测量信度的标准。根据学者吴明隆（2003）的观点，0.60 是可以接受的最小信度值，0.70 以上较好。但是，一般认为，运用 SPSS 来进信度检验，如果 Cronbach's α 值≥0.70时，为高信度；$0.35 \leqslant$ Cronbach's α 值 < 0.70 时，属于尚可；Cronbach's α 值 < 0.35，则为低信度。[②]

通过 SPSS17.0 软件，我们的问卷第三部分 17 个测量项的整体 Cronbach's α 为 0.949。当 Cronbach's α 值≥0.70 时，属于高信度，因此，调查问卷中这 17 个测量项用来衡量满意度具有高信度（见表 5 – 1）。

---

① 邱皓正、林碧芳：《结构方程模型的原理与应用》，中国轻工业出版社 2009 年版，第 36 页。

② Gilford J. P., *Psychometric Methods*, 2nd. ed. New York, NY：McGraw – Hill, 1954.

表5-1 满意度各测量项整体可靠性统计量

Cronbach's α	项数
0.949	17

在测量项总计统计量的结果中（见表5-2），最后一列中显示的是"项已删除时 Cronbach's α 值"，意思是：假若我们删除了这个题项，剩余的其他项的 Cronbach's α 值会变成多少。以 X_1 为例，如果我们删除了"对县市博物馆和图书馆提供服务的评价（X_1）这道题项，则其余16个题项的 Cronbach's α 值会变成0.945，比原来的还低，所以我们保留这个项目。简单地说，在最后的一栏"项已删除时 Cronbach's α 值"，其值大于0.949的都是考虑删除的项目，如表中 X_5，就是在回归时要考虑删除的项。

表5-2 满意度测量项总计统计量

	项已删除时刻度均值	项已删除的刻度方差	校正的项总计相关性	项已删除时 Cronbach's α 值
X_1	46.73	132.547	0.746	0.945
X_2	46.33	132.299	0.914	0.942
X_3	46.67	136.782	0.648	0.947
X_4	46.30	134.838	0.851	0.944
X_5	46.40	131.559	0.905	0.952
X_6	46.73	133.513	0.782	0.945
X_7	46.40	133.283	0.896	0.943
X_8	46.57	135.978	0.781	0.945
X_9	46.20	136.717	0.759	0.945
X_{10}	46.50	137.224	0.544	0.947
X_{11}	46.57	131.151	0.847	0.943
X_{12}	46.57	132.047	0.836	0.944
X_{13}	46.47	130.395	0.891	0.942
X_{14}	47.80	151.407	0.074	0.948
X_{15}	46.37	140.516	0.431	0.946
X_{16}	46.67	148.644	0.126	0.942
Y	46.20	130.579	0.992	0.941

（二）问卷测量项的效度分析

信度涉及的是测量与现象一致或稳定可靠的问题，而效度所涉及的是正确性的问题。如果我们所使用的作为测量工具的调查问卷不可靠，得出的数据不值得信赖，就谈不上正确性（效度），因此测量工具除非有信度，否则没必要谈及效度。效度包含两个条件，第一个条件是测量概念的准确性，如本书中第四部分测量满意度的调查问卷，就是依照满意度的概念内涵来测量其具体内容，而不是测量其他概念；第二个条件是，能正确地测量出该概念。第一个条件比第二个条件作用更重要，因为第一个依据概念测量的条件是必要条件。

效度有很多种，关于效度的检验方法也不止一种，根据情况可以采用不同的方式。比如有内容效度，即该测量工具是否准确测量了所要测量的某一概念的所有层面；效标效度，主要是多重测量某一个概念，又称为同时效度、实用效度与预测效度。同时效度表述的是测量工具在目前的特殊现象的有效性，需要事先有一个效标题目作为参考，比如可以添加一个题目"总体上您觉得您对农村公共文化服务的评价情况如何"，把这个题作为效标，然后其他题目跟这个题目用相关系数表示，相关系数越大，说明效度越好；建构效度，用因子分析法评价探索问卷结构，多用结构方程建模的方式，来验证一个假想的效度。

问卷的内容效度。决定一个测量工具是否具有内容效度，多半靠研究者的判断，在实际操作时却并不是容易的事。需要判断测量工具是否真正地测量到所认为要测量的概念和变量，要涵盖所要测量的概念和变量各层面。比如问卷第三部分要测量的概念是满意度这个概念，我们沿用大多数学者都认同的 Churchill 和 Surprenant（1982）提出的顾客满意度的概念，认为顾客满意度是购买前的预期与实际使用产品后认知比较的结果，认为满意度实质是一种人们心理比较的过程，当感知质量与预期质量一致时，人们就会有较高的满意度，问卷中所涉及的 17 个题目涵盖了实践中农村公共文化服务供给各个层面，每一项都是关于整体满意度某一个方面的评价，因此，问卷的内容应该有较好的效度。

问卷的效标效度。效标效度检验的原因可能是：原来的测量工具虽然具有效度、具有正确性，但是所包含的题目数太多，实际运用起来比较耗时费力；或者分类的方式不够周全，以至于使得受测者很难回答；或者所使用的字眼太过老旧，已不合时宜；或者不具有外部效度，也就是问卷只针对某一群人适用。我们研究所使用的问卷没有上述这些问题，所以此检验意义不大。

问卷的建构效度。建构效度的检验过程，一般必须先从某一理论的建构着手，再进行测量分析，然后验证其结果和原建构的理论是否符合。因而它表明了所使用的测量工具能够测量理论概念或特质的程度。建构效度检验常采用因子分析方法，最关注诸如：测量工具实际测量的是哪些特征？通过解释"量表为什么有效"来评价建构效度以及考虑从量表中能得出什么结论等问题，这些问题大多时候我们是通过修改初始问卷，分析预调研问卷数据，剔除了不适合的问项，较好保证问卷的构建效度。

四 总体满意度情况分析

本书使用李克特量表对农村公共文化服务的满意度进行调查，农村对公共文化服务的满意度调查要求被调查者根据自己的实际情况，进行单项选择，选项的记分方法如表5-3所示。

表5-3 农村公共文化服务供给的满意度调查记分

答案	非常满意	满意	一般	不满意	非常不满意
记分	5	4	3	2	1
备注	分值越高，代表被调查者对调查项目的满意度越高				

经过整理调查问卷数据，我们可以得出湖北农村文化服务供给总体满意度处于一般水平。如表5-4所示，农民对农村公共文化服务供给评价，选择"非常满意"的人数占比很低，只占被调查农民的6.04%，选择"满意"的人数占比也很低，占被调查农民的40.17%，选择满意以上人数不足被调查农民的47%，而选择一般、不满意和非常不满意的人数占比分别为35.96%、9.55%和8.28%，其中选择"非常不满意"的人数占比为8.28%，高于"非常满意"，总体满意度平均分3.26

分，略高于"一般"评分的3分。

表5-4　　　　　农村公共文化服务的总体满意度情况统计

	人数	占比（%）	得分
（1）非常满意	43	6.04	215
（2）满意	286	40.17	1144
（3）一般	256	35.96	768
（4）不满意	68	9.55	136
（5）非常不满意	59	8.28	59
合计	712	100	2322
满意度平均分	3.26		

可见，湖北农村文化服务供给总体满意度处于一般水平，农民对现阶段公共文化服务满意度评价不高。一方面反映了湖北农民文化权利的保障不够，另一方面湖北在农村公共文化服务方面还有较大的提升空间。因此，有必要进一步分析现有的各种公共文化服务供给内容的满意度，把握各个层面的农村公共文化服务供给内容的满意度情况及其排序情况，精确了解总体满意度与各个层面的农村公共文化服务供给内容的满意度之间的关系，探寻提高农村公共文化服务供给满意度的对策空间及影响因素，明晰农村公共文化服务供给重点。

第二节　农村公共文化服务供给满意度灰色关联度分析

满意度灰色关联度分析可以得知各农村公共文化服务项目的满意度大小和次序，本节在介绍灰色关联度分析计算基本步骤的基础上，具体分析16个农村公共文化服务供给项目的满意度灰色关联度，对关联度结果进行分析，最后得出研究结论。

一　灰色关联度分析步骤

灰色系统理论（Grey Theory）是一门基于数学理论的，而对外延明确、内涵不明确的灰色系统进行研究的系统工程学科知识体系[①]。理论创始人邓聚龙教授用灰色系统表示部分信息已知和部分信息未知的系统。灰色系统理论主要是通过对"部分"已知信息的生成和开发，提取有价值的信息，从而实现对贫信息的不确定性问题进行研究的知识体系。作为灰色系统理论重要分析方法之一，灰色关联度分析法是一种以样本数据为依据，描述因素间关系的强弱、大小和次序的多因素统计分析方法，它以参考点和比较点之间的距离为基础，根据因素之间发展趋势的相似或相异程度，来判断其关联程度，参考因素和比较因素越相似，说明他们关联度越大；反之越小[②]。灰色关联度分析的基本步骤，一般分为如下六步：

（一）参考数列和比较数列的确定

参考数列是指反映系统行为特征数据序列，参考数列可表述为：

$$\{x_0(k)\} = \{x_0(1), x_0(2), \cdots, x_0(n)\}$$

比较数列是指影响系统行为的因素组成的数据序列，比较数列可表述为：

$$\{x_i(k)\} = \{x_i(1), x_i(2), \cdots, x_i(n)\}, (i = 1, 2, 3, \cdots, m)$$

（二）参考和比较数列的无量纲化处理

由于各因素的物理意义不同，导致系统中数据的量纲也不一定相同，给关联分析带来不良影响，比较时难以得到正确的结论。因此，在进行灰色关联度分析时，一般都要无量纲化处理数据，即所有数据均减去该数列的平均数，然后除以该数列的标准差，得出标准化参考数列为：

$$\{y_0(k) = (x_0(k) - \overline{x_0})/\sigma_{x_0}\}$$

其中，

$$\overline{x_0} = \frac{1}{n}\sum_{k=1}^{n} x_0(k),$$

$$\sigma_{x_0} = \sqrt{\frac{1}{n}\sum_{k=1}^{n}(x_0(k) - \overline{x_0})^2}$$

---

① 邓聚龙：《灰理论基础》，华中科技大学出版社 2003 年版，第 15 页。

② 刘思峰：《灰色系统理论及其应用》，科学出版社 1999 年版，第 11—12 页。

标准化比较数列为：

$\{y_i(k) = (x_i(k) - \overline{x_i})/\sigma_{x_i}\}$，$(i = 1, 2, 3, \cdots, m)$

其中，

$$\overline{x_i} = \frac{1}{n}\sum_{k=1}^{n} x_i(k)，$$

$$\sigma_{x_i} = \sqrt{\frac{1}{n}\sum_{k=1}^{n}(x_i(k) - \overline{x_i})^2}$$

（三）求差数列

$\{\Delta y_i(k)\} = \{|y_i(k) - y_0(k)|\}$，$i = 1, 2, 3, \cdots, m$；$k = 1, 2, 3, \cdots, m$。

（四）求两级最大值和两级最小值

两级最大值是在寻找到各系列中最大值的基础上，寻找所有系列的中最大值，两级最大值为：

$\max\{\Delta\} = \max\max(\Delta y_i(k))$，$i = 1, 2, 3, \cdots, m$；$k = 1, 2, 3, \cdots, m$。

两级最小值是在寻找到各系列中最小值的基础上，寻找所有系列中的最小值，两级最小值为：

$\min\{\Delta\} = \min\min(\Delta y_i(k)$，$i = 1, 2, 3, \cdots, m$；$k = 1, 2, 3, \cdots, m$。

（五）计算参考数列与比较数列的灰色关联系数

$\{\zeta_i(k)\} = \left\{\dfrac{\min\{\Delta\} + \rho\max\{\Delta\}}{\Delta y_i(k) + \rho\max\{\Delta\}}\right\}$，其中 $i = 1, 2, 3, \cdots, m$；$k = 1, 2, 3, \cdots, m$。

ρ 为分辨系数，为了消除 $\max\{\Delta\}$ 值过大，一般情况下，ρ 取值 0.5，以避免计算的关联系数失真的情况。

（六）计算关联度

关联系数是一个数列，只是表示各个时刻参考数列和比较数列之间的关联程度，信息分散，不便比较。计算关联度就是为了从整体上了解数列间所有数据的关系，为此，求出系数的平均值，用它来集中反映某个比较数列与参考数列的关联程度。关联度的计算公式为：

$$\gamma_i = \frac{1}{n} \sum_{i=1}^{n} \zeta_i(k) \text{，其中 i} = 1, 2, 3, \cdots, n$$

二 满意度灰色关联度分析

以下通过灰色关联度分析，考察农民对各项现有公共文化服务的满意情况，找出农民对哪些公共文化服务项目满意度较高，哪些项目满意度比较低，并进行满意度灰色关联度计算。

（一）确定比较数列

我们选择 16 个比较数列如下：

$X_1 = \{x_{1,1}, x_{2,1}, \cdots, x_{712,1}\}$：被调查农民对县市博物馆和图书馆提供服务的评价；

$X_2 = \{x_{2,1}, x_{2,2}, \cdots, x_{712,2}\}$：被调查农民对乡镇综合文化站提供服务的评价；

$X_3 = \{x_{1,3}, x_{2,3}, \cdots, x_{712,3}\}$：被调查农民对农家书屋提供服务的评价；

$X_4 = \{x_{1,4}, x_{2,4}, \cdots, x_{712,4}\}$：被调查农民对老年活动中心提供服务的评价；

$X_5 = \{x_{1,5}, x_{2,5}, \cdots, x_{712,5}\}$：被调查农民对农业技能培训室提供服务的评价；

$X_6 = \{x_{1,6}, x_{2,6}, \cdots, x_{712,6}\}$：被调查农民对当地公共网吧提供服务的评价；

$X_7 = \{x_{1,7}, x_{2,7}, \cdots, x_{712,7}\}$：被调查农民对本村体育休闲设施的满意度；

$X_8 = \{x_{1,8}, x_{2,8}, \cdots, x_{712,8}\}$：被调查农民对农村公共文化设施和活动的管理制度的评价；

$X_9 = \{x_{1,9}, x_{2,9}, \cdots, x_{712,9}\}$：被调查农民对提供农村公共文化服务有关工作人员的评价；

$X_{10} = \{x_{1,10}, x_{2,10}, \cdots, x_{712,10}\}$：被调查农民对农村电影放映工程的评价；

$X_{11} = \{x_{1,11}, x_{2,11}, \cdots, x_{712,11}\}$：被调查农民对当地农村节假日公共文化活动的评价；

$X_{12} = \{x_{2,12}, x_{2,12}, \cdots, x_{712,12}\}$：被调查农民对当地日常群众性广场舞等文化活动的评价；

$X_{13} = \{x_{1,13}, x_{2,13}, \cdots, x_{712,13}\}$：被调查农民对当地教育就业培训等公益性文化活动的评价；

$X_{14} = \{x_{1,14}, x_{2,14}, \cdots, x_{712,14}\}$：被调查农民对广播电视村村通工程的评价；

$X_{15} = \{x_{1,15}, x_{2,15}, \cdots, x_{712,15}\}$：被调查农民对全国文化信息资源共享工程的评价；

$X_{16} = \{x_{1,16}, x_{2,16}, \cdots, x_{712,16}\}$：被调查农民对当地民俗表演活动的评价。

（二）确定参考数列

我们选定一个代表最优评价的参考数列：

$$X_0 = \{x_0(712)\} = \{x_0(1), x_0(2), \cdots, x_0(712)\} = \{5, 5, \cdots, 5\}$$

参考数列代表以农村公共文化服务供给各项服务的最高评价分5分组成。根据灰色相关理论，当比较数列与参考数列越接近，表示二者关联度越大，被调查农民对相关公共文化服务项目满意度也就越高；反之，则满意度就越低。计算每个比较数列与这个参考数列的关联度，每个比较数列代表的满意度也就能够进行比较排序了。

（三）指标正向化处理

为了消除考察指标单位不同、方向不同对结果的影响，在灰色关联度分析时，我们对考察指标进行了正向化处理，具体方法如下：

（1）对正向指标，此类指标越大越优，处理方式如下：

$$x_{ij}^{'} = \frac{x_{ij} - \min\limits_{i=1,\cdots,712} x_{ij}}{\max\limits_{i=1,\cdots,712} x_{ij} - \min\limits_{i=1,\cdots,712} x_{ij}}, \quad (j = 1, 2, \cdots, 5)$$

（2）对逆向指标，此类指标越小越优，处理方法如下：

$$x_{ij}^{'} = \frac{\max\limits_{i=1,\cdots,712} x_{ij} - x_{ij}}{\max\limits_{i=1,\cdots,712} x_{ij} - \min\limits_{i=1,\cdots,712} x_{ij}}, \quad (j = 1, 2, \cdots, 5)$$

在农村公共文化服务供给的各项指标中，都是采用统一的记分方法（非常满意记5分，满意记4分，一般记3分，不满意记2，非常不满意记1分，见表5-3），所以，这些指标都是正向指标，本次指标数无须指标正向化处理。

（四）计算各指标的关联度

利用数据挖掘或数据分析应用软件 DPS 数据处理系统（9.50），计算得出各指标的关联度如表 5 - 5 所示。

表 5 - 5 农村公共文化服务各项指标的关联度

指标	关联度	归一化的关联度	归一化关联度（%）	排序
X_1	0.425	0.052	5.2	16
X_2	0.432	0.053	5.3	15
X_3	0.446	0.055	5.5	13
X_4	0.497	0.061	6.1	10
X_5	0.483	0.059	5.9	11
X_6	0.531	0.065	6.5	7
X_7	0.512	0.062	6.2	9
X_8	0.441	0.054	5.4	14
X_9	0.475	0.058	5.8	12
X_{10}	0.579	0.071	7.1	3
X_{11}	0.546	0.067	6.7	5
X_{12}	0.589	0.072	7.2	2
X_{13}	0.528	0.064	6.4	8
X_{14}	0.610	0.074	7.4	1
X_{15}	0.557	0.068	6.8	4
X_{16}	0.545	0.066	6.6	6
排序大小	$X_{14} > X_{12} > X_{10} > X_{15} > X_{11} > X_{16} > X_6 > X_{13} > X_7 > X_4 > X_5 > X_9 > X_3 > X_8 > X_2 > X_1$			

三 结果分析

根据灰色系统理论，当比较数列与参考数列越接近，相应的关联度越大，被调查农民对相关公共文化服务项目满意度就越高；反之，则满意度就越低。因此，我们可从表 5-5 中的结果看出：

（1）农民满意度评价排在最前面的 5 项，由高到低依次是：对广播电视村村通工程的评价（X_{14}）、对当地日常群众性广场舞等文化活动的评价（X_{12}）、对农村电影放映工程的评价（X_{10}）、对全国文化信息资源共享工程的评价（X_{15}）、对当地农村节假日公共文化活动的评价（X_{11}），它们灰色关联度分别是 0.610、0.589、0.579、0.557 和 0.546，灰色关联度超过或接近 0.55，这表明农民对这些公共文化服务的满意度比较高，归一化关联度分别为 7.4%、7.2%、7.1%、6.8% 和 6.7%，排在 16 项指标的前列。

广播电视村村通工程、农民对农村电影放映工程和全国文化信息资源共享工程都是近年国家实施重大文化惠农工程，农民对这三项工程的满意度排在前列，既反映出由于政府的大力投入和积极建设，这些工程已经取得了丰硕的成果，也放映出这些工程运行效率较高，能够较好地解决长期以来困扰农村文化建设的老大难问题，较好满足了农民看电视、听广播、看电视、获取资讯基本文化需求。因此，农民对这三项惠民文化工程较为满意。由于湖北各地在新农村文化建设和构建农村公共文化服务体系中大力推广全面健身活动，广场舞以其要求低、投资小、收益高的优势，迅速在城乡流行起来。调查发现，即使偏僻的山区乡村，广场舞也开展得如火如荼，如麻城市三河口镇开展"大家唱，大家跳"歌舞活动，镇政府给每村发放录影机，在各村开展广场舞健身活动，广场舞在该镇开展得非常普遍。在农村，县乡两级地方基层政府和农村村民委员会往往会利用传统节日，如春节、元宵节、清明节、端午节、中秋节和重阳节等传统节日，开展一系列公共文化服务活动，一定程度上满足农民对节假日文化活动的需求。因此，农民对群众性广场舞活动和传统节假日文化活动的满意度也较高。

（2）农民的满意度评价中间的 6 项，由高到低依次是：对当地民俗表演活动的评价（X_{16}）、对当地公共网吧的评价（X_6）、对当地教育就业培训等公益性文化活动的评价（X_{13}）、对本村体育休闲设施的评价（X_7）、对老年活动中心提供服务的评价（X_4）、对农业技能培训室提供服务的评价（X_5），它们的灰色关联度分别是 0.545、0.531、0.528、

0.512、0.497 和 0.483，灰色关联度在 0.48 到 0.55，这表明农民对这些公共文化服务的满意度一般。它们的归一化关联度分别为 6.6%、6.5%、6.4%、6.2%、6.1% 和 5.9%，排在 16 项指标的中间部分，满意度居中游。

民俗表演活动既可以从精神层次上满足农民的文化生活，又有利于农村传统民俗文化的传承，近年来随着农村经济实力的增强，民俗表演活动也逐渐被县乡村基层组织所重视。农村公共网吧的出现，对于克服城乡的信息鸿沟，开拓农民的眼界，提高农民的资讯能力具有重要作用。教育就业培训等公益性文化活动和农业技能培训室提供公共文化服务，对于农民基本文化素质的提高，对于农民外出打工的就业能力的提高，对于农民文化参与意识的增强，农村公共文化设施利用率的提高以及农民的增产增收等方面都具有重要意义。农村体育休闲设施是开展文体活动的物质基础，对缓解农业劳动带来的疲倦、放松现代生活带来的压力和增强农民的身体素质等方面具有重要意义。老年活动中心是解决农村留守老人各种问题的重要场所，也是满足老年群体独特文化需求的重要平台，农村对此也有较大的需求。但是调查发现，民俗表演活动、公共网吧、教育就业培训等公益性文化活动、农村体育休闲设施、老年活动中心、农业技能培训室等设施或活动，其服务数量、质量与公众的期望有较大差距时，其满意程度都不高，农民对它们的满意度在总体当中属于中等水平。

（3）农民的满意度评价排在最后的 5 项，由高到低依次是：对提供农村公共文化服务有关工作人员的评价（X_9）、对农家书屋提供服务的评价（X_3）、对农村公共文化设施和活动的管理制度的评价（X_8）、对乡镇综合文化站提供服务的评价（X_2）、对县市博物馆和图书馆提供的服务评价（X_1），它们的灰色关联度分别是 0.475、0.446、0.441、0.432 和 0.425，灰色关联度在 0.48 以下，它们的归一化关联度分别为 5.8%、5.5%、5.4%、5.3% 和 5.2%。

农家书屋、乡镇综合文化站、县市博物馆和图书馆都是农民迫切需求的文化服务，也是国家花大力气重点建设的项目，但是其满意度却排在末位。调查发现，满意度低一个重要原因是乡镇综合文化站、县市博物馆和图书馆离农村较远，农民不愿为某种不是必需的文化需求专门上乡镇或县城去寻求服务，而且乡镇综合文化站、县市博物馆和图书馆也很少下基层农村社区提供相应文化服务。农家书屋虽然在本村，但是其建成以后，大多数农村的农家书屋由于缺乏维护资金而处于瘫痪状态。此外，农民对农村公共文化服务工作人员和农村公共文化设施的管理制度的评价也较低，主要由于公共文化服务工作队伍整体素质低、服务态度差、管理制度混乱造成的。因此，农村公共文化服务工作人员评价、农家书屋、农村公共文化设施的管理制度评价、乡镇综合文化站、县市博物馆和图书馆满意度处于末游。

四　研究结论

通过农村公共文化服务满意度的灰色关联分析，我们大致得知当前政府提供的各种公共文化服务满意度的大小和排序情况。同样是文化惠民工程，为什么农家书屋的满意度排在倒数几位，而广播电视村村通工程、电影放映工程和全国文化信息资源共享工程的满意度却排在前几位？为什么投资花费并不大的广场舞的满意度很高，而投资巨大的乡镇综合文化站、县级博物馆和图书馆的满意度却排在倒数第一、二位，要提高农民对公共文化服务供给的满意度，这种现象应引起人们深思。

（一）注重事先做好农民文化需求调查

农村公共文化服务供给必须反映需求，提高满意度要以农民的需求为导向，应该注重事先做好农民文化需求调查。广播电视村村通工程、当地日常群众性广场舞活动、农民对农村电影放映工程、全国文化信息资源共享工程、当地农村节假日公共文化活动等文化项目或活动，之所以满意度排在前列，是因为它们较好地满足了农民的文化需求。在供给过程中，只有正确地把握和反映农民的公共文化需求，供给才可能高效益，才可能实现精准化的公共文化服务。因此，农村公共文化服务供给必须事先做好需求调研工作，要深入农村基层，深入农民文化生活去做细致的调查，全面地了解农民文化需求偏好，做到农民真正需要什么，就对应提供什么服务，这样才能做到供给与需求的有效对接，才可能提高农村公共文化服务供给的满意度。

（二）注重农村公共文化服务供给的全过程管理

提高满意度必须注重农村公共文化服务供给的全过程管理。农村公共文化服务供给是一个复杂的持续供给的过程，不仅要有前期的规划、投入和实施，而且还有后期的监督、管理与维护。调查发现，农家书屋之所以满意度比较低，最主要的原因是农家书屋建成后，后期维护和管理跟不上，由于后期维护资金缺乏，图书更新缓慢，资料陈旧老化，严重影响了其吸引力，同时由于缺少必要的管理费用，农家书屋也没有固定的管理人员，致使农家书屋长期处于瘫痪状态，这必然就会导致农村公共文化服务供给的满意度低。在农村公共文化服务过程中要注意避免重建设、轻管理，重前期投入、轻后期维护的倾向，做到建设与管理并重，前期投入与后期维护并重，使既有的公共文化服务发挥最大的服务效能，提高其使用效率。因此，农村公共文化服务供给应该注重对公共文化服务或产品实行全过程管理，不断提高农村公共文化服务的供给水平。

（三）注重农村公共文化服务的经济与便捷

提高满意度必须注重农村公共文化服务的经济与便捷。农村公共文化服务供给满意度实质上是享受者的主观感受，农村公共文化服务是否经济与便捷，是提高满意度的重要方面。我国农村地区面积广阔，农村到乡镇中心的距离有的长达一二十公里，到县城中心距离有的长达数十公里，加上大多数农村的交通不发达，农民难得有时间和精力去一趟乡镇综合文化站和县级博物馆、图书馆。乡镇综合文化站和县级博物馆、图书馆等公共文化机构如果在机构所在地县镇办公，提供相关服务，对农民来说，不但极不经济而且是很不便捷的，这是乡镇综合文化站和县级博物馆、图书馆等公共文化机构满意度较低的重要原因。乡镇综合文化站和县级博物馆、图书馆等公共文化机构，应该主动深入农村、深入基层，主动提供相关服务，才可能提高它们提供公共服务的满意度。因此，农村公共文化服务供给，应该做到服务经济快捷方便，为农民提供经济便捷的公共文化服务，这应该是当前农村公共文化服务供给的重要原则。

（四）兼顾农村公共文化服务硬件和软件建设

提高满意度必须兼顾农村公共文化服务硬件和软件建设。灰色关联度分析发现，农民对农村公共服务人员和公共文化设施有关制度的满意度比较低，充分说明了当前农村公共文化服务的工作队伍建设和有关供给制度等软件环境很差。当前，我国农村公共文化服务中缺乏高素质人才队伍和健全的文化法律制度体系，是致使农村公共文化服务供给满意度不高的重要原因。农村公共文化服务供给不但要提供更多公共文化设施和公共文化服务活动，而且还应该有一定质量指标，注重硬件指标的同时也应注重软件指标，尽可能提供更多的优质的公共文化产品或服务。一支专业知识精湛、服务态度好和服务水平高的工作人员队伍，一整套完善的有关供给体制机制文化法律制度，必然有利于提高农村公共文化服务供给满意度。因此应该通过队伍建设和制度建设，兼顾硬件和软件建设，不断提高农民对农村公共服务人员和公共文化设施有关制度的满意度，不断提高农民对农村公共文化服务供给的满意度。

第三节　农村公共文化服务供给满意度回归分析

通过灰色关联分析，我们已经得知农民对各项公共文化服务供给的满意度大小和排序情况，但是我们并不能很好地知道各项具体公共文化服务的满意度与总体满意度的关系。为此，本节将对总体满意度与各项公共文化服务的满意度进行回归分析，一方面是为了探讨各项公共文化服务的满意度与总体满意度之间的关系，深入了解农民真实的文化需求，了解农民所重视的公共文化服务；另一方面是为了从提高农民的满意度出发，明确农村公共文化服务供给的重点和努力方向。

一　因变量与自变量的确定

因变量（Y）是被调查农民对现阶段农村公共文化服务供给的总体满意度评价。

$$Y = \{ y_1, y_2, \cdots, y_{712} \}$$

自变量是被调查农民对现阶段各项具体农村公共文化服务供给的满

意度评价，它们是：

$X_1 = \{x_{1,1},\ x_{2,1},\ \cdots,\ x_{712,1}\}$：被调查农民对县市博物馆和图书馆提供服务的评价；

$X_2 = \{x_{1,2},\ x_{2,2},\ \cdots,\ x_{712,2}\}$：被调查农民对乡镇综合文化站提供服务的评价；

$X_3 = \{x_{1,3},\ x_{2,3},\ \cdots,\ x_{712,3}\}$：被调查农民对农家书屋提供服务的评价；

$X_4 = \{x_{1,4},\ x_{2,4},\ \cdots,\ x_{712,4}\}$：被调查农民对老年活动中心提供服务的评价；

$X_5 = \{x_{1,5},\ x_{2,5},\ \cdots,\ x_{712,5}\}$：被调查农民对农业技能培训室提供服务的评价；

$X_6 = \{x_{1,6},\ x_{2,6},\ \cdots,\ x_{712,6}\}$：被调查农民对当地公共网吧提供服务的评价；

$X_7 = \{x_{1,7},\ x_{2,7},\ \cdots,\ x_{712,7}\}$：被调查农民对本村体育休闲设施的评价；

$X_8 = \{x_{1,8},\ x_{2,8},\ \cdots,\ x_{712,8}\}$：被调查农民对农村公共文化服务管理制度的评价；

$X_9 = \{x_{1,9},\ x_{2,9},\ \cdots,\ x_{712,9}\}$：被调查农民对提供农村公共文化服务工作人员的评价；

$X_{10} = \{x_{1,10},\ x_{2,10},\ \cdots,\ x_{712,10}\}$：被调查农民对农村电影放映工程的评价；

$X_{11} = \{x_{1,11},\ x_{2,11},\ \cdots,\ x_{712,11}\}$：被调查农民对农村节假日公共文化活动的评价；

$X_{12} = \{x_{2,12},\ x_{2,12},\ \cdots,\ x_{712,12}\}$：被调查农民对当地日常群众性广场舞等文化活动的评价；

$X_{13} = \{x_{1,13},\ x_{2,13},\ \cdots,\ x_{712,13}\}$：被调查农民对当地教育就业培训等公益性文化活动的评价；

$X_{14} = \{x_{1,14},\ x_{2,14},\ \cdots,\ x_{712,14}\}$：被调查农民对广播电视村村通工程的评价；

$X_{15} = \{x_{1,15},\ x_{2,15},\ \cdots,\ x_{712,15}\}$：被调查农民对全国文化信息资源

共享工程的评价；

$X_{16} = \{x_{1,16}, x_{2,16}, \cdots, x_{712,16}\}$：被调查农民对当地民俗表演活动的评价。

二　Y 与 Xᵢ 逐步回归分析

为了进一步探讨农村公共文化服供给总体满意度与 16 个自变量之间的关系，找出对总体满意度有显著影响的因素，找出农村公共文化服务的供给重点，因此，本书将通过 Eviews7.2 软件，对因变量 Y 与 16 个自变量进行逐步回归分析和降维处理，消除变量间的相关性，最后建立最优的回归方程。通过 Eviews（7.2 版）计算 Y 与 X_i（$i=1$，2，$\cdots$，16）的线性回归系数，如表 5 -6 所示。

表 5 - 6　　　　　　　　因变量 Y 与每一个自变量 Xᵢ 的回归结果

Dependent Variable：Y

Method：Least Squares

Variable	Coefficient	Std. Error	t – Statistic	Prob.
X_1	0. 053070	0. 044906	1. 181796	0. 2585
X_2	0. 148744	0. 103248	1. 440655	0. 1733
X_3	0. 087365	0. 042768	2. 042743	0. 0619
X_4	0. 062734	0. 091929	0. 682419	0. 5070
X_5	0. 032981	0. 116374	0. 283411	0. 7813
X_6	0. 051092	0. 067328	0. 758848	0. 4615
X_7	0. 086831	0. 111523	0. 778593	0. 4502
X_8	0. 123514	0. 056740	2. 176824	0. 0485
X_9	0. 085669	0. 094984	0. 901930	0. 3835
X_{10}	0. 067944	0. 035681	1. 904210	0. 0793
X_{11}	0. 041748	0. 060932	0. 685161	0. 5053
X_{12}	0. 168810	0. 062832	2. 686703	0. 0187
X_{13}	0. 068303	0. 101159	0. 675208	0. 5114
X_{14}	0. 039079	0. 052121	0. 749774	0. 4667
X_{15}	0. 084950	0. 029327	2. 896674	0. 0125
X_{16}	0. 065655	0. 035925	1. 827579	0. 0906

Dependent Variable：Y

Method：Least Squares

Variable	Coefficient	Std. Error	t – Statistic	Prob.
C	– 0. 462258	0. 202441	– 2. 283424	0. 0399
R – squared	0. 990558	Mean dependent var	3. 266667	
Adjusted R – squared	0. 978936	S. D. dependent var	0. 944433	
Sum squared resid	0. 244244	Schwarz criterion	– 0. 045562	

从表5-6可看出，X_3、X_8、X_{10}、X_{12}、X_{13}、X_{15}、X_{16}的 t 检验估计概率分别为0.0619、0.0485、0.0793、0.0187、0.0125、0.0906，均小于0.1，通过概率为90%的 t 检验（临界值为0.1），其他自变量都没有通过 t 检验，其中 X_5 概率最大，因此剔除 X_5，计算 Y 与其他剩余15个自变量的线性回归关系如表5-7所示。

表5-7　　　　因变量 Y 与剔除 X_5 后与剩余自变量回归结果

Dependent Variable：Y

Method：Least Squares

Variable	Coefficient	Std. Error	t – Statistic	Prob.
X_1	0. 056239	0. 042038	1. 337814	0. 2023
X_2	0. 138705	0. 093742	1. 479654	0. 1611
X_3	0. 086379	0. 041203	2. 096436	0. 0547
X_4	0. 064716	0. 088601	0. 730424	0. 4772
X_6	0. 042137	0. 057468	0. 733230	0. 4755
X_7	0. 108494	0. 078493	1. 382214	0. 1886
X_8	0. 124619	0. 054715	2. 277593	0. 0390
X_9	0. 070626	0. 076139	0. 927594	0. 3693
X_{10}	0. 065572	0. 033527	1. 955812	0. 0707
X_{11}	0. 051361	0. 048928	1. 049738	0. 3116
X_{12}	0. 177252	0. 053474	3. 314747	0. 0051
X_{13}	0. 088336	0. 069947	1. 262912	0. 2273

续表

Dependent Variable: Y				
Method: Least Squares				
Variable	Coefficient	Std. Error	t – Statistic	Prob.
X_{14}	0. 033352	0. 046439	0. 718182	0. 4845
X_{15}	0. 084849	0. 028345	2. 993462	0. 0097
X_{16}	0. 067250	0. 034296	1. 960857	0. 0701
C	– 0. 437895	0. 177160	– 2. 471748	0. 0269
R – squared	0. 990499	Mean dependent var	3. 266667	
Adjusted R – squared	0. 980320	S. D. dependent var	0. 944433	
Sum squared resid	0. 245753	Schwarz criterion	– 0. 152775	

从表 5 – 7 可看出，只有自变量 X_3、X_{10}、X_{12}、X_{13}、X_{15}、X_{16} 通过概率为 90% 的 t 检验（临界值为 0.1），其他自变量都没有通过 t 检验，并且由于 X_{14} 概率为最大，所以剔除 X_{14}，再进行 Y 与其他剩余 13 个自变量的线性回归，然后依次采用同样的方式，又先后剔除 X_6、X_9、X_{10}、X_2、X_{11}，最后得到 Y 与剩余自变量 X_1、X_3、X_4、X_8、X_7、X_{12}、X_{13}、X_{15} 和 X_{16} 的线性回归关系如表 5 – 8 所示。

表 5 – 8　　　　　　因变量 Y 与 X_1 等剩余自变量的回归结果

Dependent Variable: Y				
Method: Least Squares				
Variable	Coefficient	Std. Error	t – Statistic	Prob.
X_1	0. 098997	0. 035971	2. 752131	0. 0123
X_3	0. 085668	0. 040595	2. 110315	0. 0476
X_4	0. 132872	0. 066990	1. 983441	0. 0612
X_8	0. 133210	0. 054369	2. 450096	0. 0236
X_7	0. 182536	0. 068373	2. 669703	0. 0147
X_{12}	0. 252598	0. 045092	5. 601868	0. 0000
X_{13}	0. 162729	0. 057466	2. 831721	0. 0103
X_{15}	0. 079469	0. 029195	2. 721983	0. 0131

续表

Dependent Variable：Y				
Method：Least Squares				
Variable	Coefficient	Std. Error	t – Statistic	Prob.
X_{16}	0.071460	0.031716	2.253106	0.0356
C	– 0.277805	0.150777	– 1.842488	0.0803
R – squared	0.984727	Mean dependent var	3.266667	
Adjusted R – squared	0.977854	S. D. dependent var	0.944433	
Sum squared resid	0.395064	Schwarz criterion	– 0.358296	

从表 5 – 8 可以得知，自变量 X_1、X_3、X_4、X_6、X_7、X_{12}、X_{13}、X_{15}、X_{16} 均通过了概率为 90% 的 t 检验，并且 R – squared 为 0.984727，Adjusted R – squared 为 0.977854，Sum squared resid 为 0.395064，R^2 与调整后 R^2 检验都达到 95% 以上，这说明方程的拟和度比较理想。因此，可以建立线性回归方程如下：

$$Y = -0.278 + 0.099X_1 + 0.086X_3 + 0.133X_4 + 0.133X_8 + 0.183X_7 +$$
$$0.252X_{12} + 0.163X_{13} + 0.079X_{15} + 0.071X_{16}$$

将回归方程中自变量的系数进行归一化处理，得到各自变量对因变量的影响程度，如表 5 – 9 所示。

表 5 – 9　　　　　　　　　自变量对因变量的影响程度

自变量	X_1	X_3	X_4	X_7	X_8	X_{12}	X_{13}	X_{15}	X_{16}
回归系数	0.099	0.086	0.133	0.163	0.133	0.253	0.183	0.079	0.071
归一化系数	0.083	0.072	0.111	0.136	0.111	0.211	0.153	0.066	0.059
对 Y 的影响	8.3%	7.2%	11.1%	13.6%	11.1%	21.1%	15.3%	6.6%	5.9%

三　结果分析

从回归方程中我们可以看出，在影响农村公共文化服务供给的总体满意度评价 16 项具体公共文化服务项目中，X_{12}、X_{13}、X_7、X_4、X_8、X_1、X_3、X_{15}、X_{16} 对总体满意度最有影响，它们分别是：被调查农民对当地日常群众性广场舞等文化活动的评价（X_{12}）；被调查农民对当地教育就业培训等公益性文化活动的评价（X_{13}）；被调查农民对本村体育休闲设施的评价（X_7）；被调查农民对老年活动中心提供服务的评价（X_4）；被调查农民对农村公共文化服务管理制度的评价（X_8）；被调查农民对县市博物馆和图书馆提供服务的评价（X_1）；被调查农民对农家书屋提供服务的评价（X_3）；被调查农民对全国文化信息资源共享工程的评价（X_{15}）；被调查农民对当地民俗表演活动的评价（X_{16}）。

在这九项农村公共文化服务的供给中，农村公共文化服务供给的总体满意度最有影响前三项是 X_{12}、X_{13}、X_7，即当地日常群众性广场舞等文化活动、当地教育就业培训等公益性文化活动和对本村体育休闲设施的评价，它们对总体满意度的影响程度分别为 21.1%、15.3%、13.6%。农村公共文化服务供给的总体满意度有影响较大的三项是 X_4、X_8 和 X_1，即老年活动中心提供服务活动、农村公共文化服务管理制度、县市博物馆和图书馆提供的服务，它们对总体满意度的影响程度分别为11.1%、11.1%和8.3%，排在最后三项是农家书屋提供的服务、全国文化信息资源共享工程和当地民俗表演活动，它们对总体满意度的影响程度分别为 7.2%、6.6%和5.9%。

四　研究结论

通过农村满意度回归分析，我们至少得到以下几点研究结论：

（一）注重对满意度影响大的文化服务项目的供给

供给主体在提供农村公共文化服务时，应该在整体推进的基础上，进行重点突破，注重对农民满意度影响大的公共文化服务项目的供给。当前我国农村公共文化服务供给可以说已经全面铺开，经过本书高度概括之后，列举出农村公共文化服务的项目仍有16项之多，然而，回归结果表明，真正对农村总体满意度有较大影响的只有其中的九项。因此，农村公共文化服务的供给要以上述九项公共文化服务为重点，才可能较快较好满足农民的公共文化需求，提高农民对农村公共文化服务的总体满意度。而且，在这九项重点供给的农村公共文化服务中，我们还应该分清重中之重，当前应该继续以日常群众性广场舞等文化活动（X_{12}）、农村体育休闲设施（X_7）和教育就业培训等公益性文化活动

（X$_{13}$）为供给的重中之重，从回归方程中可以看出，它们对整体满意度的影响权重过半，对整体满意度的影响比较大，加大对这三项农村公共文化服务项目的供给，就能够较快较显著地改变当前整体满意一般的现状。

（二）注重直接服务于基层的公共文化服务的供给

农村公共文化服务供给的各种文化设施和公共文化活动要具体落实到农村基层，落实到行政村、自然村或村小组。对农民总体满意度最有影响的九项公共文化服务中，其中日常群众性广场舞等文化活动（X$_{12}$）、本村体育休闲设施（X$_7$）、对当地教育就业培训等公益性文化活动（X$_{13}$）、老年活动中心（X$_4$）、农家书屋提供的服务（X$_3$）和当地民俗表演活动的评价（X$_{16}$），都是服务于农村基层的公共文化服务，从回归方程中可以看出，它们对整体满意度影响权重高达70%以上，可见，直接提供服务于农村基层的公共文化服务，对整体满意度的影响比较大。而县乡两级公共文化设施，如县市图书馆、博物馆和乡镇综合文化站，虽然也能为农民提供公共文化服务，但是它们不在农村基层，在整体满意度中所占的权重也不大，对农村整体满意度的提高影响也较小，乡镇综合文化站的影响在回归中已经剔除，农民对县市博物馆和图书馆提供服务权重不过8.3%，可见，县乡两级公共文化设施对农民整体满意度影响不应是农村公共文化服务的供给重点。因此，今后农村公共文化服务的供给要以自然村为主要供给重点，大力开展提供那些能直接服务农村基层的公共文化服务，提高农民的满意度。

（三）注重与农民切身利益相关的公共文化服务的供给

农民也是经济人，也会经常进行成本效益分析。只有那些能够提高农民文化素质，促进农业发展，增加农民收入，增进农民身心健康和维护农民文化权益的农村公共文化服务，才可能是农民满意的文化服务项目。某项公共文化服务，农民参与的成本过高，即使农民需要，农民也可能不会去参与，即使参与，其满意度也不可能很高。从回归方程中可发现，日常群众性广场舞等文化活动，对农村公共文化服务供给的整体满意度的影响最大。这主要是因为，日常群众性广场舞等文化活动要求不高，只要有台录音机，有块场地，农民就可以参与广场舞活动，参与成本低，能够增进身心健康，促进社会关系和谐，社会效益好，使群众性广场舞成为农民喜闻乐见的公共文化活动；老年活动中心等公益性文化设施、教育就业培训等公益性文化活动，也是关乎农民切身利益的文化服务项目，如老年活动中心，对于维护农村老年人身心健康，提高他们晚年幸福指数等方面有重要意义，而教育就业培训等公益性的文化活动，直接对农民文化素质、就业能力和经济收入的提高有帮助，所以它们对农村公共文化服务供给整体满意影响比较大。因此，农村公共文化服务供给要以关注农民切身利益为出发点，注重在教育、卫生、科技、就业和健康等方面为农民提供实实在在的服务，将农村公共文化服务供给与农民的切身利益联系，农村公共文化服务供给的满意度才可能不断提高。

（四）注重创新县乡两级公共文化服务的供给机制

在回归方程中我们可以看出，虽然县乡两级提供农村公共文化服务机构和文化事业单位，如县级图书馆、博物馆和镇综合文化站在农村公共文化服务满意度的影响程度不大，它们不应是农村公共文化服务供给的重点，但是多年来国家对县乡两级公共文化机构投入了大量人力财力，已经建立比较完整的县乡两级公共文化服务网络体系，如何发挥它们对农村基层公共文化服务的带动作用，提高它们在农村文化服务供给满意度的权重，这是一个比较现实的难题。近年来，不少省份农村地区的县乡文化事业单位创新自身服务的方式和方法，积极探索到农村基层提供流动服务的体制机制，探索在基层普遍建立联系点和服务点，直接为基层农民提供服务，较好地提高县乡两级文化事业单位提供服务的满意度。因此，要注重创新农村县乡两级公共文化服务的供给机制，完善县乡两级文化事业单位的供给监管机制、筹资保障机制、供给激励机制和独立决策机制，促使它们能够积极主动提供农村公共文化服务，提高它们公共文化服务的质量和满意度。

总之，农村公共文化服务供给的总体满意度一般，部分农村公共文化服务供给项目投资巨大，但是满意度却很低，而部分供给项目投资少，但满意度却高，这与供给总量不足、供需不匹配和供需不平衡等问题有很大关系。提高农村公共文化服务的满意度，应该事先做好农民的需求调查，注重农村公共文化服务服务供给进行全过程管理，注重农村公共文化服务的经济便捷，兼顾硬件和软件建设；同时，农村公共文化服务供给应该注重对满意度影响较大的文化服务项目的供给，注重直接服务于基层的公共文化服务的供给，注重与农民切身利益相关的公共文化服务的供给，注重创新县乡两级公共文化服务的供给机制，以把握农村公共文化服务的供给重点，切实提高供给的满意度。

第六章　国外农村公共文化服务
供给实践与经验借鉴

在国外农村公共文化服务供给水平较高的国家中，农村公共文化服务供给的实践做法因国情不同而各具特色。我国农村公共文化服务供给侧改革创新和供给体系建设，理应吸收和借鉴国外农村公共文化服务供给的成功经验，以提高农村公共文化服务水平，保护农民的基本文化权益。本章试图对国外农村公共文化服务供给实践的做法进行总结，归纳其成功的具有共性的经验，为我国农村公共文化服务供给侧改革创新提供借鉴。

第一节　国外农村公共文化服务供给实践

公共文化服务供给与各国文化管理体制密切相关，在不同的文化管理体制中，政府往往采取不同方式和手段来提供农村公共文化的服务。国外的文化管理体制大致可以分为四种类型，社会调节型、政府主导型、多元复合型和政府严控型[①]。因此，从文化管理体制的角度，国外供给水平较高的农村公共文化服务供给实践，大致也可分为三种类型：社会调节型、政府主导型和多元复合型[②]。这三种类型各自形成了一系列的具有共性的实践做法。

---

① 徐双敏：《公共事业管理概论》，北京大学出版社 2013 年版，第 149—152 页。
② 由于在政府严控型的国家，如朝鲜和苏联，它们的农村公共文化服务水平都相对落后，不属于本书研究的范畴，本书只是对发达国家和新兴发展国家的农村公共文化服务的实践进行分类。

一 社会调节型的做法

社会调节型是一种主要依靠社会力量引导和调节农村公共文化服务供给的实践类型。在这种实践类型中,政府一般不直接介入农村公共文化服务的供给,而是主要通过立法、公共政策进行宏观调控农村公共文化服务的供给,社会力量即民间文化机构和中介组织是提供农村公共文化服务供给的主要力量。美国、加拿大和英国等国都属于这种类型,美国是其中最为典型的代表。美国从各方面为农民提供充足的公共文化服务,农民只是作为公共文化服务的免费受益者,享受社会提供多种公共文化服务。从供给主体、供给方式、供给内容和运行机制的角度,社会调节型的实践做法可总结如下:

(一)参与农村公共文化服务供给的主体非常广泛

在美国农村,参与供给主体具体表现为来自银行、各种商业组织、文化艺术类非政府组织、公共基金会、地方政府等主体,它们共同组成农村委员会。这个委员会积极开展农村公共文化活动,并利用上述参与主体的资源为农民提供各种公共文化服务,农村的文化娱乐机构与企事业单位联系起来,这既能推动农村公共文化活动开展,也为文化企业带来无限商机。在这样的背景下,美国的政府、企业、社会组织等多元主体都参与了农村公共文化服务的供给,能够较好地满足美国农民的多样化的文化需求。

(二)农村公共文化服务供给方式是以社会供给为主,政府间接供给为辅

各种公共基金会等非政府组织和博物馆、图书馆、学会等公共事业机构是美国农村公共文化服务供给的主要力量,农村公共文化服务供给以社会供给方式为主。美国政府不设文化行政主管部门,主要通过各种公共基金会或私人的基金会对文化事业进行经济资助,联邦政府、州政府、地方政府都不直接从事农村公共文化活动或农村公共文化设施的供给服务,对农村公共文化服务供给干预不多,对城乡公益性文化事业都实行间接管理。

(三)农村公共文化服务供给内容丰富多样

在美国,在联邦层面,美国国家艺术基金会、美国国家人文基金会

和博物馆、图书馆、学会都得到了政府的大力扶持，能够提供多样化的农村公共文化服务；在州政府层面，1998 年乡村治理与充权委员会，在美国阿拉斯加州率先成立，以行政命令的形式赋予该委员会直接向州长和议会负责的权力，鼓励尊重不同特色的传统与文化的发展，鼓励地方政府积极提供多样化的农村公共文化服务。非政府组织和企业组织也积极提供多种农村公共文化服务，如各种公共基金会或私人的基金会对城乡文化事业进行经济资助，非常重视农民的基本文化教育、农业科研和农民培训工作等农村公共文化活动的展开。美国在文化艺术活动、文化学术研究、文化人员培养等方面投入大量的资金和精力，使很多美国私人企业和非政府组织能有效提供多种的农村公共文化服务。多元主体组成的农村委员会能够积极提供和从事多种农村公共文化服务，并实施多个农村公共文化设施项目。各种以基金会为代表的非政府组织、企业组织以及农村委员会较好地保证了农村公共文化供给内容丰富多样和服务项目的吸引力，既能较好地保证农民的文化需求，又能较好地满足农民的个性化文化需求。

（四）农村公共文化服务供给有比较协调的供给运行机制

在美国，仅就供给筹资机制而言，美国有可靠的供给筹资机制。美国农村公共文化服务所需资金是由公共财政和社会资金共同保障。农业发展和农民生活所需的文化设施，如图书馆、教育培训机构、文化娱乐设施等所需经费，由联邦政府、州政府和地方政府等不同层级的政府，按照一定出资比例共同提供[1]。此外，美国还有专门的农村文化事业保障资金，每年联邦政府和地方政府都有资金资助，为农村公益性文化事业的发展提供了可靠资金保障。美国农村公共文化服务的另一个重要资金来源是非政府组织、企业和个人的社会捐助。这些社会组织、企业和个人捐助积极性很高，据估计仅 2003 年，美国的私人部门对文化艺术等捐赠的数量巨大，平均每个美国人捐赠了 42 美元[2]。因此，在一些文

---

① 孙维学：《美国文化》，文化艺术出版社 2004 年版，第 146 页。

② 黄锐：《美国文化资助体系研究》，叶辛、蒯大申主编：《2006—2007 年：上海文化发展报告——构建公共文化服务体系》，社会科学文献出版社 2007 年版，第 277 页。

化团体组织的资金来源中，政府的资助还不如来自社会的捐赠多，社会的捐赠是美国农村公共文化服务的主要资金来源。此外，美国通过政治选举制度、法律制度和税收优惠政策，建立比较健全的需求表达机制、供给决策机制、供给监管机制和供给激励机制等供给运行机制。

二　政府主导型的做法

政府主导型是政府设置文化行政部门，通过行政强制手段管理公共文化事业的发展，主导农村公共文化服务供给的实践类型。在这种实践类型中，政府在公共文化服务供给中发挥主导作用。日本、韩国和新加坡都属于这种类型，其中以日本最为典型。虽然这些国家的国情不一样，但在公共文化服务供给方面，政府都积极参与农村公共文化服务供给，在供给中发挥了主导作用，较快地建立了比较完善的农村公共文化服务体系。从供给主体、供给方式和运行机制的角度，政府主导型的实践做法可总结如下：

（一）政府是发挥主导作用的供给主体

早在 1871 年，日本中央政府为了丰富公众的精神文化生活，加强文化事业的发展，就成立了文部科技省，设文部卿或文部大臣直接领导其工作，管理全国文化教育事业。文化部具有振兴地方文化、鼓励公众参与文化艺术活动、促进历史博物馆和美术馆的建设发展和建立文化活动基地等职责，对日本农村公共文化服务影响较大。1968 年，又设置隶属于文部省的文化厅，在文化厅内设置不同专门机构组织，专门从事保护和利用日本的文物相关工作[①]。地方文化行政机构负责为地方居民提供公共文化生活服务，拥有较多管理文化事务的权力和责任，主要负责为地方居民精神文化生活服务。战后日本政府非常注重文化民主化，实施了一系列推进文化发展的政策和计划，扶持地方各具特色的文化[②]。日本政府先后实施了"家乡文化再兴事业"计划，实施了村、镇文化艺术活动的中长期计划和各种培训计划等文化政策，有力支援了地

---

① 张爱平等：《日本书化》，文化艺术出版社 2004 年版，第 22、26 页。
② 艺衡、任珺、杨立青：《文化权利：回溯与解读》，社会科学文献出版社 2005 年版，第 338—339 页。

方的文化事业和发展，为广大村镇文化活动提供人力支持，保护基层历史传统文化，提高文化从业者的职业能力和技术水平发挥了重要作用。可见，日本公共文化服务中，政府是发挥主导作用的供给主体。

（二）市场供给和社会供给方式运用比较广泛

日韩企业一般都很重视参与农村公共文化服务的供给，企业是农村公共文化服务市场供给方式的主力，通常是通过捐资捐款给基金会和非政府组织，间接提供公共文化服务，也有直接为社区居民生产文化设备和设施，举办社区公共文化活动，直接参与公共文化服务的供给；在日韩两国，非政府组织是活跃在农村基层的重要社会力量，对于公共文化服务供给发挥了重要的作用，如受政府资助的日本农协组织，在开展农村教育和文化活动、传播生理卫生知识和指导家政教育等方面，提供多种农村公共文化服务，为丰富基层农民的日常文化生活发挥重要作用。日本基层拥有大量的不单纯提供一种服务的综合性公益性文化机构。如日本地方图书馆，一般都包含有十几个甚至是几十个室、处和中心，它们融合休闲、娱乐、学习和交流为一体，能够为社区提供基层多样化的公益文化服务。[①] 韩国也是如此，各种非政府组织农村基层积极参与新村运动，在提供农村公共文化服务中发挥重要作用。日本和韩国通过市场供给和社会供给方式提供农村公共文化服务，既保障了农村公共文化服务质量和效率，也使农村公共文化服务的供需关系比较协调。

（三）有比较健全的供给监管机制

日本建立了从中央到地方的一整套完整公共文化行政管理机构。在中央设置文部科技省，设文部卿或文部大臣和直属文部省的文化厅，主要文化发展规划和负责文化法律和政策制定，在地方政府都建立文化行政机构，主要负责为地方居民公共文化生活监管与服务，基层社区则有综合性公益性文化机构，负责对社区提供公益文化活动的监督、管理与服务。另外，日本和其他发达国家一样，有一套健全的有关文化管理和监督的法律体系，为公共文化艺术政策和公共文化活动的开展提供了法

---

① 王砚亭：《〈日本图书馆年鉴（2005）〉带给我们的启示》，《年鉴信息与研究》2006年第 5 期，第 53 页。

律依据。比如有关文化遗产的法律，日本政府就先后制定了《古迹名胜天然纪念物保存法》《国宝保存法》《文化财保护法》《古都保存法》《文化艺术振兴基本法》和《日本文物保护法》等法律和其他一系列条例①。这些法律和条例对政府的责任与义务等做出了详细规定，从而建立了比较健全的法律监管机制，为确保日本国民的文化权利提供了监督和管理保障。

（四）建立了有效多元筹资机制

近些年来日本中央政府的文化预算不断增加，推动了日本文化艺术事业的发展。在中央政府的资助下，日本地方举办的文化活动有较好财力支持，日本地方公共文化服务的开展也较为广泛；日本政府通过制定多种优惠和免税政策，鼓励企业和个人积极为公共文化事业捐资捐款，积极为公共文化活动提供资金支持；同时，日本的许多非政府组织，如各种文化基金组织，向各种基层文化艺术演出活动大量提供资助，它们的资助和捐赠也是日本基层文化活动的重要资金来源。政府、市场和社会力量都较好地参与公共文化服务的筹资过程，为农村公共文化服务开辟资金筹集渠道。

三 多元复合型的做法

多元复合型是一种综合运用集权、分权和放权等多重手段，调动多元的供给主体参与农村公共文化服务供给的实践类型。这种实践类型特色是对不同的公共文化服务，或相同公共文化服务在不同层次，采取不同的供给方式，政府、市场和社会主体都能较好地参与有关公共文化服务的供给。法国、德国和荷兰等国都属于这种类型，其中法国是多元复合型的典型国家，法国具有比较完善的公共文化服务供给体系，无论是农村还是城市，法国都拥有较为发达的公共文化服务供给网络。从供给主体、供给内容和运行机制的角度，多元复合型的实践做法可总结如下：

（一）多元供给主体都能较好提供公共文化服务

法国政府是最重要的农村公共文化服务的供给主体。政府注重承担

---

① 朱晶：《日本文化名城保护——从"官督民办"到"官民协作"》，《城市观察》2011年第3期，第13—19页。

农村公共文化服务供给责任，也是实行对文化积极干预的政策和文化集权管理的发达国家，这与英美有较大的不同。非政府组织提供大量公共文化服务，如法国的文化机构管理协会、博物馆和图书馆等文化机构和城乡文化剧团等非政府组织，在农村公共文化服务供给中发挥独特的作用。法国政府通过签订行政合同和政府资助的形式，使营利性的文化企业能够积极提供农村公共文化服务。法国在文化领域注重公民参与，注重及时回应公民的文化需求，通过各种渠道，使农民参与公共文化服务活动，强调农民在公共文化服务供给中的主体地位。政府、非政府组织、文化企业以及农民自身都能较好地参与农村公共文化服务的供给，形成了一个多元的供给格局。

（二）农村公共文化服务供给内容丰富多样

法国建立发达的农村公共文化服务供给网络。法国公共图书馆面向乡村提供公共文化服务，市镇图书馆（室）和省级外借图书馆是主要为乡村提供服务的图书馆。大多市镇有流动图书馆，为乡村读者提供专门服务。省级图书馆通过建立村镇图书室或配备图书借阅点为农村读者服务[①]。此外，法国各级政府积极举办和支持各种文化艺术节。法国城市到乡村举办各种形式的艺术节，许多艺术节是免费观看和参与的，建立了一系列农村公共文化活动项目，农民可以自由参与，使法国农民都可能参与文化艺术活动之中。发达的农村公共文化服务供给网络，使农村公共文化服务供给内容丰富多样，极大地丰富了法国农民的精神文化生活。

（三）有可靠的供给筹资机制

法国政府注重保障文化资金投入，在政府的财政支出中，文化支出占有很大的比例。法国政府对文化事业的投入巨大。1995 年，希拉克总统上任不久，就把国家拨给文化部的款项翻了一番，到 2006 年仅拨给文化部的款项约占当年国内生产总值的 1%，达 28.86 亿欧元[②]。

---

① 苏旭：《法国文化》，文化艺术出版社 2001 年版，第 185 页。

② 朱伟明：《法国政府对本国文化的保护和传播》，《当代世界》2007 年第 6 期，第 53 页。

2009 年，面临金融危机的严峻压力，法国文化部的预算仍然达 28 亿欧元，在文化事务中的实际开支占中央全部预算支出的 4% 左右，总和达到 130 亿欧元①。法国城乡文化基础设施的投资、各类文化活动的资助、艺术品的收购、文化遗产的保护等所需经费都主要源于政府财政拨款，较好地改变法国文化资源不平衡状况，初步实现内外省之间和城乡之间的文化平衡。除财政投入外，政府通过对资助文化事业的企业进行税收优惠政策，鼓励各种非政府组织、企业和个人积极捐赠农村公益性文化事业，为农村公共文化服务筹集资金。通过政府的财政投资和社会文化捐赠，使法国农村公共文化服务形成了可靠的供给筹资机制，使法国农村公共文化服务供给有相对充足的资金保障，较好地保障了法国农民的公共文化权益。

（四）有健全的法律监管机制

法国是一个法制健全的资本主义国家，非常注重制定完善的文化法律，来进行公共文化服务监督管理，形成了健全完善的文化法律监管机制。首先，法国通过法国宪法等法律文件从法律上承认公民在公共文化方面的权益，为教育和文化艺术事业的普及提供了宪法法律保证。其次，法国还制定一系列有关公共文化服务方面的法律。仅仅就文化遗产保护，1840 年法国就制定了《历史建筑保护法》，之后又制定了《纪念物保护法》《景观地保护法》《历史街区保护法》和《城市规划法》等法律。此外，法国还制定了一系列发展文化艺术事业的法律。如《图书价格单一法》《出版法》《图书馆法》和《博物馆法》等法律，为保护图书出版、图书馆和博物馆事业发展奠定了法律基础。法国对公共文化服务供给监管就是靠健全的法律作保障，为法国公共文化服务的健康发展提供了强有力的支持，使各个阶层的群众都能够较为平等地参与公共文化活动，能够较为均等地享受基本的公共文化服务，奠定了法国作为文化强国的地位，也有效地保护了法国人民的文化权益。

---

① 谢武军：《法国公共文化服务：所有部长都是文化部长》，http：//www. chinanews. com/cul/news/2009/04 - 27/1665700. shtml。

第二节　国外农村公共文化服务供给成功经验

由于各国在经济、社会、文化等方面发展的不平衡，国外的农村公共文化服务供给实践做法也就各具特色，具有差异性，但是它们建立起先进的农村公共文化服务供给体系过程中，却具有一些共性的成功经验，其主要经验可以归纳如下：

一　政府充分履行了其文化供给职能

美、日、法等国之所以能够建成完善的现代农村公共文化服务供给体系，与政府充分履行了其文化供给职能有直接联系。美国政府注重通过立法手段，以法律和政策来间接管理公共文化服务的供给，制定了一系列政策措施，来保证公共文化服务社会供给政策的有效实施。但是政府没有管理文化事务的专门的行政机构，在国家文化艺术管理中扮演的是"提供便利者"的角色[1]。美国政府注重培育支持非政府组织，通过政府拨款，鼓励非政府组织、企业及个人捐赠等多种形式对艺术机构给予有力支持[2]。政府通过税收优惠政策对民间的非营利性艺术机构给予资助、培育、支持，鼓励它们积极提供农村公共文化服务，鼓励它们在农村举办多种文体活动，包括门票都享受政府免税优惠。在日本，虽然日本行政机关一般不直接干预农村事务，但是日本奉行高度集权的文化管理模式，对农村公共文化服务实行积极的干预政策，政府在农村公共文化服务供给中发挥了主导作用。法国政府建立了一整套从中央到地方完善的文化管理体制，注重维护农民的文化权利，注重农村公共文化服务的供给，在农民文化生活中发挥重要的作用。政府充分履行了文化职能，为农村公共文化服务供给提供了健全的法律保障、制度保障和充足资金保障，这是国外农村公共文化服务有效供给的重要经验。

---

[1]　Peter Duelund, The Nordic Culture Model, Copenhagen Nordic Cultural Institute 2003, p. 48.

[2]　黄锐：《美国文化资助体系研究》，叶辛、蒯大申主编：《2006—2007 年：上海文化发展报告——构建公共文化服务体系》，社会科学文献出版社 2007 年版，第 265 页。

二 多元化的主体积极参与了供给

美、日、法等国之所以能够建成完善的现代农村公共文化服务供给体系，与市场和社会力量积极参与了农村公共文化服务供给密不可分。多元主体参与农村公共文化服务供给，能够调动政府、市场和社会多元主体的主动性和积极性，有利于发挥各自优势，提高供给的质量和效率，能够较好地满足农民基本文化需求。美国的地方政府、企业、社会组织，在农村公共文化服务的供给中分工明确，通过不同途径参与到农村公共文化服务的供给之中。在美国，政府发挥间接供给的作用，私人文化企业组织主要负责文化产业的发展，非政府组织主要负责高雅文化的供应，它们在公共文化服务供给中占据重要主体地位，提供多种公共文化活动，实施多样公共文化设施项目。法、日、韩等国，企业为代表的市场力量和非政府为代表的社会力量都是农村公共文化服务重要的供给主体，在农村公共文化服务供给中运用各自优势，发挥重要作用。美、法、日、韩等国的供给实践表明，多元化的供给主体参与农村公共文化服务供给，是国外农村公共文化服务能够有效供给的重要经验。

三 建立了城乡一体化的公共文化服务供给体制

在外国，尤其是发达国家，一般不存在城乡二元分离结构，所以它们大都将农村公共文化服务和城市公共文化服务同等对待，共同纳入国家公共服务的范畴。发达国家都注重保障全体居民的基本文化权益，注重公共文化服务的供给公平性，注重实现城乡公共文化服务均等化的供给。如在美国，农业发展和农民生活所需的文化设施，如图书馆、教育培训机构、文化娱乐设施等所需经费，由联邦政府、州政府和地方政府等不同层级的政府，按照一定出资比例共同提供①。在法国建立起了一个全国性公共文化服务网络，为城乡民众提供了大量公共文化服务项目。法国建立了遍及城乡文化剧团，建立了覆盖城乡的博物馆和图书馆等文化设施网络，向民众提供多种免费或优惠的文化服务。如法国政府往往根据实际情况，在1000多个文化剧团中，选取对一部分剧团和剧

---

① 孙维学：《美国文化》，文化艺术出版社2004年版，第146页。

院进行资助，要求其免费或优惠为城乡居民提供相关公共文化服务①。国外公共文化服务水平较高的国家一般都构建了城乡一体化的公共文化服务供给体制，保证农民享受到与城市市民大致相同的公共文化服务。

四　依据各自国情提供农村公共文化服务

由于各国的历史文化传统和经济社会发展水平各不相同，各国有关农村公共文化服务供给主体、内容、方式、机制、政策也很不相同。美国作为一个移民国家，市场经济比较发达，社会发育良好，传统历史文化并不悠久，文化具有包容性，美国政府对农村公共文化服务供给，更多的是通过间接的形式，用经济优惠政策扶持非营利性文化组织和文化基金会来提供相关服务，政府所提供的公共文化服务是一种补充性的服务；日本、韩国由于深受传统文化的影响，政府对农村公共文化服务的供给则采取积极干预的政策，通过建立严密文化行政机构，并把农协组织纳入其管理之下，为农村居民提供多样的公共文化服务，政府在公共文化服务中发挥主导作用，直接参与了农村公共文化服务的生产和供给，而法国则注重多元主体通过合理集权和适当分权，共同提供公共文化服务。国情不一，国外政府在农村公共服务供给中发挥的作用和地位有所不同，供给的方式和手段因国情不同而有较大差异。依据国情提供农村公共文化服务，是国外公共文化服务水平较高的国家普遍做法。

五　建立了运转协调的供给运行机制

美、法、日、韩等国家，注重通过法律和相关制度，对多元供给主体权责进行明确的划分，明确规定了各供给主体的供给责任和义务，用法律和制度来约束各供给主体，通过法律和相关法规保障各供给主体履行其职责；注重运用税收优惠政策和法律，激励社会和市场力量参与公共文化服务，在公共文化服务决策中注意基层公众需求的考察，构建了畅通需求表达机制、高效的决策机制、多渠道的供给筹资机制、健全的供给监管机制和有效的激励机制。总的来说，国外公共文化服务水平较高的国家，都注重建立运转协调的供给运行机制，从而激发了供给主体的积极性，保障了供给资金的落实到位，保障了各个利益相关者的权

---

① 苏旭：《法国文化》，文化艺术出版社 2001 年版，第 205 页。

益，保障了农村公共文化服务供给的有效性、公平性和持续性。

第三节 国外农村公共文化服务
供给对我国的借鉴

国外农村公共文化服务供给做法及其成功的经验，为提高我国农村公共文化服务供给质量和效益，为我国农村公共文化服务的供给侧改革创新提供了有益借鉴。

一 注重政府全面履行其文化服务供给职能

国外政府充分履行了其农村公共文化供给职能，这是国外农村公共文化服务有效供给的重要经验。当前我国农村公共文化服务的供给存在总量不足、供需失衡和区域供给不平衡等问题，与政府公共文化服务职责的缺失，政府不能够有效供给有很大关系。在我国，政府掌握大量的资源，市场和社会力量发育不够强大，在农村公共文化服务供给中，靠市场和社会供给为主导是不现实的。为此，各级政府应该全面履行其文化服务供给职能，要明确其农村公共文化服务的职责，明确划分各自在农村公共文化服务供给中的权限，明确政府在供给中的核心地位，让政府在农村公共文化服务供给中发挥主导作用，努力为农村居民提供更多优质公平的公共文化服务，为农村社会经济稳定发展提供精神动力和智力支持。要转变政府公共文化职能，使在农村公共文化服务供给中政府供给更有效率，更能体现农民基本文化需求，才能使政府在农村公共文化服务供给的决策层面仍然居于核心地位，在供给过程中发挥其主导作用，全面履行其文化服务供给职责。

二 鼓励多元主体参与农村公共文化服务供给

多元化的供给主体参与农村公共文化服务供给，是国外农村公共文化服务能够有效供给的重要经验。现在我国主要是以政府垄断供给为主，市场和社会参与不足，农村公共文化服务供给的能力非常有限，农村公共文化服务供给内容单调贫乏等问题，都是与多元主体参与农村公共文化服务供给不充分有关。因此，要在继续发挥政府主导作用的基础上，应该鼓励市场和社会力量参与农村公共文化服务供给，积极鼓励市场和社会力量通过签订行政合同、捐赠和赞助等多种形式，参与农村公共文化服务的供给，并对他们给予一定的税收优惠，积极鼓励政府、市场和社会协同合作，共同参与供给，实现农村公共文化服务供给的多元化，不断满足农民日益增长的文化需求。

三　构建城乡一体化的文化服务供给体制

国外公共文化服务水平较高的国家一般都建立了城乡一体化的公共文化服务供给体制，保证农民享受与城市市民大致相同的公共文化服务。我国经济发展中形成的城乡二元结构，致使我国公共文化服务供给也呈现城乡不均等的城乡二元文化供给体制。由于我国城乡二元文化供给体制，导致城乡公共文化服务水平差距较大。因此，中央政府需要推进城乡经济的一体化，逐步缩小城乡经济和社会发展差距，完善政府间转移支付制度，制定城乡一体化公共文化服务供给政策，提高基层政府提供基本公共文化服务的能力，追求城乡公共文化服务供给的基本公平，保障农民能够与城市居民一样享有均等基本公共文化服务，构建城乡一体化的公共文化服务供给体制。

四　因地制宜地提供农村公共文化服务

依据国情提供农村公共文化服务，是国外农村公共文化服务水平较高的国家普遍做法。我国经济社会发展不平衡，地方历史文化传统具有差异性，东部地区与中、西部地区农村公共文化服务的现有供给水平有较大差距。即使在一个省域内，农民对公共文化服务需求也存在区域差异性[①]。因此，像我国这样一个区域经济发展不平衡的社会主义国家，适合我国国情的公共文化服务供给必定有中国的特色，我们不能照搬照抄国外经验，我国农村公共文化服务必须要与本地的实际情况相适应，要因地制宜。在农村公共文化服务供给时，政府要把握不同区域农民文化需求差异性，避免一刀切的供给政策，注重供需结构的协调平衡，才可能较好地满足农民的文化需求；农村公共文化服务供给的内容选择，

---

① 徐双敏、宋元武：《农民公共文化服务需求的区域差异性——基于在 H 省内的实证调查研究》，《湖北行政学报》2014 年第 5 期。

要正视农民作为经济人的自利动机,针对欠发达区域,要积极提供生产致富类的公共文化服务,对那些发达区域,要把握文化需求发展的趋势,多向农民提供休闲娱乐性的消费起点相对较高的农村公共文化服务。我国农村公共文化的供给要尊重中国国情,尊重地方实际情况,因地制宜提供农村公共文化服务。

五 重视构建运转协调的供给运行机制

国外经验表明,供给运行机制是农村公共文化服务供给能够协调、灵活、高效运行的保障,是农村公共文化服务供给得以顺利实现的保证。然而,当前我国农村公共文化服务供给运行机制却存在需求表达机制不通畅、决策机制僵化、筹资机制不健全、监管机制缺失和供给激励机制缺乏等多重问题。因此,应该完善需求表达机制,了解农民的真实需求;在农民需求表达的基础上,健全供给决策机制,作出科学的供给决策,然后依据需求和决策,创新供给筹资机制,为农村公共文化服务提供稳定资金保障;要优化供给监管机制,保障供给公平、效率和质量;要健全供给激励机制,激励各个主体积极提供农村公共文化服务。在优化我国农村公共文化服务供给过程中,要通过法律和相关法规合理界定各供给主体的供给权责,明确划分各级政府的财权和事权,积极培育市场和社会力量,建立运转协调的农村公共文化服务供给运行机制。

第七章　农村公共文化服务供需存在的
障碍及其原因剖析

纵观新中国成立以来我国农村公共文化服务供给的历史，考察现实中农民的文化供需的现状表明，我国农村公共文化服务供给中一直存在总量不足、供需契合度不高、供需结构失衡问题，这种不匹配和不平衡的问题与农村公共文化服务供给与需求中存在的多重障碍密切不可分。农村公共文化服务供需存在的障碍是产生现有需求与供给存在问题的深刻根源。因此，剖析农村公共文化服务供给与需求存在的障碍及其原因，对于解决农村公共文化服务供需匹配和平衡问题，找出问题的症结之所在具有重要意义。

第一节　农村公共文化服务有效供给的
障碍及其原因剖析

当前农村公共文化服务供给存在各种问题，致使农村公共文化服务难以有效供给。从农村公共文化服务供给构成要素来看，供给主体多元参与机制的不完善，供给内容质量不高，单一供给方式有诸多负面效果和供给运行机制运转不畅，是造成农村公共文化服务难以有效供给的主要障碍，而造成这些障碍的原因主要体现在认识和体制两个方面。

一　有效供给障碍的表现

（一）供给主体多元参与机制不完善

公共选择理论认为，克服政府和官员的自利行为，防止政府供给失败的可能性，打破政府单一供给的局面，政府在机关内部建立竞争结构，引入市场竞争机制，引入社会力量，实现多元供给主体协同的供给，并且使多元供给主体在竞争中互助合作，相互监督，以提高政府公共服务供给效率和质量。但是在我国农村地区，供给主体多元参与机制的不完善，从参与领域、参与方式、参与渠道以及相关制度等方面都没有形成制度性规范，政府以外的供给主体尚未形成有效供给力量，供给主体多元参与机制的不完善主要表现为：

（1）供给主体以政府为主。虽然农村公共文化服务供给主体在名义上有各级政府部门、企业部门的各种文化组织、非政府组织性质的村民委员会、图书馆、文化馆和博物馆以及其他社会力量，但是现阶段大多数农村公共文化服务是由政府供给。政府不但是农村公共文化服务政策制定者及其资金来源供应者，而且还是具体公共文化服务供给的安排者和主要责任人。政府统一规划和供给农村公共文化服务，直接确定农村公共文化服务的数量、质量、内容、种类与标准，而由市场组织和社会组织提供的农村公共文化服务极少。政府供给主体在供给过程中必然会渗透着一些政府的意志，容易按照政府需要而不是农民的需要提供有关服务，这就会导致农村公共文化服务供需脱节，其针对性不强等问题。

（2）政府供给主体错位和缺位。政府职能定位不明确一直是我国政府难以转型为服务型政府的主要原因。我国政府在农村公共文化服务供给的职责定位上也是如此，一直没有明文划定各级政府的供给职责，以致地方基层政府承担了相当多的本应由中央和省政府承担的供给职责，政府供给主体职责错位。然而我国地方政府，特别是乡镇基层政府没有稳定的财政来源，只能依靠财政作为其公共文化服务供给的资金来源，基层政府的供给能力有限。基层政府如果不是违法去加重农民负担的话，那就只好减少或是停止相关农村公共文化服务的供给，这样就会造成公共文化服务政府供给主体缺位。为了追求政绩，很多基层政府会以较快较容易完成上级下达任务文化项目作为供给重点，对那些真正是农民群众需要但又费时费力的文化项目却较少供给，这也会造成供需对接错位。

（3）市场力量参与不足。市场力量理应通过多种形式参与农村公共文化服务的供给。从目前来看，我国以企业为代表的市场力量参与农村公共文化服务供给是远远不够的。造成市场参与不够的原因是多方面的：其一，政府职能转变不到位，致使企业缺少参与农村公共文化服务的空间，这是市场力量参与不足的主要原因；其二，我国农村公共文化服务的产权不明晰，政府没有为参与农村公共文化服务企业提供完整的产权保护，缺乏产权保障，这是造成市场力量参与不足的重要原因；其三，我国在农村公共文化服务的供给过程中，缺少专门针对企业参与农村公共文化服务供给优惠扶持政策和免税的法律制度，对企业为代表的市场力量缺乏必要的激励措施，这也是市场参与不足的又一重要原因。此外，过度强调企业是一个市场经济主体，以营利为目的，也使不少企业忘了自身的社会责任，特别是忽视企业在文化领域的社会责任，这也是造成市场力量参与不足的社会因素。

（4）社会力量的作用发挥不充分。从理论上说，非政府组织是介于政府组织和市场组织之间的一切社会组织，它能提供政府和市场都无法有效提供的农村公共文化服务。在我国农村，村民委员会、共青团、妇联以及农村民间文化组织等组织，都应该是在开展文化活动和提供文化设施等方面发挥重要作用的非政府组织，它们理应在组织开展农村文娱活动，培养和训练农村文化人才，保持农村公共文化活动的经常性和公平性，丰富农民日常文化生活等方面发挥重要作用。但是由于农民生产生活比较分散、农村经济的相对落后以及青壮年劳力大量外出打工等原因，致使农村文化需求主体自组织性不强，农民缺少自身文化权益的代言人，农村民间文化组织发展严重滞后，特别是以农民为主体的民间文化组织非常缺乏，而村委会、共青团和妇联等组织也由于人员、场所和资金的原因，其文化功能难以发挥，也难以开展日常性的文化活动。绝大多数的农村只有逢年过节之时才有一些临时性自发农村文化组织，举办一些临时的文化活动。我国农村非政府组织的发展滞后，难以对多样化、快速变化的农村公共文化服务需求做出反应，农村公共文化服务的自我供给能力较低，在供给领域难以充分发挥作用。

（二）供给内容质量明显不高

从需求层次上讲，文化需求是高于物质需求的一种较为高级的需求，但是现有农村公共文化服务，除了节假日由政府组织唱歌、跳舞等公共文化活动和组织晚会或庙会外，农村经常性文化活动就是看看电视，逢年过节看看戏，有关的农村公共文化设施也都比较缺乏，导致一些内容粗俗、违法的文化活动占领了一部分农村的文化阵地。当前农村公共文化服务供给内容的质量明显不高，其主要表现为：

（1）农村公共文化基础设施普遍极为简陋。一是缺乏必要的体育活动设施。大多数农村行政村，多则上万人，少说也有几百人，往往没有单双杠、举重架、双卫扭腰器等常用的体育设施，没有一个功能齐全的文化活动室，更没有一个像样的体育场馆。二是缺乏必要文化学习设施。如村村都有"农家书屋"，但是其空间和设备都是很有限的。三是缺乏必要的文艺设备。农村文艺设备一般由政府和各村村委均摊出资，除了有一些少数造价不高的文艺设备外，各村基本没有什么公共文化设备。此外，文化基础设施没有专门的管理人员。农村现有的一些文化设施缺乏专职管理人员，设备维护和管理难以保证其持续性，管理技术和方法上也较为落后，设备利用率极低。

（2）农村公共文化活动数量少且影响力有限。一是已有的公共文化活动形式过时，如放电影活动缺乏新意，随着有线电视和宽带进入农村，新型电影越来越成为家庭需求的方向，在农村放映电影活动日显多余。二是农村有组织的公共文化活动太少。大多数农村缺乏真正意义上的日常性公共文化活动，日常性群众文化活动开展得比较少，没有什么影响力。三是开展文化活动的种类和形式太少。广大基层农村中，常年只有少量理论宣传活动，如贴贴标语，作几期时政宣传栏，很少有对政策宣讲、健康知识、法律或用工信息咨询和农技培训等公共文化活动，基层有质量的演出活动和文体活动也几乎是没有。

（3）内容缺乏应有的思想品位。在有限的农村公共文化服务供给中，农村公共文化服务思想内容又显得有些贫乏，缺乏深度和吸引力，甚至部分地区的农村公共文化服务思想内容品位低下，粗俗下流。在农村公共文化服务供给中，部分地区在文化服务思想内容上没有以宣传时代主旋律为主，社会主义核心价值，先进的思想道德和科学文化知识等科学的文化内容宣传力度不大，对黄、恶、黑、赌等文化活动的打击力度不够，致使农村部分农民的思想混乱，宗教文化活动大行其道，封建迷信思想和西方资本主义自由化思想在农村有抬头之势。农村文化活动亟待整顿，思想内容的品位亟待提高。

（三）单一供给方式有诸多负面效果

农村公共文化服务供给的实现形式，包括政府供给、市场供给、志愿供给以及多元供给等多种供给方式，但是纵观我国供给演化历程，当前农村公共文化服务仍是单一的政府供给方式为主，缺乏市场供给、志愿供给以及多元供给等多样性供给方式。单一的政府供给方式使社会和企业的积极性难以充分地调动起来，资金筹集渠道单一，后期财政支出资金难以为继，也使一些农村公共文化服务供给难以实现内容多样化和丰富化，难以及时回应农民多元化公共文化需求。单一的政府供给方式使供给缺乏多样性，给农村公共文化服务供给带来诸多的负面效果。

（1）供给资金缺乏。单一的政府供给方式使农村公共文化服务的资金基本是靠公共财政支出，容易造成农村公共文化服务供给资金缺乏。因为我国政府财政支出涉及各行各业，公共预算资金存在着优先排序，公共文化服务供给投入相对于其他产业和事业，有的是不能创造直接的经济收益，政府更愿将部分资金投入不必依靠政府投入的公共领域，导致政府供给在公共文化领域内投入不足。同时，由于公共文化的政府供给方式是与国家垄断性机制相适应的，政府部门和国有企事业单位负责农村公共文化服务的生产和提供，其他社会力量由于各种行政审批手续、各类政府管制和一些公共文化制度限制而很难进入相关供给。因此，单靠政府财政支出难以满足相关服务多样化的需求，而社会资金由于准入壁垒又无法进入农村公共文化服务领域，导致在农村供给资金极度缺乏现象非常普遍。政府供给方式中资金缺乏，导致政府没有更多的财力来增加供给总量。

（2）供不适求。由于农村区域经济发展不平衡，农村公共文化服务的地域间的需求是不同的，但是农村公共文化服务供给很多是为了完成上级任务和下达的指标，政府的供给必然就受到政府意志、官员的"寻租"行为、缺乏需求调查和需求反馈等因素的影响，致使其供给不一定很好反映农民群众的普遍文化需求，因而在农村公共文化服务供给中，容易忽视农民实际文化需求和偏好，一些农民真正需要的公共文化服务得不到有效供给，而不怎么需要的文化产品却大量无效地供给，相关公共文化服务不能很好贴近农民生活实际。农村公共文化服务供给存在较多供不适求的情况。

（3）供给效率低下。单一的政府供给方式，使农村公共文化服务供给或是由政府的不同系统共同供给，或者政府的不同系统单独供给。共同供给，容易造成政府不同系统之间协调成本高，单独供给又造成条块分割，资源缺乏有效的整合，很难实现公共文化资源的共享。农村公共文化服务供给中低水平重复性建设现象较为普遍，有些公共文化设施，如农村书屋，又由于缺乏有效利用和后期维护，造成公共文化资源的闲置与浪费。因此，农村公共文化服务供给效率比较低下。

（4）缺少必要亲民性。单一的政府供给，农村公共文化服务供给基本上是政府"自上而下"的给予或派送，容易造成农村公共文化服务供给决策的长官意志浓厚，农民的需求表达机制不畅，政府难以估计文化需求的层次性和多元性，农村公共文化服务内容难以实现丰富化。因此，单一的政府供给服务必然容易脱离农民的真实需求，缺少必要亲民性。

（四）供给运行机制运转不畅

供给运行机制主要包括供给决策、供给监管、供给筹资和供给激励等机制，这些机制相互联系，相互作用，高效运行，是农村公共文化服务供给能够协调、灵活、高效运行的保障，是农村公共文化服务供给得以顺利实现的保证。然而，我国农村公共文化供给运行机制却存在多重问题，致使其供给机制运转不畅。其主要表现为：

（1）公共决策机制僵化。我国农村公共文化服务供给决策机制是通过"自上而下"决策机制，具有浓厚的计划经济色彩，决策机制僵化。政府凭借其权威性地位，成为农村公共文化服务供给决策者，而农民作为需求方，表达权却被忽略，只是被动的接受者，没有供给决策权。基层政府往往以各种政策、指标、指令等形式，对农村公共文化服务供给的规模、结构以及程序加以规定，以完成上级下达的任务为主要目标，追求政绩，追求自身利益最大化；与此相对应，农民的主要目标是为了改善自身的生产生活条件和提高自身文化生活质量。因此，由于双方利益目标的偏差，现有僵化决策机制会造成农村公共产品供给与需求错位，供需结构失衡，农民参与的积极性降低，供给效率低下。

（2）筹资机制不健全。农村公共文化服务供给的主要资金来源渠道是公共财政，筹资保障机制不完善。上下级政府和文化管理部门在经费分担责任和管理责任方面，责任划分不清，哪级公共财政应该承担哪些农村公共文化活动和文化设施建设职责没有明确界定，导致基层乡镇政府承担过多过重的责任。而乡镇又无一级独立财政预算，其经费一般实行"乡财县管"，提供农村公共文化活动和设施能力有限，农村公共文化服务供给资金保障困难。此外，村民委员会、企业、农民自筹和社会捐助的资金所占比例极小，农村公共文化资金来源渠道非常有限。

（3）监管机制缺失。农村公共文化服务供给处于一种单向封闭的系统中，监督管理机制缺失较为严重。如前面所论述，我国农村公共文化服务供给方式是以政府供给方式为主，政府扮演供给者、安排者和维护者等多重的角色。由于生产、供给、经营和维护等多环节都由政府负责，农村公共文化服务供给就必须由相关部门或者受益方对其供给进行全方位的管理和监督，以确保公共产品供给的运作效率。这种权威性供给方式必然要求政府"自己管自己"，由于政府自身的利益偏好，上级政府对于下级政府的监控也可能缺失，致使公共文化服务供给的监督管理机制缺失，造成公共文化服务供给效率低，甚至无效率。此外，由于我国社会力量发展滞后，很难借助社会压力改变政府的错误行政行为，难以对政府进行制度性监督。

（4）激励机制缺乏。在供给总量不足的现实条件下，农村公共文化服务供给应该通过多种激励政策和措施，激励各种主体积极提供农村公共文化服务供给。但是，当前我国极度缺乏有关激励农村文化服务的供给政策和措施，难以形成较好的激励效果。如我国农村公共文化服务缺乏资金投入的激励，难以更好地挖掘和保护特有的农村文化资源，难以更好地培训和引进农村文化人才；我国农村公共文化服务供给还普遍缺乏对农村文化组织扶持激励政策和措施，难以激励和很好地扶持农村文化组织，提高农民文化需求的自我供给能力；我国对农村志愿组织和志愿行为也没有相应的激励措施，农村文化产品捐赠活动和志愿文化活动，都没有得到政府相应的支持和鼓励，事后也没有相应的表彰和奖励。

总之，我国农村公共文化服务供给虽然取得了巨大成绩，但是在供给主体、供给内容、供给方式和供给运行机制方面仍存在诸多障碍，需要深入农村基层，进一步深入分析产生农村公共文化服务有效供给障碍的深层原因，增强农村公共文化服务供给的针对性和有效性。

二　有效供给障碍的原因剖析

农村公共文化服务供给在供给主体、内容、方式以及运行机制等方面存在多重障碍，它们是造成当前农村公共文化服务供给多种问题的根源，要解决农村公共文化服务在供给与需求方面存在的匹配和平衡问题，消除供需之间区域差异性，提高农民对农村公共文化服务的满意度，较好地满足农民基本文化需求和有效维护农民基本文化权益，因此，有必要进一步分析我国农村公共文化服务供给障碍产生的原因。这些农村公共文化服务有效供给障碍的深层原因是多样的，归纳起来主要体现在以下两个方面：

（一）认识方面的原因

长期以来，我国在农村公共文化服务供给方面存在认识偏差，是导致农村公共文化服务供给存在诸多障碍，认识偏差的主要表现有以下三个方面：

（1）非农化的思想观念。我国长期存在非农化思想，造成农村公共文化服务的忽视，是建设农村公共文化服务体系受到严重挑战的重要原因。这种非农化的思想由来已久，十月革命胜利后，苏俄认为要改变落后的农业国状况，就必须实现工业化。为实现工业化，苏联采取的办法就是通过农业补贴工业、农村补贴城市的方式，发展重工业来实现国家现代化，逐渐形成非农化的思想传统。新中国成立后也一直坚持这种非农化的思想观念，也采取苏联重工轻农、重城轻乡的发展模式，实行不均衡的供给制度。我国的公共文化供给也是如此，重城市的公共文化供给，轻视农村公共文化服务的供给，致使农村公共文化服务供给总量严重不足，导致我国农村公共文化建设发展滞后，农村公共文化生活贫乏。当前我国农村公共文化服务供给存在着农村供给水平整体比较低，与政府的供给方式密切相关，与我国"重城轻农"非农化思想观念紧密相关。

（2）重经济轻文化的思想观念。改革开放之初，我国最为紧迫的任务是大力发展生产力，解放生产力，以经济建设为中心，以缩小与发达国家的差距。在相当长的一段时间内，经济建设成为主战场，其他建设退居其次，我国逐渐形成了重经济轻文化的建设局面。这就导致将资源投入到经济建设之中，而对文化建设的投入较少。尽管我国的经济建设取得了巨大成就，但在公共文化基础设施建设方面成绩却不大，连许多城市的公共文化设施都很陈旧简陋，更不用说农村了，在广大农村地区，一些公共文化设施，如乡镇电影院大都年久失修而消失，农村有些地方仅有的公共文化设施，可能就是中小学的操场和校舍。虽然自中央"十二五"以来提出一系列文化大发展大繁荣的政策措施，各级政府开始越来越重视文化建设，重视公共文化服务的供给，但是由于文化建设的周期长、见效慢，不易在短期内取得较好政绩，轻视文化建设现象仍然普遍存在，导致一些基层政府对农村公共文化服务的投入力度小，提供农村公共文化服务也多是走走形式，主要以完成上级任务和追求政绩为目的，而不是以满足农民基本文化需求为目的，有意或无意地忽视农民所需所想。

（3）对政府供给职能认识存在误区。萨瓦斯认为公共服务具有三个基本的参与者：生产者、提供者、消费者[1]。由于对公共文化服务上存在认识误区，部分政府及其公务员把公共服务的"提供者"角色和"生产者"角色等同起来，分不清公共文化服务中生产者和供给者的关系，于是将"提供公共服务"看成"直接生产公共服务"。同时，由于在认识上对生产者和提供者有较大误区，导致在农村公共文化服务的领域里，政府直接提供和生产纯公共文化服务、准公共文化服务，甚至想垄断公共文化服务供给，从而导致政府提供农村公共服务供给效率低下

---

① E. S. 萨瓦斯：《民营化与公私部门的伙伴关系》，周志忍等译，中国人民大学出版社2002年版，第67页。

和质量低劣，同时也导致市场和社会主体又不能很好参与农村公共文化服务的供给。我国基层政府和公务员对公共文化服务职能认识存在误区，一直没有很好地实现职能从管理到服务的转变，政府部门提供公共文化服务是以自我为中心的，公务员特别是许多基层公务员也没有把为公民、企业和社会提供服务作为自己的工作职责，服务意识比较淡薄，有较为严重的官本位的思想。这些认识误区造成政府垄断农村公共文化服务，也造成农民公共文化服务的真实需求表达被忽视，造成供需错位，供给的低效或无效。

（二）体制方面的原因

农村公共文化服务供给存在的多重障碍，深受城乡二元供给体制、政府文化行政管理体制和公共财政体制的影响，农村公共文化服务供给运行机制不畅，多元主体参与不足，单一供给方式的负面影响等，与现存体制弊病密不可分。

（1）城乡二元文化供给体制有弊病。城乡二元文化供给体制弊病造成我国农村公共文化服务供给总量不足，供给内容质量不高。随着《中华人民共和国户口登记条例》的颁布和实施，我国城乡分割的二元户籍管理制度以法律形式开始确立起来，与其配套的生活生产资源供应制度也不断地制订和完善起来，形成具有中国特色的城乡二元供给体制。在城市，国家长期实行以城市为中心的政策，在公共文化服务供给上，政府对城市公共文化服务供给是体制内供给，政府财政统支统供，财政投入力度大而又有保证。在农村，公共文化服务供给长期以来是以体制外供给为主，主要靠村乡镇自筹解决，向农民征收额外费用来支撑当地公共文化服务，这种体制外供给只是税费改革后才得以改变，但城乡供给不均情况依然存在。农村经济发展水平滞后、农业人口众多、政府财力有限和农村区域广阔等多方面原因，政府有意或无意忽视农村公共文化服务的供给。政府财政对农村公共文化服务的投入长期严重不足，也造成了我国公共文化服务缺少公平性，而且使工农差距、城乡差距越拉越大[①]。这种中国特色城乡二元供给文化体制，导致城乡公民文

---

① 徐小青：《中国农村公共服务》，中国发展出版社 2008 年版，第 57 页。

化权益存在很大差距，农村公共文化服务的供给缺乏应有的人财物支撑，农村供给内容质量很难有保障，供给总量也必然不充足，农民的文化需求也不可能得到有效满足。城乡二元文化供给体制上的弊病造成城乡文化供给不公平不均等的供给，是农村公共文化服务供给总量严重不足、供给内容质量普遍低下的重要体制原因。

（2）文化行政管理体制上有弊端。我国文化行政体制仍然是比较封闭的管理体制，存在政府信息公开程度低、政府决策透明度差和人们参与公共服务难度大等诸多问题，造成人们对政务信息和政府决策项缺少知情权，社会对公共文化部门缺乏监督权，政府部门及工作人员容易为部门私利而滥用行政权力，也造成多元主体参与困难，政府单一供给方式成为常态，政府供给方式固化；同时封闭型文化管理体制还造成政府绩效考核缺乏外部评价，造成政府提供的农村公共文化服务很难以农民公共文化需求为出发点，供给内容政府说了算，公共文化服务供给难以做到供需对接；我国的文化行政体制还是一种条块分割严重的管理体制，造成在农村公共文化服务领域的政府部门和事业单位众多，政府公共文化服务供给政策难以协调，加大政府履行公共文化服务职能的难度，也会造成农村供给运行机制运行不畅；此外，我国文化行政管理体制是一种压力型管理体制，这种自上而下逐级分解下放任务的压力型文化行政管理体制，使农村公共文化服务供给的任务按层级逐步传递给基层政府，基层政府承担过多上级政府公共文化服务的责任和压力。基层政府为了完成上级的任务，只好选择性运用一切已有资源，按照上级政府的意图去提供相关的公共文化服务，造成基层政府带有浓厚的行政管制色彩，服务意识薄弱，这也导致农村公共文化服务的政府主体供给缺乏活力，其供给内容单调贫乏，农民的合法利益受到损害。

（3）公共财政体制不够合理。我国的财政体制属于投资型财政体制。这种投资型财政体制要求投资收益回报，要求 GDP 的增长和财政收入的增加，竞争性行业就成了政府财政投资的重点，经济领域投资多，财政支出的比重大，收益大，见效快，而社会文化领域财政投资却是收益少见效慢，资金投入往往是有去无回，导致财政对社会领域投入少，对文化领域的投入更少，致使我国公共文化服务方面的财政投入不足，而农村相比城市弱势的地位，我国农村公共文化服务投入远远低于城市公共文化服务的投入。此外，通过 1994 年财政改革，我国建立了分税制财政管理体制，在财政分配上的关系，分税制较好地理顺和规范中央和地方政府之间的关系，但是分税制削弱了地方政府财力已是不争事实，基层政府财力的严重不足，导致许多中西部地方政府财政是吃饭财政，只能保证公务员的工资和公共事业单位人员的基本工资，地方政府很难有足够的财力来提供农村公共文化服务，致使一些农村公共文化服务供给只是流于形式，更谈不上提供多元优质的公共文化服务。

第二节　农村公共文化服务需求有效表达的障碍及其原因剖析

　　湖北的实证分析表明，当前农村公共文化服务需求旺盛而供给短缺，农民参与文化娱乐的方式极为有限，能够经常参与的公共文化活动极少，公共文化设施的使用利用率极低，文化消费整体水平较低等问题，显示出农村公共文化服务需求的实现程度低，同时农村公共文化需求与供给的契合度较低，农村公共文化服务需求与供给存在区域差异性，这些问题与农村公共文化服务需求有效表达存在障碍有直接联系。优化农村公共文化服务供给，解决农村公共文化服务供需匹配和平衡问题，必须正确认识和把握需求存在的障碍及其原因，找出需求方面存在问题的症结。

一　需求有效表达障碍的表现

　　农村公共文化需求有效表达的障碍表现在多方面的，需求有效表达的渠道闭塞、农民缺少需求表达的动力和能力、政府公务员的服务意识不强和基层组织绩效考核不科学，都是农村公共文化需求难以有效表达的主要障碍。

（一）需求有效表达的渠道闭塞

　　我国农村现存需求表达渠道既有乡镇人民代表大会及村民委员会等正式渠道，也存在网络和农村民间文化组织等非正式渠道，但无论是正式渠道还是非正式渠道都不能很好发挥其真正作用，农村文化需求难以有效表达。

从正式渠道看，我国乡镇人民代表大会及村民委员会不能真正有效发挥反映民意的功能。乡镇人民代表大会，每年举办一次，主要是通过审议人大代表审议报告，决定乡镇内重大问题，它本应是最基层的人民当家做主，反映民意的国家权力机关，在基层农民需求表达发挥重要作用，但是当前乡镇人代会普遍存在人代会权力虚设，审议报告流于形式，基层代表无话语权的弊病，致使政府工作报告合乎实际有效需求的内容较少，报告的审议程序只是走走形式，也致使不少代表缺乏积极性，无法代表基层农民，无法表达农民的公共文化服务需求；在现行的体制下，村委会必须接受党和政府的统一领导，其日常资金来源主要来自政府财政转移支付，深受乡镇政府的直接控制，难以按照自己的事情自己定的原则进行自我管理，这就造成村委会过多顺从政府组织，在农民的文化需求表达方面难以发挥应有的作用。

从非正式渠道看，网络和农村民间文化组织等渠道运转不畅。这些非正式渠道也是一种农民需求表达的重要渠道，但是由于农村网络建设落后、农村民间文化组织发展缓慢以及农民在教育、文化和技术等方面局限性，通过网络等非正式渠道反映其文化需求的形式，在农村可以说刚刚起步，使以往网络渠道在反映农民文化需求方面作用甚微，农村民间文化组织发展滞后，而且大部分是临时性的组织，很难发挥其反映农民文化需求的作用。非正式渠道的载体在农村公共文化服务作用不大。总之，无论是正式渠道的载体乡镇人民代表大会和村委会，还是非正式渠道的载体网络和农村民间文化相关组织，都存在较多问题，农民的需求表达渠道不畅通，农民处于失语状态，缺少话语权，严重影响了农村公共文化需求的有效表达。

（二）农民缺少表达文化需求的能力和动力

我国农民缺少表达其公共文化需求的能力。由于需求表达能力与文化教育水平密切联系，农民文化教育水平普遍不高，农民的文化程度以小学和初中为主，而通常作为农民的公共文化需求的代表的农村文化精英又流失严重，致使农民没有能力很好地表达他们的文化需求。由于农民都是以原子形式独自存在，农民文化的自组织形式发展滞后，农村缺乏能真正代表农民利益的组织，致使在农村公共文化服务供需双方的博弈中缺少代表农民利益的组织，农民不能够以适当的自组织形式参与公共文化服务供给的对话，不能较好地表达其文化需求。因此，我国农民的公共文化服务需求表达的能力不足。

农民缺少表达文化需求的动力。由于农村经济发展水平相对落后，农民收入较低，致使部分农民一般都是忙于日常生计，农民一般不愿花更多时间和精力，去向有关部门表达其文化需求；同时，由于我国封建主义思想影响深远，"臣民"的思想造成一部分农民与官无争，逆来顺受的心态，造成我国农民即使对政府的文化供给不满意，也有能力表达其文化需求，却不愿表达其真实的文化需求。因此，我国农民的公共文化服务需求表达的动力也不足。

（三）政府公务员的服务意识不强

新公共管理理论强调以顾客为导向，政府要为顾客服务。政府权力来自公民授予，政府接受公民的监督，为公民服务。政府应以公民本位、社会本位理念为依据，将自己定位为公共服务者的角色，承担相应公共服务的责任。这就要求政府公务员必须拥有较强的服务意识，但是受长期传统观念的影响，官本位的思想对政府公务员影响深远，在对待农民群众问题，存在"重权利轻责任"、"重管理轻服务"的问题，政府公务员没有把全心全意为人民服务作为宗旨，也没有贯彻以人为本的理念，没有从本质上把自己当成服务者的角色。部分公务员不是将自己当作人民的公仆，对农村公共文化服务供给尽职责和尽义务，而是把自己当成救世主，把自己应尽职责和应尽义务看作是对农民的救济和施舍，颠倒了主仆关系；部分公务员不求无功，但求无过，没有强烈的服务意识，工作缺乏主动性，遇事推诿的现象还比较普遍。政府公务员的服务意识不强，不尊重农民的主体地位，不能在农村公共文化服务过程中以农民的文化需求为导向，不尊重农民意愿和要求，对待农民的文化需求表达往往是回应冷漠。政府公务员的服务意识不强，是农村公共文化需求不能有效表达在认识方面的障碍。

（四）基层组织绩效考核制度不科学

公共选择理论认为，政府是相对独立利益的行为主体，政府公务员有自身的利益。在政绩考核、职位升迁及经济利益的驱动下，政府公务员会以自身利益最大化为目标，往往会利用掌握的公共资源，提供不反映农民需求的公共服务，寻求 GDP 的增长，财政收入的增加，个人收入的增加，以维护部门或个人的利益。当前偏重于经济发展和政绩考核的考核制度，使得基层组织为了自身的利益需求，主要侧重经济建设而忽视文化建设，主要侧重短期体现政绩的门面工程，而忽视为农民真正需要提供公共文化服务，或从自身的绩效考虑，而不是从满足农民的文化需求出发，提供相关公共文化服务，这样的服务很可能就会忽视或无视农民的文化需求。为了优先完成与自身的政绩和利益相关的任务，政府对行政村的农村公共文化服务供给效果的考核，也往往停留在表面层次，不能准确地考核农村公共文化服务供给的真实情况，农民的文化需要容易被忽视。基层组织绩效考核不科学，是农村公共文化需求有效表达在考核层面的制度性障碍。

二　需求有效表达障碍的原因剖析

造成农村公共文化需求有效表达障碍的原因，主要表现为：一是政府供给体制存在缺陷与不足；二是农村基层民主制度不健全；三是农民深受小农思想和世俗文化影响；四是代表农民利益的村委会功能缺失；五是农村民间文化组织发展滞后。

（一）政府供给体制存在缺陷和不足

从政府方面看，现有政府供给体制在政府供给决策、供给职责以及供给重点在诸多方面存在缺陷和不足，致使政府公务员缺乏服务意识和基层考核制度不完善。

现有政府供给体制造成公务员官本位的思想浓厚，容易缺乏服务意识，忽视农民的需求。政府拥有我国农村公共文化服务供给主要资源，依循自上而下的决策途径进行决策，为基层农村提供各种公共文化服务。然而各级政府难以准确把握农村的需求，决定提供的公共文化服务是以政策文件规定的形式下达的，带有很强的指令性，而且按照统一要求执行，而农民需求具有多样性和地区差异性，农民是根据自有文化资源和自己文化生活条件来决定个体的文化需求，加总成农民公共文化需求难度较大，政府很难了解农民真正的公共文化需求。在这种供给体制下，一方面，消费与供给存在不可避免的信息不对称，容易导致供给与需求的脱节；另一方面也强化了公务员和政部门的权力，增长了公务员官本位的思想，公务员容易缺乏服务意识，忽视农民的需求表达。

现有政府供给体制中容易忽视基层组织的绩效考核的合理性和科学性。农村公共文化服务具有的"公共性"，必然要求政府承担其供给的主要职责，但是有关我国政府的公共文化服务的职责，一直没有明文划定，哪些公共文化服务应由中央和省政府承担公共文化服务的供给职责，哪些公共文化服务应由地方政府特别是基层乡镇政府承担供给职责，缺少法律上和制度上的明文规定，以致本应由中央和省政府承担的公共文化服务的供给职责，基层政府却承担较多的供给责任。政府供给主体职责错位，致使承担农村公共文化服务供给的绩效责任的主体不容易确定，上级往往从经济建设成就来考核基层政府和基层组织，以经济绩效的考核代替公共文化服务供给的绩效，这也必然导致农村基层考核制度以注重政绩为主，造成农村基层考核制度极不科学，基层也只好有意或无意忽视农民文化需求。

（二）农村基层民主制度不健全

公共选择理论认为，为了克服政府失败，民主制度应该保障与公民平等对话，使民意能够得到尊重和体现。农村公共文化服务制度要求在提供公共文化服务之前，要发挥农民的主体作用，以农民的偏好和需求来决定提供何种公共文化服务，怎样提供这种服务，并在执行过程中接受农民的监督，督促基层政府和干部能够按照农民的偏好和需求来执行。但是现实生活中，由于基层民主制度不健全，农民对涉及自己切身利益的公共文化服务，缺乏应有的知情权、决策权和监督权。农村党支部书记和村委会主任往往大权在握，把村民代表会议和村委会视为形式，自己说了算。绝大多数的情况是，党支部会议决定代替村民会议和村民代表会议的民主。基层供给民主制度不健全，致使村委会工作存在缺乏规范性的制度要求，村民会议缺乏制度保障，村民会议流于形式和基层干部独断专行等问题，农民的文化需求和偏好不能够真实传达到上级政府部门，农村公共文化服务的决策容易偏离农民的意愿，农村公共文化需求难以有效表达。农村基层供给民主制度不健全，是需求有效表达渠道不畅的重要原因。

（三）农民固有小农思想和传统文化影响

在自给自足小农经济的农村地区，农民往往要通过各种关系网来解决农村中各种各样的问题。农民是中国社会世俗文化的承载主体，世俗文化成为影响农民行动的内在化的精神力量。受小农经济的制约和传统臣民意识的困扰和潜在影响，使农民的人格在一定程度上丧失了主体性和独立性。而村委会干部往往是农村家族的利益代言人，基于农村社会亲情礼法，农民往往听命于村干部，在人情的制约下隐藏自身真实的偏好，不能准确表达真实的偏好；而传统臣民意识，使多数农民有与官无争、逆来顺受的心态，只要不损害自身直接利益，政府怎么做都行，致使农民的公共文化需求缺少有效的表达意愿。农民固有的小农思想和传统文化的影响，造成农民没有文化需求的表达动力和能力。

（四）代表农民利益的村委会功能缺失

本来村民委员会是很好的代表农民利益的群众组织，但是家庭联产承包责任制实施以后，村委会逐渐丧失应有的服务、组织和协调农民群众的功能和作用，已无法成为农民利益的整合组织。因为家庭联产承包责任制在双层经营家庭联产承包责任制的实施过程中，往往是"有分无统"，特别是农业税减免以后，农村村委会主要经费来源于政府的划拨，使村委会实际成为一个半官方性质组织，无法成为农民利益的代言人。这就造成农民文化需求表达渠道和文化活动参与的渠道非常狭窄。村委会不能够很好地成为反映农民切身利益的社会组织，在这种状况下，农民正常的文化利益必然无法充分表达，供给内容和供给方式主要由政府做决策，农村公共文化服务供给就是体现政府官员的意志。村委会功能缺失，没法真正成为代表农民的利益代表组织，是农村公共文化需求有效表达渠道不畅的重要原因。

（五）农村民间文化组织发展滞后

农村民间组织是展开文化活动和提供文化设施的重要主体，对于辅导、培养和训练农村文化人才，反映农民真实的文化需求，组织开展农村文娱活动，保持农村文化活动经常性和持续性，丰富农民日常文化生活具有重要意义。由于农民生产生活比较分散、农村经济的相对落后以及青壮年劳力大量外出打工等原因，致使农村文化需求主体农民的自身组织能力不强，农村缺乏必要的民间文化组织，民间文化组织发展严重滞后。调查发现，以农民为主体的民间文化组织非常缺乏，绝大多数的农村只有逢年过节之时才有一些临时性自发农村文化组织。农村民间文化组织发展滞后，也是农村公共文化需求有效表达渠道缺失的另一重要原因。

总之，当前我国农村公共文化服务供给与需求存在诸多问题，主要是供给与需求中存在多重障碍造成的，需求障碍主要体现在农村文化需求表达渠道闭塞、农民缺少表达文化需求的能力和动力、政府公务员的服务意识不强、基层组织绩效考核制度不科学等方面；供给障碍主要体现在供给主体多元参与机制的不完善、供给内容质量不高、单一供给方式有多方负面影响和供给运行机制运转不顺畅等方面。造成供需困境的原因都是多方面的。农村公共文化服务供给应该以需求为导向，破解供需障碍，优化农村公共文化服务供给，解决农村公共文化服务的供需匹配及平衡的问题。

第八章 农村公共文化服务供给的优化对策

当前农村公共文化服务供给是供给与需求相互作用、相互影响的复杂的服务过程，面对当前供需不匹配和供需结构失衡问题，必须突破供给与需求方面的障碍，优化农村公共文化服务供给，以解决供需匹配和平衡问题。本章将以农民文化需求为导向，从突破需求障碍和突破供给在主体、内容、方式和运行机制等方面障碍入手，对农村公共文化服务供给进行对策优化设计。

第一节 突破农村公共文化服务需求障碍

萨缪尔森认为，要达到公共服务的最优供给，就必须充分考虑消费者对公共服务的需求状况[①]。面对农村文化需求表达渠道闭塞、农民缺少表达文化需求的能力和动力、政府公务员的服务意识不强、基层组织绩效考核制度不科学等影响需求有效表达的障碍，必须增强以农民文化需求为导向的自觉性，把握农民所需求的农村公共文化服务基本要求，完善农村公共文化服务需求表达机制等途径，破解农村公共文化服务需求障碍，这是优化农村公共文化服务供给，实现供需有效匹配与平衡的前提条件。

一 增强以农民文化需求为导向的自觉性

如上文所述，农村公共文化服务需求存在的障碍之一，就是政府公

---

① Samuelson P. , The Pure Theory of Public Expenditure, *Review of Economics and Statistics*, Vol. 36, No. 4（Nov. 1954）, p. 2.

务员缺乏服务意识，忽视或无视农民文化需求，因此，各种供给主体在提供农村公共文化服务的过程中，要以满足农民文化需求为出发点，尊重农民的需求意愿，增强以农民文化需求为导向的自觉性。

（一）满足农民文化需求是农村公共文化服务供给的目的

新公共管理理论强调以顾客为导向，奉行顾客至上，认为以公民是享受公共服务的"顾客"，坚持为公民服务取向，政府应以顾客需求为导向，尊崇顾客主权。政府的主要职能就是为公民提供公共服务，以服务对象的最大满意度作为公共行政追求的目标。我国社会主义文化建设的目的是不断满足人民群众的精神文化需求，而农村公共文化服务供给作为社会主义文化建设的重要途径和有机组成部分，这理应要满足农民的文化需求为目标，这是我国社会主义性质所决定的。在农村公共文化服务供给过程中，政府和其他供给主体要以农民基本文化需求的结构、需求偏好以及对公共文化服务的满意度，作为农村公共文化服务的供给的决策依据，并结合自身供给能力确定农村公共文化服务的供给内容和水平。农村公共文化服务供给的有效性主要标准，要以农民文化需求为导向，任何忽视农民需求的供给都是无效供给。因此，政府作为农村公共文化服务供最主要的供给主体，理应把满足农民的文化需求作为农村公共文化服务的供给目的，把农民的满意度和供给效率作为供给结果优劣的评价标准，维护农民基本文化权益，满足农民多样化的文化需求。

（二）满足农民文化需求是优化农村公共文化服务供给的必然要求

农村公共文化服务供给演变表明，在改革开放以前，我国一直强调文化要服务于党和国家的政治形势、政治任务需要，强调文化意识形态属性，实行高度集中的计划供给体制，文化服务基本上忽视了人们需求，文化服务供给的内容与形式取决于党和政府的意愿，导致我国农村公共文化服务供需错位和供需失衡。改革开放以来，农民群众的主体意识增强，供给主体逐渐多元，供给内容日益丰富多彩，农民的文化需求也日益得到多元主体的回应，文化服务的内容和形式日益多样化，但是忽视农民文化需求，代替农民决策，造成供不适求，供给无效的现象，仍然在现实中时有发生；有些政府领导为了追求任内的有形政绩，重硬件、轻软件，重有形，轻无形，致使基层农民难以享受到质量较高的公共文化活动和公共文化设施，农村的公共文化生活依然贫乏单调。因此，要实现好、维护好、发展好农民的基本文化权益，必然要求优化农村公共文化服务供给过程，从研究和把握农民文化需求入手，提供高效优质的农村公共文化服务，帮助农民解决精神文化需求。

（三）反映农民文化需求是调动农民参与积极性的有效方式

农村公共文化服务供给，没有农民群众的积极参与，是难以取得良好的供给效果。农民只有通过参与、体验和享受过程中才能感知和体现出农村公共文化服务供给的满意度，只有那些能够反映农民文化需求的公共文化服务，才可能吸引农民参与其中。同时，在实行市场经济的当今中国，政府再也不能也不可能包揽一切文化事务和文化服务的供给，也需要作为农村文化建设主体之一的农民群众和其他社会主体参与，才能使有关公共文化服务的供给效果更好，才能使农民的志愿供给和社会的志愿供给成为政府供给的重要补充。农民的志愿供给和社会的志愿供给受到农民普遍欢迎的重要原因，就是这些社会力量的供给能够较好地反映农民的观点、看法和意愿，农民可以较好地反映自身的文化需求，使农村公共文化服务供给内容更贴近农村，更加贴近农民，更加贴近生活。农村公共文化服务效果好不好，农民自己最有发言权。实践证明，只有真正反映了农民文化需求的农村公共文化服务，才可能调动农民的积极性。农村文化建设是为农民服务，农民理应成为农村文化建设主体，发挥其主体作用。因此，要调动农民参与农村公共文化服务，就必须使农民对农村公共文化服务感兴趣，也就必须反映农民基本文化需求，以满足农民的文化需求为出发点。

二　把握农民所需的农村公共服务的基本要求

农村公共文化需求实证分析表明，我国农民文化需求表现出整体需求旺盛、需求形式呈现多样化、需求层次呈现高级化和需求选择呈现多元化等特征，而且由于农村家居环境、农业生产过程、农村生活方式、农民的文化程度与城市具有较大的差别，因此，农民对所需的公共文化服务的内容、形式、提供方式的特殊要求，要求所提供公共文化服务要符合农民的特点，要提供符合农村发展实际的、农民喜闻乐见的、优质便利的公共文化服务。

（一）农民所需要的农村公共文化服务内容要求

农民所需要的农村文化服务供给内容要符合农村发展实际的。我国幅员辽阔、人口众多、民族习惯和地方风俗有较大差异，各地经济发展水平不同，农民的经济收入有很大的差异，正如前文所分析，即使是在湖北省一个省域内，发达区域与欠发达区域，农民的文化需求呈现出较大的区域差异性。不同地区，农民的文化需求有较大的区域差异，因此，在保证基本公共文化服务均等化的目标下，农民所需要的农村文化服务要符合当地农村经济社会发展实际情况，农村公共文化服务的供给水平，现在只能满足基本的公共文化需求，还不能满足农民丰富多彩的文化需求，所以供给水平要与农村经济社会发展相适应，供给水平超前和供给水平滞后，都会给当地经济社会的发展带来不利影响。因此，在保障均等化供给目标的前提下，各地要根据本地经济发展水平，民族习惯和宗教信仰等因素，提供符合当地农村实际和农民真实需要的公共文化服务。

农民所需要的农村公共文化服务供给的内容要有助于提升农民的素质。保障农村公共文化服务文化权利是农村公共文化服务供给的目标，而农村公共文化服务权利是人的一种发展权利，侧重文化的发展、传播和享受，其目的就是通过文化倡导真善美，提升人的生活品质、抚慰心灵，促使人的全面发展，提升人的素质。因此，农民所需要的农村公共文化服务内容要能够提升农民的素质。调查研究表明，农民特别需求的公共文化活动有放电影、农技知识培训和外出就业指导培训等公共文化活动，电影院、文化活动站、体育场地等公共文化设施，这些公共文化活动和公共文化设施，与提高农民的文化素质和身体素质有关，这表明，农民开始感到市场竞争的压力，农民苦于没有一技之长，难以找到致富门路，因此，农村公共文化服务供给内容要从提高农村人口素质的高度，为农民提供解决教育、就业、健康、生产和生活等难题的公共文化服务，把传统农民培养成适合社会主义新农村建设的新型农民。

（二）农民所需要的公共文化服务形式要求

农民所需要的公共文化服务形式要求必须是通俗易懂。现阶段，我国大部分农民读书的年限比较短，文化程度也大都在高中及以下的程度，还有一定比例的文盲和半文盲的农民，从整体上讲，我国农民的文化水平比较低。有关知识的传授、法律和政策宣讲类的农村公共文化服务活动，要结合农民的实际情况，要联系农村实际，少讲或不讲"为什么"，多讲怎么做，怎么用，要注意实用性。在知识学习方面，要力戒生硬的说教，要用朴实的语言、寓教于乐的活动和用看得见的示范来作解释，做耐心细致的说明，才可能取得良好的服务效果。因此，农村公共文化服务形式要求必须是用理论联系实际和图文并茂等通俗易懂的形式，让农民易懂易学易用。

农民所需要的公共文化服务形式要求必须是喜闻乐见。在文艺活动方面，由于我国地域性文化形式丰富多彩，富有如同湖南花鼓戏、山东快板、陕西秦腔等有地域特色的文化形式，也富有具有地域特征的农村传统的文化艺术品种，这些传统文化形式和文化艺术品种对农民有较大的影响，成为群众喜闻乐见的文化艺术形式，农村公共文化服务供给应该注意将这些传统的文化艺术形式进行改造、充实和创新，把健康向上的新作品送给农民；此外，农村公共文化服务供给应该积极提供农村喜闻乐见的公共文化活动，如玩狮、舞龙、划船和山歌比赛，沟通乡亲的情感，消除劳作的辛苦，活跃农村文化气氛，满足农民的文化需求。

（三）农民所需要的公共文化服务提供方式要求

农民所需要的农村公共文化服务提供方式应该多样化。我国农村文化具有地域特色，不同地域农村文化还受当地风俗习惯、民族传统和宗教信仰的深刻影响，各个区域的不同民族以及同一民族的不同地区，其文化需求呈现出多样性和差异性。农村公共文化服务提供方式必须多种多样，以应对千差万别的农民的文化需求。要以农民文化需求为导向，从各地现实情况出发，制定不同的文化政策，以基本公共服务均等化为目标，对不同地方实行差异化的供给，满足各地农民有差异的文化需求，切忌用"一刀切"的方式，用统一的供给政策，提供相同内容和形式的公共文化服务，这样势必脱离不同地区农民的实际文化需求，农民对所提供的公共文化必然缺乏兴趣，也就会降低农村公共文化服务供给效率。因此，农村公共文化服务提供方式必须多种多样。

农民所需要的农村公共文化服务提供方式必须便民经济高效。我国农村地域广阔，有的行政村离乡镇中心有几十里的路程，让农民集中起来到镇中心，享受公共文化服务相对困难，更不用说到县市中心去享受某种公共文化服务，在西部和交通不便的山区尤其如此。前文的实证分析表明，农村公共文化服务满意度评价比较低的文化服务项目，就有乡镇综合文化站、县级图书馆和博物馆，它们满意度较低的原因之一就是不够便民经济高效。农村公共文化服务提供方式必须便民，让农民就近就便地享受公共文化服务。同时，农村经济水平较为落后，农民的收入不高，农村公共文化服务提供方式必须经济，不可让农民费时费力费钱。农村公共文化服务提供方式必须便民经济高效，这就要求要以建立村级公共文化服务供给网络，以直接服务于农民的村级公共文化服务供给为重点，能够让农民就近就便参加农村公共文化活动，就近就便利用公共文化设施，尽可能减少农民参与文化活动开支，使农村公共文化服务提供方式真正做到便民经济高效，增强农村公共文化服务的吸引力。

三 完善农村文化需求的表达机制

（一）农村公共文化服务需求表达机制

农村公共文化服务需求表达机制就是指在民主的框架下，通过一定的政策和措施，使农民文化需求能够充分表达，得以实现的过程中所形成的一系列相关规则和制度体系。农民对农村公共文化服务的真实需求，是恰当选择供给主体、内容和方式的决定性因素，只有了解了农民的文化需求，才有可能实行精准化的供给，保障供给不偏离需求的方向。任何不能反映农民真实需求的供给决策，都是无效的决策。任何不能反映农民真实需求的供给，都是无效的供给。完善的需求表达机制是优化农村公共文化服务供给的前提要件，也是破解农村公共文化服务需求障碍的主要途径。

（二）农村公共文化服务需求表达机制不畅

现行的农村公共文化需求表达缺乏有效的制度安排，农民文化需求往往难以进入政策议程。随着经济的快速发展，农村公共文化呈现出多元的文化需求，但是公共文化服务供给不是依据农民的需求来提供的，而是按照行政层级和人口数量等因素直接进行配给的。现有需求表达渠道的缺失，使农民群体的文化需求偏好不能够反映到决策层，使农村公共文化产品及服务供给缺乏针对性。调查发现，需求表达机制不畅表现为：一方面，农村公共文化先导性需求表达不畅。政府在公共文化服务供给前期，对公众的实际文化需求进行考察不够，造成公共文化服务供给与农民真实需求存在一定差距，反映农民需求的公共文化服务比较少。另一方面，农村公共文化回溯性的需求表达不畅。政府在供给后期，没有对公共文化服务的数量、类型和质量进行绩效评估，缺乏有效的反馈机制，难以甄别不合理因素，难以纠正偏差，保证农村公共文化服务供给的包容性和亲民性。需求表达机制不畅，致使农民的需求很难传达到供给决策部门。

（三）完善农民文化需求表达机制的主要途径

我国农村公共文化服务供给中一个较显著的障碍是农民文化需求渠道闭塞，现行的农村公共文化需求表达渠道不通畅，农民群众的公共文化需求往往难以进入政策议程。实现最优的农村公共文化服务供给，必须建立一个完善的表达机制，能够如实反映农民真实文化需求，能够畅通农民文化需求表达渠道，使供给决策真实反映农民的基本文化需求偏好，决策者依据这些需求和偏好做出供给决策，以确保最大化满足农民基本文化需求。

树立为人民服务的理念，提高政府决策能力。政府必须坚持"以民为本"的执政思想和"顾客第一"服务理念，深入了解农民真实的公共文化服务需求。政府工作人员应加强理论和业务学习，树立为人民服务的理念，强调以人为本，将农民的公共文化服务的需求和利益放在重要位置，改变从自身政绩和自身利益的需要出发做决策的做法，建立"自上而下"与"自下而上"相结合的供给决策机制，提高决策能力，积极为广大农民提供丰富的公共文化服务。

加快电子政务建设，提高政府收集和处理信息的能力。要通过电子政务网络，拓宽参政渠道，使之成为政府与农民间的一座电子桥梁，提高政府处理信息的能力。要通过适当途径，使农民和社会各界能够通过政府网站，以网络民意调查、投票、选举以及邮件等多种方式，表达民意和需求，并影响政府的农村公共文化服务供给决策；政府则要通过电子政务网络了解民意和基层的需求，收集各种需求信息，为农村公共文化服务的供给决策提供参考。电子政务网络能够推动政府官员与基层农民直接对话,使供给方政府与需求方农民之间,建立实时快捷的双向沟通,拓宽农民文化需求表达渠道,成为农民群众参与决策的网络平台,也有利于集思广益,促进决策的科学化和民主化,有利于培养农民的公民意识,提高农民参与政治过程热情,增强政府收集和处理农民的文化需求信息的能力。

完善需求反馈机制,提高政府识别纠偏能力。农民公共文化需求具有多样性、动态性和发展性等特点,客观上要求完善需求反馈机制,使农村公共文化需求信息能够顺畅地运行,使决策者和基层农民的公共文化服务信息能够实时动态交流,确保农民公共文化服务需求能够有效表达,能够有效影响供给决策,同时,要对文化需求进行识别纠偏,"需要对收集到的需求信息进行理性化的甄选识别,排除不合理的成分,凸显合理、有效的需求信息"①。因此,需要完善需求反馈机制,提高政府识别纠偏能力,真正把握农民公共文化需求方向,以维护农民的基本文化权益为出发点,为农村提供公共文化服务。

提升农民文化需求表达动力。农民要增强主人翁的责任感,认识到自身的文化需求必须由自己来表达,自身的文化权益必须由自己来维护和争取。为此,基层党团组织要做好政府及其工作人员的作风监督,认真贯彻群众路线,做好农民工作,消除农民对政府的畏惧心理,实现政府与农民之间的良性互动,农民也要增强权利意识,培养自身的表达意识,改变被动"等、靠、要"的习惯。

提高农民文化需求表达能力。首先,要想方设法提高农民整体文化素质。继续加大财力的投入,通过一系列教育培训措施政策提高农民整体文化素质和农村人口的文化水平,通过教育提高农民的需求表达能力。其次,想方设法提高农民政治素质。要启蒙和唤醒农民的民主意识,培养农民的民主习惯和民主思维,落实基层选举制度,完善基层人民代表大会制度,增强农民参政议政能力,通过民主训练提高农民的文

---

① 游祥斌、杨薇、郭昱青:《需求视角下的农村公共文化服务体系建设研究——基于 H 省 B 市的调查》,《中国行政管理》2013 年第 7 期。

化需求表达的能力。

畅通农民文化需求表达的正式渠道。伊斯顿的政治系统理论认为："系统中成员都会发生愿望的转换，他们必须以某种方式把愿望表现出来，以表明他们认为愿望应当通过约束性决策的形式得以实现。"① 这种理论告诉我们，构建农民需求表达的机制，必须要提高农民组织化和制度化的水平。在当今中国，提高农民组织化和制度化水平，就是要改革和完善基层自治制度和乡镇人民代表大会制度，开拓制度化需求表达渠道，通过健全村委会制度和乡镇人民代表大会制度，使基层领导人的当选完全取决于本地选民的投票，而非上级指派，同时农民或其代表可以投票表决公共文化服务项目，农民可以直接或者间接表达农民的文化需求，使改革后的村委会和基层人大及其领导人，都能够真正成为农民利益的代表，能够维护农民的文化权益，反映农民的文化需求。

畅通需求表达的非正式渠道。政府要大力培育和扶持代表农民利益及反映农民需求的非政府组织，如农民协会、老年人协会等，实现农民利益的表达与整合，高效率地代表农民群体利益，形成一支有影响力的社会力量，增进农民对公共文化决策的参与度，加强农民的文化需求表达能力，提升农民文化需求表达效果。要畅通网络，要充分利用现代计算机技术、网络技术和通信技术，建立农民会懂会用的网络体系，使农民间能够通过网络进行沟通和交流，能够有效利用网络来表达自身文化需求；要经常利用农闲时间，举行各类文化休闲活动，如练习书法、歌舞比赛、品茶、下象棋、唱戏等，利用举办这些活动的农村文化平台，让精英和热心人有机会来表达农民文化需求。

总之，要增强以农民文化需求为导向的自觉性，把握农民所需的农村公共服务的基本要求，完善农村公共文化服务的需求表达机制，从而突破需求的障碍，这是优化农村公共文化服务供给，实现供给与需求的有效匹配与平衡的前提。

---

① ［美］戴维·伊斯顿：《政治生活的系统分析》，王浦劬译，华夏出版社 1999 年版，第 98—111 页。

第二节　增强农村公共文化服务
供给主体的活力

依据公共产品理论，农村公共文化服务是一种公共性很强的公共产品，农村公共文化服务的有效提供，需要发挥政府提供公共产品的主导作用，合理划分政府、市场和社会在提供农村公共文化服务方面的相互关系，既要避免政府在农村公共文化服务供给方面的越位和缺位，又要避免政府在农村公共文化服务低效的单一的垄断供给，压抑市场和社会力量在提供农村公共文化服务的积极性。当前农村公共文化服务供给存在多元参与机制不完善的障碍，各个供给主体缺乏应有的活力和能量，不能较好地提供公共文化服务。因此，应该转变政府文化职能，激发政府的活力，创新市场供给形式，激发企业的活力，加大扶持力度，激发非政府组织的活力，提高供给主体的供给能力和供给的积极性，突破多元主体参与机制不完善的障碍。

一　激发政府供给主体的活力

我国政府职能可分为政治职能、经济职能、文化职能和社会职能四个方面基本职能，从公共文化服务的角度看，政府公共文化职能就是指政府在公共文化服务供给中所拥有的职责和功能，是政府对公共文化服务供给进行决策、指挥、领导和组织等的一系列政府行为。当前转变政府文化职能具有其必要性，要通过转变政府文化职能，注重把握政府文化职能转变方向，发挥政府提供农村公共文化服务的功能作用，激发政府供给主体的活力。一方面通过制度创新，减轻政府独自承担过多农村公共文化服务的责任和压力，使政府更有活力和精力去保障农村基本公共文化服务的供给；另一方面通过制度创新，使市场主体和社会主体有更多参与农村公共文化服务供给的空间，分担部分公共文化服务供给责任，减轻政府供给包袱，使政府更有活力和精力去做文化市场监管和社会力量的培育工作，激发政府以外供给主体供给的积极性。

（一）转变政府公共文化职能

转变政府公共文化职能是有效提供农村公共文化服务供给，激发政府供给主体活力的前提。我国一直实行的是政府高度集权的供给体制，政府几乎是唯一的供给主体，发挥着主导作用，但是这种以政府为中心的供给体制无法调动其他社会力量参与供给，各种社会资源不能够有效地融合在一起，因而容易导致政府提供农村公共文化服务会出现供给总量不足、供需契合度不高、供给低效或无效的现象。作为代表公共利益的政府供给，虽能体现供给的公平，却无法兼顾供给效率，只有转变政府公共文化职能，才能使在农村公共文化服务供给中政府供给更有效率，更能体现农民基本文化需求。只有转变政府公共文化职能，才能使政府在农村公共文化服务供给的决策层面仍然居于核心地位，发挥主导作用，同时给市场供给主体和社会供给主体提供更多的参与供给空间。因此，转变政府农村公共文化职能具有必要性。

（二）激发政府供给主体活力的途径

农村公共文化服务的有效供给，必须注重把握政府文化职能转变方向，必须发挥政府提供农村公共文化服务的功能作用，激发政府供给主体的活力。

注重把握政府文化职能转变方向。在我国传统管理体制下，政府及其公共文化管理部门具有多重身份，兼有组织者、管理者和所有者等角色，政府身份角色多重，包揽过多文化事务，这是造成我国农村公共文化服务供给内容单调、供给总量不足、供需错位和供给缺乏效率的重要原因。把握政府文化职能转变方向，其核心是政府逐步退出作为文化经营单位所有者的角色和微观公共文化活动的组织者角色，只扮演宏观管理者的角色①。为此，政府文化职能要实现如下三个转变：

在管理模式上，应实现从微观管理向宏观管理转变，辅以微观管理与宏观管理相结合。公共文化服务是具有较强意识形态属性和普通商品属性的特殊的公共产品，这使政府在对文化领域的管理模式不同于物质生产领域，政府除了要像物质领域那样，依靠产业政策，引导和调控文

---

① 陆祖鹤：《文化产业发展方略》，社会科学文献出版社 2006 年版，第 33—35 页。

化事业和文化产业发展，促使文化产业整体结构供需协调平衡，推动国家文化领域发展与该国经济和社会的发展协调一致，实现社会整体平衡发展，政府还要通过对文化领域的管理，保证本国文化的发展性质和方向。在我国，政府对文化进行管理，必须保证我国文化的社会主义方向、维护执政党的执政地位及中华民族利益，保障人民基本文化权益。因此，要坚持以宏观管理为主的方向，在宏观上对农村文化事业和农村文化产业的分类指导和微观上适当的行政指令，微观管理与宏观管理相结合，确保农村公共文化服务供给的政治方向和社会主义文化基本性质，确保国家文化、经济和社会协调协调发展。

在管理手段上，应实现从直接管理向间接管理转变，辅以直接管理和间接管理相结合。对农村公共文化服务生产单位而言，政府对文化具体管理手段有间接管理和直接管理两种方式，文化服务生产是思想和精神的生产，因而对公共文化服务的生产单位管理应区别于物质生产企业，其管理手段上要以间接管理为主，辅以适当直接管理。针对不同农村文化服务的生产类型，在管理方式上应略有不同。在对图书馆、博物馆、文物保护事业单位等公益性文化单位管理上，由于这些文化单位主要依靠财政拨款，具有明确的事业发展目标和责任，政府对这些单位的管理应制定国家公共文化政策、法规和措施，采取直接管理为主，使其面向全社会提供公共文化服务，以提高公共文化服务效率、质量和水平，而对其单位日常内部管理，应以间接管理为主，激发公益性文化生产单位的积极性；对于文艺院团和文化娱乐企业等经营性文化单位管理上，由于这些文化单位实际上是文化生产企业，政府应充分放手让它们进入市场，通过市场实现对它们的管理，政府通过创造良好的生产环境和政策环境，以间接管理为主，保证其基本方向正确。对电台、电视台和报社等非完全公益性和经营性结合型的文化单位，这些生产单位既有营利性又有公益性，其管理应采取直接管理和间接管理结合的方式，管理上要防止简单化，要摸清情况，区别对待。从减轻政府负担和调动生产单位积极性出发，要探索引入市场机制方式，不断探索间接管理的适用范围。

在管理内容上，要实现从管制向服务转变，辅以管制与服务相结合。在农村公共文化服务的供给中，政府更多需要做的是"服务"性工作和事务，为企业提供农村公共文化服务活动提供良好制度环境。首先，要构筑公平竞争的服务平台，制定有利于文化企业发展的文化法律法规，确保文化企业能够公平进入市场，参与市场竞争；其次，建设良好的文化产品生产和经营服务平台。政府要建立文化产品消费引导机制，提高人民的文化知识修养，建立一个规范有序法制完善的市场秩序，为企业提供良好宽松的市场环境，创造一个富有潜力的文化市场；最后，还要建设维护文化权益的保障平台。但与此同时，政府要通过法律、法规和政策的实施，加强对公共文化服务供给的监督与管理，维护企业的合法权益与农民的文化权益，维护文化产品的正常生产和经营秩序，保障农民基本文化权益，满足农民基本文化需求。

充分发挥政府在农村公共文化服务供给的功能。一般来说，政府功能是指政府在治理社会中所具有和发挥的作用。政府在农村公共文化服务供给的功能是通过政府公共文化服务供给，使政府在供给中发挥整合、导向、保障、调节和资源配置等功能，发挥农村文化管理者和农民文化生活调节者的作用①。为此，政府要充分发挥如下五个方面的功能：

一是整合功能。即政府通过农村公共文化服务供给，将党和政府所推崇的共同理想和价值观与农民文化权益结合起来，集中和动员农村可以利用的人力和物力资源，以实现农民基本文化需求为目的，发挥政府把农村社会结构的各个方面组合为一个整体中所具有的作用。政府农村公共文化服务供给的整合功能，有利于提高农民群众的凝聚力、净化农村文化环境和促进农村社会安定和谐，有利于国家和社会所追求的共同理想和价值与农民的相关文化利益紧密结合起来，对于发挥文化凝聚力具有重要意义。

二是导向功能。即政府通过制定文化政策、法律法规、规范性文件和执行措施，发挥指导农村公共文化服务供给的作用。导向功能主要表

---

① 胡惠林：《文化产业学——现代文化产业理论与政策》，上海文艺出版社 2006 年版，第 243—245 页。

现为政府依据文化政策和文化发展战略，对社会公共文化的发展战略和步骤的制定进行指导，对农村公共文化发展的长、中、短期规划的制定进行指导，对具体文化实施方案等内容进行指导。导向功能的充分发挥，可以保障农村公共文化服务政策的连贯性和一致性，保证公共文化服务供给的稳定性和持续性。

三是保障功能。即政府通过一定的文化服务供给，发挥政府在建设健康、有序、安全、和谐的农村文化环境所具有的保障作用。这种保障功能主要表现为，政府注重对农村文化管理和监督，维护文化市场秩序和农村文化安全，确保充足的建设经费和文化活动经费。政府还要通过公共文化服务供给的立法和执法，规范各类供给主体的行为，打击各种非法文化行为。保障功能有利于建造一个公平、公正和有序的农村文化环境，建立有人力、财力和物力保障的文化保障体系和文化制度系统，保障农民的基本文化权益。

四是调节功能。即政府通过多重手段，对农村文化市场进行间接或直接的干预和调控，实现政府对农村文化市场进行宏观调控和微观管理中应具有的作用。政府调节手段，既包括货币金融、财政税收和收入分配经济的手段，也包括制定有关文化法律和法规等法律的手段，还包括多种行政处罚手段和行政制裁措施。调节功能有利于调节农村文化资源，规范农村文化市场秩序，维护国家意志和实现农民的文化权利统一。

五是资源配置功能。即通过政府的供给，使农村公共文化服务供给人员、资金、技术等农村文化资源实现合理配置，发挥政府在农村文化资源配置中所具有的作用。充分发挥政府资源配置功能，对于协调平衡农村公共文化服务供需关系，加大农村公共文化服务的投入力度，实现多元主体积极参与重大农村文化服务项目，形成城乡一体化的供给格局，实现基本公共文化服务均等化具有重要意义。

总之，通过转变政府的文化职能和增强政府的文化功能，一方面通过制度创新，使政府更有活力和精力去保障农村基本公共文化服务的供给；另一方面通过制度创新，使市场主体和社会主体有更多参与农村公共文化服务供给的空间，减轻政府供给负担，使政府更有活力和精力去做文化市场监管和社会力量的培育工作。

二　激发企业供给主体的活力

当前以企业供给为主的市场力量在农村公共文化服务中作用越来越大，在整个农村公共文化服务供给中扮演重要的角色。企业供给主体能够通过市场机制的作用，较好地解决政府供给缺失、供给效率低效等问题，因此，要正确认识企业参与供给的必要性和可能性，创新企业参与农村公共文化服务供给形式，增强企业供给主体的供给能力，激发企业供给主体的活力。

（一）企业参与供给的必要性和可能性

企业要承担社会责任，决定了企业应该参与农村公共文化服务供给。企业社会责任是指"企业追求有利于社会长远目标的一种义务，是企业管理道德的要求，完全是出于企业的自愿行为"①。企业承担部分公共文化责任是企业所承担社会责任的延伸，是企业通过其营利行为或慈善行为参与公共文化服务供给而承担的一种有利于社会文化发展的义务，是体现其企业存在社会价值的一种体现。同时，虽然企业是一个以营利为目的的经济实体，但是现代企业责任理论认为，企业应该也必须参与农村公共文化服务的供给。企业应承担更多的农村文化服务供给责任，不仅有利于农村文化的发展，也有利于企业开拓农村市场，获得农民消费群体的认可，具有潜移默化的作用。企业参与农村公共文化服务供给，增加农村公共文化服务供给的资金投入，减少政府财政压力，有利于形成公私伙伴关系。因此，企业参与农村公共文化服务供给具有必要性。

同时，"每一公民都不由'一个'政府服务，……大多数公共服务产业都有重要的私人成分"②。多中心治理理论认为公共服务提供主体必须多元化，强调政府、市场、社会主体要共同参与公共服务的供给，政府并不是唯一的提供者，其他提供者也可以提供公共产品。由于公共

---

① 周三多：《管理学——原理与方法》（第五版），复旦大学出版社 2009 年版，第 164 页。

② ［美］文森特·奥斯特罗姆、埃莉诺·奥斯特罗姆等：《公益物品和公共选择》，载迈克尔·麦金尼斯《多中心体制与地方公共经济》，毛寿龙译，上海三联书店 2000 年版，第 114 页。

文化服务供给可以区分为生产与提供两个方面，包括计划、融资、生产、提供和监控等多个环节，所以企业可以成为农村公共服务参与主体。企业完全可以以某种形式参与到生产和提供农村公共服务之中，参与到农村公共文化服务供给的多个环节。因此，企业也完全可能参与提供农村公共文化服务。

（二）激发企业供给主体活力的途径

新公共管理理论认为，大多数农村公共文化服务，政府可以通过合约购买和凭券消费等形式支付相关费用，由有关企业来生产和提供，而且有一些文化服务，如专业性的戏剧表演、音乐会等，还必须由文化企业来生产和提供，离开企业的生产和供给，农村公共文化服务不可能达到理想效果。因此，要鼓励企业参与农村公共文化服务供给，需要进一步创新企业参与农村公共文化服务供给的形式，激发企业供给主体的活力。

完善国民合办的企业参与供给形式。要通过国民合办的企业参与供给形式，使企业在农村公共文化服务供给中充当合作者的角色。Barbara Gray 认为，当各个组织认识到单独行动不可能通过完成使命，将组织资源交给多个实体组建的新实体而联合行动时，合作就产生了①。农村公共文化服务供给中，政府与企业组织合作方式在实践中越来越普遍，政府和企业可以联合生产，或者一方独自生产，或者是双方都生产农村公共文化服务，由政企投资第三方生产。企业作为农村公共文化提供者和生产者参与合作，和政府同时成为农村公共文化服务供给的安排者。企业与政府合作方式的不同，衍生出企业在国民合办中不同地位和身份。而政府和企业以各自不同的身份，组合成多种国民合办形式，合作提供农村公共文化服务，如通过国民合资的形式，企业与政府共同举办农村公共文化活动，共同兴办农村公共文化设施；又如通过政府购买形式，政府作为购买方，企业作为生产者，合作提供农村公共文化服务。因此，要进一步完善国民合办的企业参与供给方式，加强企业与政府合

① Gray B. , Conditions Facilitating Interorganizational Collaboration, *Human Relations*, Vol. 8, No. 10 (1985), pp. 911–936.

作方式和途径探索，充分发挥企业作为政府合作者的作用。

完善国办民助的企业参与供给形式。通过国办民助的企业参与供给形式，使企业在农村公共文化服务供给中充当辅助者的角色。国办民助是指在政府作为提供者的基础上，企业通过特定平台，以农村文化服务的捐赠者与赞助者的身份，参与有关农村公共文化服务的供给。国办民助的具体形式可以分为文化捐赠和文化赞助两大类。文化捐赠属公益捐赠范畴。文化捐赠过程包括适用法律、捐赠人、受赠人、捐赠物和捐赠用途等构成要件。企业文化捐赠是企业为履行社会责任，依法无偿为农村公共文化服务提供有关资金、技术、实物、劳务或服务。企业文化赞助就是企业作为赞助方，以资金、技术、实物、劳务或服务的形式，与文化艺术事业机构等被赞助方开展合作，实现双方目的的行为。企业对农村公共文化活动和公共文化设施等的捐赠和赞助，在一定程度上弥补了政府财力、物力、技术和劳务等方面的不足，是对政府提供的农村公共文化服务的有力补充，能够扩大农村公共文化活动和公共文化设施的经费来源，对丰富农村文化生活内容和形式具有重要作用，有助于推进农村文化事业的发展和繁荣。因此，政府要完善有关企业捐赠和赞助的相关法律制度，建立接受企业捐赠和赞助平台，使企业在农村公共文化服务供给中充分发挥辅助者作用。

完善国助民办的企业参与供给形式。要通过国助民办的企业参与供给形式，使企业在农村公共文化服务供给中充当兴办者与提供者的角色。萨瓦斯指出，政府既能作为一个安排者，也可作为一个生产者，私人部门也一样[①]，农村公共文化服务既可以由企业来兴办，也可以由政府来兴办。国助民办是指在政府身份限定为辅助者和支持者的基础上，主要由企业担任公共文化服务的兴办者与提供者的角色，主要由企业来提供农村公共文化服务。企业作为农村公共文化服务的兴办者与提供者，实质是农村公共文化服务的主体资格从政府转移到企业，是一种公共文化服务民营化过程。随着国家对发展文化产业的重视、文化企业的

① ［美］E. S. 萨瓦斯：《民营化与公私部门的伙伴关系》，周志忍译，中国人民大学出版社 2002 年版，第 60 页。

快速发展、企业投资文化产业的经营模式以及政府管理的创新经验的积累，农村公共文化服务供给由企业作为兴办者的方式，越来越受到政府和社会的欢迎。根据企业兴办领域划分，当前国助民办的企业参与农村公共文化服务供给主要领域有举办公共文化活动、保护文化资源和文化遗产以及塑造文化理念等方面。台州市"百分之一公共文化计划"建设实践证明，国助民办的供给方式，对于扩大农村公共文化资金来源，创新农村公共文化设施建设的内容和形式，增强企业供给的主动性与自觉性，具有较大的促进作用。因此，要进一步完善国助民办的企业参与供给方式，合理界定企业和政府在公共文化服务供给中的分工与合作关系，调动企业参与供给服务的主动性和积极性，使企业在农村公共文化服务供给中充分发挥兴办者与提供者的作用。

完善国有民营的企业参与供给形式。要通过民营企业参与供给的形式，使企业充当经营者的角色。国有民营的企业参与供给方式是政府作为提供者角色，企业作为经营管理者的角色，政府与企业分工和组合而形成的农村公共文化服务供给方式。依据所有权与经营权分离理论视角，企业既可以是国有独资也可以是公私合资的经营管理者，实现多种"国有民营"实践类型，企业以经营管理者身份，参与农村公共文化服务供给。政府与企业的所有权和经营权不同的组合在政府（国家）拥有所有权的情况下，企业经营公共文化服务可分为直接经营、租赁—建设—经营、建设—转让—经营和部分建设—整体经营四种主要类型。无论何种形式的国有民营类型，都遵循"政府主办、民资经营"的理念，农村公共文化服务供给中，所涉财产的所有权归国家，经营权归企业，是市场主体力量参与农村公共文化服务供给的一种选择方式。国有民营的企业参与供给方式，缓解了基层文化人才的不足和文化设备制约现状，使政府从具体操办事项中解脱出来，节约了服务成本，提高了文化项目运营效率。总之，完善国有民营的企业参与供给方式，使政府从"办文化"向"管文化"转变，打造一种农村公共文化服务供给的新格局。

总之，要完善国民合办、国办民助、国助民办和国有民营等企业参与农村公共文化服务供给形式，激发企业的活力，提高企业参与农村公共文化服务的积极性和主动性。

三　激发非政府组织的活力

目前我国农村公共文化服务供给主体中，政府供给的力量仍过于强大，过于单一，我国的非政府组织在农村公共文化供给中的力量较小，参与机制也不够成熟，实力也较弱。在我国农村，主要存在着一些半官方性质的非政府组织，如农村村民委员会、妇联组织和共青团组织，以及一些自发的民间业余文化组织形式的非政府组织，如歌舞团、健身队和节假日演出小组等，这些非政府组织不追求营利，逢节假日和农闲时期进行一些公共文化活动，极大地丰富了农民的文化生活，要在充分认识非政府组织参与供给必要性的基础上，鼓励和扶持非政府组织参与供给，激发非政府组织的活力。

（一）非政府组织参与供给的必要性

非政府组织参与公共文化服务的供给是现代社会发展的一种趋势，它在加强社会沟通、增加公共服务、促进政府职能转移和促进社会就业等方面，与政府和企业相比具有独特优势。非政府组织供给是转变政府文化职能，弥补市场失灵、政府失灵、合约失灵的需要，有助于增加农村公共文化服务的供给，缓解政府供给总量不足，满足农民多层次、多元化、分散化公共文化需求，也有利于通过供给主体间的竞争提高供给效率。政府应该加大对非政府组织供给主体的政策扶持力度，弥补政府供给和市场供给的不足。

政府供给农村公共文化服务存在的缺陷，也迫切需要非政府组织来弥补其不足。政府提供农村公共文化服务存在其固有的缺陷。政府是绝大多数公共服务唯一供给责任主体。首先，由于政府财政收入的有限性，政府只能选择一些重点领域的公共文化服务作为其供给重点，政府不可能兼顾所有农村公共文化服务的供给；其次，农民的文化需求越来越多样化、对公共文化服务的质量层次要求也越来越高，使单一的政府供给主体越来越不适应农民文化需求的发展要求；最后，由于政府是唯一供给主体，容易形成自上而下供给决策机制，容易忽视农民真正的文化需求，造成供需对接错位、供需结构失衡等问题。

（二）激发非政府组织活力的途径

我国农村地域广阔，环境相对艰苦复杂，农民的文化需求多样化，在扶持和鼓励非政府组织参与供给方面，要拓宽筹资渠道，推动公共文化服务的社会化，建立文化人才服务网络，建构与非政府供给主体协同合作网络，不断提高非政府组织供给水平和能力。

拓宽筹资渠道。非政府组织的活动资金主要来源于各类慈善捐款。非政府组织要拓宽筹资渠道，深入城市、深入企业，筹集捐款，增强提供农村公共文化服务的财力；要深入有热心公益人士之中筹集善款，宣讲农村公共文化服务对农村和农民的巨大作用，力争筹集更多捐款；要通过积极替政府分忧解难，参与各种农村公共服务，与政府建立良好合作关系，积极争取政府的文化专项资金；要积极开展各类农村公共文化活动，进行精品文艺创作，成立各类文化基金会，争取社会资金注入；要充分利用政府优惠政策和各项免税减费行为，尽最大可能减少资金的支出。通过以上措施，开源节流，增强非政府组织提供农村公共文化服务的财力。

推动农村公共文化服务的社会化。在农村公共文化服务供给领域，可以探索政社合作供给模式。政府可以通过与非政府组织签订行政合同方式，使政府文化项目外包给非政府组织，通过行政合同来制约和管理非政府组织，发展合同外包式的供给方式。非政府组织与政府签订行政合同，政府购买其在农村提供相关文化服务，政府与非政府组织合作，进行农村公共文化服务的生产和提供。政府通过制定具体量化的考核指标和可操作的评估细则，由政府、专家和社会力量进行监督管理，推动农村公共文化服务由非政府组织供给，推动农村公共文化服务的社会化。

建立文化人才服务网络。针对农村基层缺乏文化专业人才的现实，政府要建立文化人才服务网络，为农村非政府组织服务，为其提供文化专业人才。政府要打破现在僵硬的编制体制，进行文化事业单位的编制改革，使体制内和体制外文化人才可以互相流动，加大对非政府组织人才的扶持力度；政府要加强对文艺人才的选拔、教育和培训，采取各种激励措施，如就业、招考公务员和研究生等方面优惠政策，建立一支高素质的文化志愿者队伍充实非政府组织，让非政府组织有充足文化人才服务于农村和农民，积极传播先进文化；政府要建立和健全覆盖全体农村文化志愿者人才服务的体系，建立全方位、多层次、立体式的农村文化人才服务网络，为非政府组织供给提供文化人才保障，使非政府组织的文化人才无后顾之忧，充分调动各类文化人才参与到农村公共文化服务的积极性和主动性。

建构与非政府供给主体协同合作网络。政府要想方设法，鼓励和扶持非政府组织参与到农村公共文化的供给之中，动员更多的文化资源，参与农村公共文化服务供给，尽可能满足农民的基本文化需求，维护农民的基本文化文化权益，使得农村公共文化的供给形成一个协同合作网络，其中政府居于核心地位，发挥主导作用，发出供给指令，协调、引导合作网络，它同时要接受来自非政府供给主体的配合指令。非政府供给主体在协同合作网络中处于协同配合地位，发挥其供给优势，分担其供给责任，提高农村公共文化服务效率。

总之，由于具有不同的价值取向和利益诉求不同，政府、市场、非政府组织等主体会产生各种矛盾和冲突。因此，在农村公共文化服务的供给中，必须要增强农村公共文化服务各个供给主体的活力，使政府在农村公共文化服务供给中充分发挥主导作用，鼓励和扶持企业和非政府组织积极参与农村公共文化服务供给，明确农村公共文化服务供给中政府、企业、非政府组织的责任，激发多元主体参与供给的活力与积极性，为农村提供更多更好的公共文化服务。

第三节　丰富农村公共文化服务供给内容

农村公共文化服务供给内容存在质量明显不高的障碍，致使农村公共文化服务缺乏吸引力，丰富农村公共文化服务供给内容，提高农村公共文化服务供给内容的质量和吸引力成为当前农村公共文化服务供给亟待解决的重大课题。本节主要依据农村公共文化服务按形式上的分类，来研究如何丰富农村公共文化服务供给的内容，提高供给内容的质量，提出应该从健全农村公共文化服务的基础设施网络，广泛开展各种农村公共文化服务活动，充分发挥多元供给主体优势，大力提升内容的思想品位等方面入手，来丰富农村公共文化服务供给内容，突破其质量明显不高的障碍。

一 健全农村公共文化基础设施网络

基础设施是农村公共文化服务供给的重要内容，也是衡量供给水平的硬指标。农村公共文化服务基础设施网络，包括县级、乡（镇）级和村级的各种农村公共文化基础设施和设备。县级网络主要包括博物馆、图书馆和发射转播接收设施等基础设施和设备，乡（镇）级网络主要包括剧院、文化广场、综合文化站等基础设施和设备，村级网络主要包括村文化中心、文化室、农家书屋等基础设施和设备。健全农村公共文化服务基础设施网络，就是要健全县、乡、村三级农村公共文化服务基础设施网络。健全农村公共文化服务设施网络主要应做好以下工作：

做好基础设施的软件建设。基础设施软件建设主要内容就是做好有关农村公共文化服务基础设施规划和有关制度建设。由于基础文化设施投资大、周期长，为了防止文化设施利用率低，使基础文化设施建设陷入"废了建、建了废"的怪圈，造成资源的严重浪费，基础设施建设必须要以农村经济社会发展实际为依据，以县（市）为单位，统筹县域农村文化建设资金，广泛听取学者和农民群众的意见，做好本县（市）内农村公共文化服务基础设施规划；软件建设要以村级文化设施为重点，优先就近建设与农民切身文化利益密切相关设施；软件建设要有计划地推进设施达标指标设计，使农村公共文化服务基础设施与本地经济社会发展相适应，为广泛开展公益性文化活动提供达标的依据；软件建设要完善农村公共文化服务文化设施的有关制度建设，健全文化机构岗位责任制和目标管理责任制，建立文化设施设备的维护、保养和使用制度、服务公示制度和文化资产保全制度，创造提供服务的良好的制度环境，以提高公共文化设施的社会效益和经济效益。

重点完善村级服务硬件网络。由于我国农村幅员辽阔，日常文化生活中，农民真正到县乡文化设施去从事文化活动的可能性非常小，建设农村公共文化服务基础设施网络应该以就近和便利性为原则。要建立以农户为对象和以村为重点的基层硬件网络，形成一套完整的村级文化设

施服务网络，便于农民接受和利用文化设施，解决农村公共文化服务
"最后一公里"的问题，就地实时满足农民多样化的文化需求；完善村
文化活动室建设，有条件的乡镇还可以建立村小组文化活动室，使村文
化活动室实现"一室多用"，并明确规定由村干部或村小组长具体负
责；此外，要充分利用农村中小学校的图书室、电子阅览室和文体设
备，让它们能够定时向附近的农民群众开放，发挥农村中小学校在开展
农村文化活动中的重要作用。

充分发挥现有文化设施的作用。要管好和用好现有公共文化设施，
充分发挥现有文化设施的功能和作用。要充分利用县级的图书馆、文化
馆、纪念馆、博物馆、艺术院团和爱国主义教育基地等公共文化事业单
位的基础设施，开展各种面向农民的公益性文化活动；要充分利用这些
事业单位在资金、资源和人才等方面的优势，加强对村文化室、文化中
心户和基层艺术团体的指导与帮助，鼓励它们深入农村基层，贴近农民
生活，提供多种公共文化服务，将它们的公共文化服务职能向农村延
伸；要充分利用县级文化馆、县级图书馆、乡镇文化站、广播电视信息
平台、电影放映网络系统和网上剧场等设施和设备，实现村文化活动室
一室多用，不断提高农村公共文化的服务水平。

二 广泛开展各种农村公共文化活动

农村公共文化活动是农民实现其基本文化权益的重要载体，联系农
民群众与文化生活的重要纽带。要积极在农村广泛开展公益性讲座活
动，大力发展农村节假日公共文化活动，积极开展农村群众公共文化活
动、继续开展"三下乡"公共文化服务活动和广泛开展其他各种文化
惠农服务活动，使农村公共文化活动丰富多彩。

广泛开展各种公益性讲座活动。在农村开展各种公益性讲座活动，
既能发挥其宣扬社会主义核心价值观、传承传统优秀文化、教育娱乐群
众和服务农村经济建设等方面的重要作用，又能为基层农民提供各种公
共文化服务，提高农村公共文化服务供给的吸引力。因此，要组织城市
各行各业专家和学者到农村社区举办各种公益知识讲座，通过广播、电
视、网络直播或录播等形式开办各种面向农村讲坛，联手打造传播公益
知识的农村公共文化服务平台；要组织理论界进行时事政治讲座，向农

民宣讲党的理论路线和方针政策、讲解形势政策和社会热点等问题；要组织科学界开展农业科技讲座，为农民讲解发家致富和科学技术等方面知识；要组织文艺界开展文化艺术讲座，为农民讲解传统文化知识与艺术与鉴赏等方面的知识；要组织教育界开展教育讲座，为农民讲解教养子女和孝敬父母等方面道德和法律方面要求。

大力开展节假日公共文化活动。各级政府利用本地民间文化资源，通过开展各种节庆文化活动，大力发展农村特色品牌文化活动，丰富农民的节假日文化生活。各级政府充分利用传统节日，如春节、清明节和重阳节等传统节日，利用现代节日和纪念日，如三八妇女节、五四青年节、六一儿童节、七一建党节、八一建军节、教师节、抗战胜利日、国庆节、宪法纪念日、国家公祭日，在农闲和假期举办节假日文化活动；各地还可以组织各种具有地方特色的节庆活动，如各种旅游节、登山节、漂流节、绿色食品节、养生度假节、民俗艺术灯会庙会，开展丰富多彩且具有地方特色的民间文艺活动、民俗表演活动和其他具有群众基础的公共文化活动，大力发展农村特色品牌公共文化活动；要在农村开展弘扬传统美德、弘扬民族文化、尊重女性、尊重教师、爱护妇女儿童和爱国爱党拥军等多种主题的节假日文化活动，弘扬社会主义的核心价值观和正能量，丰富农民的节假日文化生活。

广泛开展农村群众公共文化活动。农村群众文化活动是农民自愿参与的，满足自身文化生活需要的一种文化活动形式，丰富多彩的群众文化活动是提高农村文化实现自我供给、自我发展和自我满足能力的重要途径，对于农民群众陶冶情操，提高审美情趣具有重要意义。要开展农村群众文化活动，实现农村群众文化活动从政府供给到以农民为主自我供给转变；各级政府财税部门要把农村群众文化活动纳入税收减免计划和财政预算，采取减免税收，增加财政资助等手段，大力扶持和积极资助农村群众自办文化，探索公办民营、民办公助等有效形式，引导农民群众开展自办文化活动；各级政府要鼓励和资助热心公益的农民和有文化特长的农户组建文化专业户，扶持兴办农民文化书社、农民乐队、歌舞队、民办图书馆、民间业余或职业剧团，通过必要的政策支持和业务指导，引导它们在农村社区范围内提供各种群众性的公共文化活动；创新社会支援机制，广泛组织包括村委会、妇联、共青团、农村社区企业和个人在内的各种社会力量，积极提供基层群众性的公共文化活动；建立和健全支援农村文化建设长效机制，使各种涉农社会组织和企事业单位机关，能够大力支持农村群众性公共文化活动的供给。总之，广泛开展农村群众公共文化活动，丰富农民的日常文化生活。

继续开展"三下乡"公共文化服务活动。由中央宣传部、中央文明办和教育部等十二个部门，联合组织文化科技卫生"三下乡"活动，对于培育和践行社会主义核心价值观、丰富农民精神文化生活，推动城乡发展一体化，促进农村文化可持续发展具有重要意义。各级政府要面向基层深入农村，鼓励广大文化艺术工作者和科技卫生方面专家学者投身到文化下乡活动之中，努力为农民提供文化科技卫生方面各种服务活动，不断提升农民群众综合素质；文化教育和科技卫生等部门，要充分发挥自身人才和资源方面优势，深入基层，组织各种力量，为农村开展各种送文化活动；博物馆、艺术馆和其他公共文化企业都应该积极加入为农民送文化科技知识下乡活动，解决农民看戏难、看书难和看电影难等问题；县（市）图书馆、博物馆和文化馆，要在农村设立分馆，深入农村提供各种公益性的文化活动，充分发挥它们在乡、村两级图书室的辐射作用；各级各类报刊杂志要设有农村版或农村基层的专版栏目，各级广播电台和电视台要建办面向基层固定的农村频道和农村题材文艺节目，为农民提供丰富多彩、健康有益的公共文化服务；积极开展文化志愿活动，鼓励离退休文艺工作者、艺术院校学生、文化艺术专业人员和热心公益人士为农民群众提供文化服务；鼓励在农村设立有关"三农"问题的各种书刊发行网点和代销点，拓展农村图书出版物市场，提供多种农村图书刊物；采取政府补贴的方式，大力资助农村题材的电影、广播剧和电视剧制作的力度，保证农村题材文化作品在文艺出品总量中占有一定比例，并通过政府采购和派送政策措施，把这些文化作品作为农村公共文化服务，免费或优惠提供给农民观看。

广泛开展其他各种文化惠农服务活动。各级政府要树立大文化观念，继续推行文化惠农政策。把农村公共文化服务供给与新农村文化建设结合起来，把农村公共文化服务供给与农技普及、医疗卫生、农村教育有机结合起来，加大对公益性文化服务的经费投入，保障农民在看电视、听广播和读书看报方面等基本文化权益，推进农村文化大发展大繁荣；以提高中央台和省台入户率为重点，以提供更多更好的广播电视节目为目的，继续实施广播电视村村通工程，实现农村广播电视公共服务全覆盖，确保广播电视村村通长期有效运行；以实现农村一村一月放映一场电影的目标，加大专项资金投入，继续实施农村"2131"工程，丰富农村电影片源，解决农民看电影难的问题，丰富农村的文化生活；以共享综合信息服务资源为目的，加快农村文化信息资源共享工程建设，保障农民能够较好地共享农业、气象、教育、电信等方面的综合文化信息服务；以解决农民读书读报难为目的，继续实施农村重点出版物出版配送工程，使农民群众能够及时读到所需图书和报刊，继续实施乡镇综合文化站改造工程和其他惠农工程，配备必需的设备、人员和维护资金，保证这些工程发挥其保障农民基本文化权益的功能和作用。

三 充分发挥多元供给主体的优势

如前文所分析，在农村公共文化服务供给主体中，政府、市场和社会三方都有各自的优势和劣势，应该充分发挥各个主体的比较优势，增加供给数量、品种和质量，丰富农村公共文化服务供给内容，增加供给内容的吸引力。

充分发挥政府的比较优势。政府相对于市场和社会，政府提供农村公共文化服务有较多的比较优势。政府在农村公共文化服务供给中具有其他组织所不具备的强制力，可以通过税收强制来获得资金来源，具有资源丰富、资金雄厚和供给更注重公平等优势，它可以为农村公共文化服务供给提供可靠的物质保证，并能保证基本公共服务均等化的方向。政府要针对农村公共文化服务供给总量不足、城乡供给水平差异较大，而且供给具有区域差异性的现实，加大农村公共文化服务供给力度；以农民公共文化需求为导向，以农村文化活动和农村文化设施为重点，把农村短缺的、农民群众喜爱的文化服务送到基层农村社区；注重村级公共文化设施建设，注重村级文化人才的培训，加大农村公共文化服务供给资金投入力度，千方百计地满足基层农民的基本文化需求；我国各级政府要依据职责明确原则，合理划分事权和财权，通过法律和制度明确划分各自责任和分工，发挥政府的供给优势，丰富农村公共文化服务供给内容。

充分发挥市场的比较优势。相对于政府和社会而言，市场也有其比较优势。在农村公共文化服务供给中，市场供给主体有筹资方式灵活和筹资渠道多元的优势，能够有效地缓解政府农村公共文化服务供给的财政压力，弥补公共财政资金的不足，促进各供给主体通过竞争，激发主体供给活力和积极性，实现农村公共文化服务的最佳供给效率；市场供给还有助于满足农民对文化产品的种类、数量日益增长的要求以及个性化的需求。政府要采取各种优惠政策和措施，鼓励企业积极承担起公共文化责任，充分发挥市场比较优势。在农村公共文化服务供给中，鼓励企业通过用者付费、内部市场、补助、凭单等形式，多途径地参与具有较强公益性的农村文化服务的生产和提供，如对农村公共图书室和文艺馆等农村公共文化设施的供给、节假日文艺演出、农技培训活动和科普文卫知识宣讲活动等公共文化活动的供给等，另外，企业还可以根据市场供求关系，按照价值规律，提供农村图书、报刊、电影、戏曲等经营性文化产品的供给，满足农民多样化的文化需求。总之，要充分发挥市场比较优势，丰富农村公共文化服务供给内容。

充分发挥社会的比较优势。相对于政府和市场而言，社会也有其自己的比较优势。社会供给中非政府组织供给在许多农村公共文化服务供给领域，具有独有优势，其最大优点就是非政府组织供给能够在功能上替代政府解决许多文化供给问题，同时又具有较高效能，是政府供给和市场供给的有益补充。社会供给中农村社区供给容易把农民需求偏好和供给过程联系起来，关注农村实际问题的解决，能够较好了解农民的文化需求，使供给具有针对性，特别是开展各种文化活动更具有效率性。社会供给中志愿供给，能够让农村文化精英直接投身于农村公共文化服务供给，能够较好地丰富农村居民的文化生活，拓宽农村居民的公共文化服务的视野，较好地调动农民参与公共文化的积极性。因此，要利用社会供给中各个供给主体的相对优势，为基层农民提供更多公共文化服务，开展以行政村或自然村为中心的多项文化服务活动，如村民志愿组织歌舞健身活动和节假日文艺活动、农村文化精英组织各种农村公益文化活动、农村互助组织的农技知识培训活动、专家学者在农村免费的教育文化卫生知识讲座等志愿活动，以及农村文化热心人组织在农闲或传统节日到来时，走乡串户进行文艺演出活动等。总之，要充分发挥社会供给的比较优势，丰富农村公共文化服务供给内容，提高农村公共文化服务的吸引力。

四 提升农村公共文化服务思想品位

农村公共文化服务是国家公共文化服务的重要组成部分，农村公共文化服务供给是社会主义文化建设的重要途径。农村公共文化服务供给内容应该能够提高农民思想道德素质和科学文化素质，把农村公共文化服务供给与提高农民文化素质结合起来，与推进社会主义新农村文化建设结合起来，抵制农村各种低俗腐败文化，占领农村思想文化阵地。农村公共文化服务供给时，必须注重农村公共文化服务的思想内容审查，大力弘扬社会主义先进文化，自觉抵制低俗腐朽文化，不断提升农村公共文化服务的思想品位，提高农村公共文化服务的吸引力。

注重农村公共文化服务思想内容的审查。各级文化主管部门要从建设社会主义先进文化的高度，认真履行供给的监管职责。要从坚持农村公共文化的社会主义性质出发，加大思想内容的审查力度，剔除各种不利于社会正能量发挥作用的消极腐败因素，确保各种面向农村的公共文化服务在思想内容上反映中国人民的共同价值目标和价值需求，弘扬社会主义的主旋律，符合社会主义文化发展的基本要求。农村公共文化服务供给，要按照社会主义文化建设要求，自觉接受中国化马克思主义的指导，接受核心价值体系的审查，以农民的基本文化需求为导向，以满足农民基本的文化需求和文化权益为目的，积极推进我国农村社会主义和谐文化建设。

大力弘扬社会主义先进文化。农村公共文化服务的思想内容，必须坚持社会主义先进文化发展方向，大力弘扬社会主义先进文化。农村公共文化服务供给，应该顺应历史潮流，反映时代精神，体现人民群众的根本利益，反对一切腐朽落后文化，反映农民日益增长的多样化、多层次、多方面文化需求，使农村公共文化服务的思想内容具有鲜明的科学性、人民性、开放性和时代性；要注重农村公共文化服务的供给区域差异性和供需结构协调性，防止落后地区"黄、黑、赌"文化占领农村思想文化阵地；大力弘扬中国优秀传统文化，抵制封建落后文化和西方资本主义文化思潮，用社会主义核心价值体系引领农村社会思潮，确保农村公共文化服务在思想内容上弘扬社会主义核心价值观，弘扬时代精神和传播社会正能量。

自觉抵制低俗腐朽文化。低俗现象是低俗文化精神的具体表现①。农村公共文化服务供给，要自觉抵制低俗腐朽文化。要加强和改善党的领导，制定和完善有关公共文化服务供给的法律、政策和制度，引导广大文化工作者在参与农村公共文化服务供给中，自觉践行社会主义核心价值观，创作出弘扬社会主旋律和社会主义思想道德的作品；改造落后的文化，创新农村文化的内容和形式，抵制"黄、毒、黑"等腐朽文化，抵制不法的宗教文化，坚决抵制庸俗、低俗、媚俗之风，形成党委领导、社会参与、部门共管的工作机制和监管格局。要深化对农村公共文化服务供给内容的监管，要监督和控制低俗文化产品的生产和流通，从源头上消除低俗腐朽文化传播，教育和引导文艺工作者，提升公共文化服务意识，生产更多更好的符合人民群众需求精神的文化产品；要加强有关公共文化服务立法工作，特别是要注重农村公共文化服务的法律和制度设计，运用完备法律和制度设计，规范文化执法行为，完善公共文化服务的法制建设，为抵制低俗文化和腐败文化提供法制保障。

总之，从农村公共文化服务供给内容看，要解决其质量不高，缺乏较强吸引力的障碍，必须通过以上多种途径，来丰富农村公共文化服务的供给内容，满足农民日益增长的文化需求，维护农民的基本文化权益。

第四节　优化农村公共文化服务供给方式

我国农村公共文化服务的供给方式存在政府供给方式为主，其他供

---

① 王新刚：《低俗现象的本质及抵制策略分析》，《学术论坛》2013 年第 12 期。

给方式较为缺乏，供给方式单一的障碍，造成农村公共文化服务供给产生供不适求、条块分割、资源缺乏整合、缺少亲民性等一系列问题，因此，应该优化各种供给方式，促进农村公共文化供给实现形式多样化，有效地克服供给中政府、市场和社会供给方式的弊端，使农村公共文化服务供给方式更加灵活多样。

一　优化政府供给方式

政府供给方式是我国农村公共文化服务供给的一种主要实现形式，但是现阶段农村公共文化服务的供给对这种方式过于依赖，不但造成政府的人力、物力、财力资源的严重不足，而且也使其他供给方式无法有效发挥作用。因此，要明确政府供给方式的适用范围，通过制度设计克服政府供给方式的失灵，更好地发挥政府供给方式优势。

（一）明确政府供给方式适用范围

政府在农村公共文化服务中的职责可以从宏观、中观和微观三个层次来划分，依据政府职责，政府供给方式的适用范围主要可分为三个层面：

从宏观层面上，政府供给方式的适用范围包括：制定农村文化服务供给的方针、政策，明确农村公共文化服务的指导思想、原则和发展战略及规划；根据相关方针和政策，制定农村公共文化服务的相关法律、法规和条例和其他规范性文件，明确各级政府财政供给责任，保证政府对农村公共文化服务供给宏观调控渠道通畅和相关实施细则的有效落实；明确各个规划期的农村公共文化投资规模和方向，确定农村公共文化基础设施建设重点和文化建设项目完成指标要求；制定公共文化服务实施战略，确保有关政策、法律法规、条例等能够有效实施。

从中观层面上，政府供给方式的适用范围包括：制定具体农村公共文化服务供给项目的供给制度，协调政府部门与各个文化事业单位和公共文化企业之间的关系，明确农村基层党组织和基层政府、村民委员会、妇联和共青团及其他公共文化组织，在农村公共文化服务供给中的职责分工及权利义务关系；制定基层农村公共文化服务政策和措施，收集和提供农村公共文化需求信息，调节农村公共文化服务的供求关系；

制定农村公共文化服务的准入机制和公共文化服务均等化的指标体系和评价标准，确保企事业单位能够有效参与供给，提供均等化的基本公共文化服务。

从微观层面上，政府供给方式的适用范围包括：制定各个微观供给主体在具体提供农村公共文化服务供给过程中应遵循的规章制度，制定具体服务的操作程序，既要保证农村公共文化服务的微观主体独立的供给地位，又要引导和规范它们的供给行为；进行农村公共文化服务的人力资源培养、协调和分配工作，不断壮大农村社区公共文化服务队伍，为广大农村社区直接提供具体的公共文化服务；具体实施农村社区公共文化服务和工作监管，确保政府农村公共文化服务供给效率，使供需有效对接，实现农村公共文化服务供需平衡。

（二）克服政府供给方式失灵的对策

由于存在供给体制缺陷、运行机制缺陷、财政压力和一些文化供给制度缺陷，政府提供农村公共文化服务可能产生供给不足、质量低劣或维护乏力、供给过剩、供给错位等问题，因此，要通过转变政府的治理理念，引入竞争机制，加强法制保障，建立公开透明的监督制度等措施，克服政府供给方式的失灵，更好地发挥政府供给方式的优势。

转变政府的治理理念。我国现有行政体制是脱胎于计划经济基础之上的旧的行政体制，政府及其公务员的行政理念深受旧的行政理念的影响，如统治的观念、管制观念和官本位观念等都在一定程度上广泛存在，重视行政管制忽视公共服务。在农村公共文化服务中，这些陈旧的政府理念，严重影响政府提供农村公共文化服务的质量，既造成资源的浪费，又损害了农民的基本文化权益。因此，政府要转变陈旧的治理理念，坚持以人为本，以农民文化需求为导向，培养公共管理者的服务意识，从过去的政府中心主义向竞争服务行政转变，力争实现农村公共文化服务的制度化、公共化、公正化和社会化[1]。转变政府的治理理念是克服在公共服务中政府供给方式失灵的思想前提。

政府供给中引入竞争机制。根据新公共管理理论，公共部门可以引

---

[1]　崔琳：《政府公共服务理念创新的路径选择》，《中国行政管理》2009 年第 8 期。

进市场竞争机制，以提高政府部门的效率。现阶段，我国农村公共文化服务生产和提供几乎被政府所垄断，政府缺乏降低减少服务成本的压力和动力，导致农村公共文化服供给的效率低下，这种状况一直为人们所诟病。因此，我国农村公共文化服务供给中，可以引入竞争机制，让政府部门、非政府组织和文化企业，共同参与重要公共文化服务项目招标活动，增加竞争因素，提高供给效率。政府向农民群众提供某种文化服务，可以同时向政府内部的供给机构、当地文化馆、图书馆和群艺馆等事业单位和公共文化企业招标，以公共服务的数量与质量，来确定谁具体负责相关文化项目的供给。引入竞争机制，创造竞争环境，评判这些机构的工作绩效，可以较好地提高政府供给的效率。

加强政府供给的法制保障。农村公共文化服务政府供给中，涉及供需现状调查、文化资源的考察、政策制定以及绩效评估等内容，这些使政府及其工作人员，在提供公共文化服务时有较多运用公权力的自主空间，也给它们提供了为维护政府部门利益和官员自身利益的寻租机会。因此，要制定完备的公共文化服务法律法规和政策制度体系，保障能够做出科学的供给决策，保障公共文化服务供给能够如实反馈农民的文化需求，能够因地制宜提供相应的公共文化服务，保证农村公共文化服务的公平分配。这样既使政府提供农村公共文化服务时能够依法行政，避免因供需对接错位和效率低下而给政府带来的高昂成本，同时又使政府提供农村公共文化服务能够做到公正、合理与高效。

建立公开透明的监督制度。监督制度直接关系政府供给的公平和效率。要建立公开透明监督制度，使竞争规则透明化和政府官员活动公开化，让政府和官员处于公众监督之下，减少政府对租金的追求，减少官员的寻租机会，使政府和官员随时接受人们的监督。一些农村公共文化服供需对接错位、契合不高的原因，很大程度上是没有建立一个公开透明的监督制度，致使有些政府为了政绩而大建形象工程，一些官员为了照顾亲朋好友利益和自身利益而重复提供农民并不需要的服务。完善政府及其官员的权力内部纵向监督和同级之间的横向监督制度，强化政府内外约束和监督机制，防止政府在农村公共文化服务的供给中，偏离为农民提供服务的供给目的和基本公共文化服务均等化的方向。

二　优化市场供给方式

私人利益与公共利益之间的矛盾是公共服务供给中市场供给方式自身难以克服的痼疾，通过市场供给方式来提供公共文化服务，虽然具有供给效率，但是这种供给方式也可能导致一系列消极问题。比如与政府签订行政合同阶段会发生官员的腐败问题，合同签订以后又可能在服务的生产过程中出现数量短缺、质量不达标等问题。在农村公共文化服务过程中也是如此，农村公共文化服务市场供给方式容易造成服务供给不足、过度竞争、地区之间不平等、政府公共责任缺失等风险。因此，要优化农村公共文化服务市场供给方式，保证市场供给方式的高效，提高市场配置农村文化资源效率，预防和减少市场供给失灵，发挥市场供给方式的优势。

（一）营造市场供给的政策环境

完善市场供给的激励政策，努力营造市场供给的政策环境。农村公共文化服务可以分为不同服务项目，这些项目公共性程度并不相同。如农村基础文化设施，属于纯公共文化服务，而农村基层文艺演出活动有些却是准公共文化服务等。在制定公共政策的时候，也不能"一刀切"，应对不同农村公共文化服务给予不同的政策激励，制定有针对性的公共政策，激励市场主体提供更多的农村公共文化服务。对于一些纯公共文化服务性质文化产品，政府应在融资投资方面起主导作用，对参与服务供给的企业进行投融资服务；对于那些国有民营的企业，参与农村公共文化服务供给，应给予更多税收减免和财政补贴政策，为各类市场供给主体提供灵活的政策扶持，促进农村公共义化服务市场供给发挥更大的供给作用。在过去，我国农村公共服务基本上都是政府供给的，是被大家普遍接受的方式。农村公共文化服务市场供给对于农民来说，是一种新的供给方式，一些农民在思想观念上还是不能很好地理解和接受，对市场供给农村公共文化服务有偏见。在农村公共文化服务供给的问题上，要不断地消除只有政府才能提供公共文化服务的观念。政府要鼓励和支持市场供给，同时做好市场供给的监督，提升农民对市场供给方式的理解和信任，积极营造公平公正的政策环境，使市场供给方式成为农民乐意接受的供给方式，发挥市场优势来提高农村公共文化服务供给的效率和质量，努力为市场供给营造一个良好的政策环境。

（二）增强市场供给的有效性

加强制度创新，增强市场主体提供农村公共文化服务的有效性。要完善国民合办、国办民助、国助民办和国有民营的企业参与供给形式，使市场供给主体获得公共文化服务项目的不同程度的产权或经营权，通过产权制度创新，可以保障市场供给主体较好收回成本和实现其应有的利润，通过产权制度创新，使政府能够明确市场供给的重点领域，降低政府供给成本，提高供给效率。通过产权制度创新，使市场供给主体可以根据产权方面的法律，依靠产权制度的相关规定，维护自身权益，保护合法利益所得。因此，要加强产权制度创新，要尽快加强农村公共文化服务产权制度的建设，提高市场供给主体提供农村公共文化服务的积极性。一个良好的制度环境是农村公共文化服务市场供给有效的保证。

加大地方政府供给制度创新力度，增强市场主体提供农村公共文化服务的有效性。我国现有市场供给创新基本都是地方政府进行制度创新的结果。如佛山市南海区的"高雅艺术进剧场"活动、宁波市鄞州区文化惠民工程"天天演"活动，就通过公共文化服务外包形式，通过竞争机制的引入，既调动了市场主体的积极性和专业性，提高了公共文化服务的效能，也使政府专心于法律法规和政策环境建设，从具体的事务中解脱出来。要推动农村公共文化产品市场供给，势必要继续加大对地方政府制度创新的力度，要减少基层政府农村公共文化服务直接供给，加大农村公共文化服务间接供给的力度，通过合同外包、用者付费、内部市场、特许经营、补助、凭单等形式，加大对市场供给方式的支持和服务。通过加大地方政府制度创新力度，减少市场供给主体农村公共文化服务的行政审批等障碍和各种程序，减少各种不合理的行政干预，减少政府在市场供给农村公共文化服务过程中的寻租行为，推动农村公共文化服务市场供给的发展。

不断推进金融制度创新，增强市场主体提供农村公共文化服务的有效性。要建立完善的银行信贷制度，使银行能够为市场供给主体提供优质融资服务，增强微观主体企业提供公共文化服务的资金实力，拓宽农村公共文化服务市场供给的融资渠道。要建立公共文化服务专项建设基金，让大量的社会闲散资金，能够通过市场供给渠道参与农村公共文化服务的投资和融资环节，较好地服务于农村公共文化服务供给。

（三）防止市场供给失灵

农村公共文化服务市场供给方式容易造成服务供给不足、过度竞争、地区之间不平等、政府公共责任缺失等风险。因此，要建立完善的政府监管体系，完善市场供给的监管法律法规，建立职责明确的政府监管机构，建立外部监督体系，加强市场供给主体行为的监管，预防和减少市场供给失灵。

一要完善市场供给的监管法律法规。完善市场提供农村公共文化服务方面法律法规，明确市场供给主体的资格条件，明确何类主体可以承担何类农村公共文化服务，明确市场供给主体与各级政府部门的关系地位等内容，为政府对市场供给主体进行合理监管提供法律依据。

二要建立职责明确的政府监管机构。明确监管责任主体和监管牵头单位之间的关系，解决政府文化部门和其他监管部门之间职能交叉问题，避免农村公共文化服务市场供给监管过程中责任不明、彼此争功诿过等问题。明确确定农村公共文化服务市场供给监管的内容、标准和方法，提高监管的效率，确保监管的有效性。

三要建立外部监督体系。加强党委和人大等国家机关和新闻媒体等社会组织对政府监管机构的监督，既要防止政府监管机构的寻租行为，又要监督监管机构的缺位与越位。要通过外部监管体系的建立，保证农村公共文化服务市场供给主体行为符合法律规范，保证公平竞争的市场秩序。

总之，在农村公共文化市场供给方式中，政府作用是为市场供给主体提供政策和制度激励，为市场供给方式提供良好的政策制度环境，同时由于市场供给公共文化服务可能会出现某些负外部性问题，对此，政府要加强制度创新，激励市场主体增加有效供给，要对农村公共文化供给进行必要的监管和制约，预防和减少市场供给方式的失灵现象，发挥市场供给方式的优势。

三　优化非政府组织供给方式

由于非政府组织内在的局限性，像政府供给失灵和市场供给失灵一样,非政府组织也产生失灵现象,出现资源配置的低效,产生功能性和效率上的缺陷,因此,农村公共文化服务供给要充分发挥非政府组织的供给作用,必须从合理定位政府与非政府组织的关系,加强非政府组织自身能力的建设,加强非政府组织公信力的建设,依法依规从严管理非政府组织,完善有关非政府组织的法律法规,加强非政府组织的社会评估监督等方面着手,优化非政府组织供给方式,避免非政府组织失灵。

(一)合理定位政府与非政府组织的关系

虽然随着我国政府职能的转变,政府逐渐从一些公共服务领域撤出,一些非政府组织也逐步与政府分离和脱钩,成为完全独立和公益性的组织,在国家政治、经济社会、文化各个领域发挥了重要作用,但是我国的很多非政府组织依然是独立性差和依附性很强的半官方组织,不能很好发挥其应有的作用,非政府组织在我国农村公共文化服务供给中只能发挥着"拾遗补阙"的作用。在农村公共文化服务供给中,政府与非政府组织要合理定位彼此关系,形成一种平等的合作和相互竞争关系。一方面,为实现各自的目标,政府与非政府组织之间要形成一种合作关系,在具体农村文化供给项目中相互支持和帮助,充分发挥各自在供给上的优势,协同合作完成农村公共文化服务的任务;另一方面,政府与非政府组织之间存在互相竞争,在农村公共文化服务的供给中非政府组织与政府形成竞争关系,给政府提供一种外在的压力,促使政府不断提高农村公共文化服务水平。

在合理定位政府与非政府组织之间关系的基础上,明确政府与非政府组织要合理分工各自供给范围。政府与非政府组织在农村公共文化服务供给的范围划定上,要根据我国的实际情况,政府应从做不了和做不好的具体农村公共文化服务中退出,从能够以社会自治方式完成的农村公共文化服务中退出,从微观的农村公共文化服务中退出,将这些事务授权给非政府组织来提供相关服务,扶持非政府组织充分发挥其作用,而政府则主要从事市场和非政府组织不能完成的农村公共文化服务,肩负起相关农村公共文化法律和政策的制定和监督等职责,在宏观或全局的农村公共文化服务供给中承担更多的责任。

（二）加强非政府组织自身能力的建设

在农村公共文化服务供给过程中，非政府组织必须加强自身能力建设，实现组织自治与自律，重塑自己关注社会问题和代表公共利益的形象，不断提高自己独立性和生存能力，不断提高农村公共文化服务供给能力。首先，非政府组织要强化自身对独立性的追求。非政府组织与政府和私营部门进行交流与合作时，要坚持自己的使命和章程，不能丧失自己的思想和立场，只有这样，非政府组织才能赢得尊重和支持。其次，要加强非政府组织的运营管理。要把重点放在非政府组织财务管理能力的提升，应该努力超越预算不足的陷阱，注重服务手段的创新，解决组织的运营管理问题。再次，要提高非政府组织的公信度。由于拥有一定的法律和财务上的特权，非政府组织应采用透明的运作方式，建立完善的信息披露制度，采取积极有效的沟通措施，就资金使用和方案决策等内容，向公众做出充分的说明，自觉接受政府和公众的有效监督。最后，要提高非政府组织竞争能力。非政府组织之间要通过相互交流、合作学习、彼此借鉴，不断提高非政府部门供给能力。通过以上途径，不断加强非政府组织自身能力建设，解决非政府组织面临的合法性危机，不断提高农村公共文化服务供给能力。

（三）加强非政府组织公信力的建设

只有不断加强非政府组织公信力建设，才能确立非政府组织农村公共文化服务供给中的核心竞争力。非政府组织公信力可以通过以下途径来提高。第一，要注重组织使命。非政府组织应该把注重组织使命作为建设非政府组织公信力的前提，以使命为导向，用使命来赢得公众的支持和信任，用使命来提高员工和志愿者的凝集力。第二，划清与政府组织的产权边界。产权能够降低交易费用和减少外部性，作为政府和企业之间的"第三部门"，非政府组织有其独特的组织使命、社会功能和运营模式，政府组织应该通过产权制度来加强非政府组织公信力，应该通过产权制度明确非政府组织的公共责任，划清与政府组织的产权边界，才能为其公信力建设创造良好的基础。第三，加强法律监督。法律是社会信用健康、规范发展的基础，非政府组织公信力建设要以法律作为保证。由于缺乏商业领域中强制性的责任机制，非政府组织必须注重加强其公信力，其内部信息的披露、分析、发布、惩罚每一步都需要法律。非政府组织要处于不败之地，必须加强其公信力的建设，获得政府、企业和农民的理解、支持和信任，不断提高其在农村公共文化服务供给中的核心竞争力。

（四）依法依规从严管理非政府组织

随着改革的深入和人民权利意识的增强，越来越多的非政府组织正在不断产生、发展和壮大起来，它们参与农村公共文化服务供给的范围将日益广泛。我国为了保障非政府组织合法权益，宪法、法律、法规主要从两个大的方面规范了对非政府组织的管理：一是规范了非政府组织与主管行政机关的关系；二是规范了非政府组织与其所管理的事务相关的关系。这些内容包括对非政府组织的登记管理，如《社会团体登记管理条例》，该条例还详细规定了非政府组织的登记机构、非政府组织成立登记、变更登记、注销登记的条件和必经程序；包括对非政府组织的业务指导，如根据《国家民委社会团体管理办法》对国家民委主管社会团体，如社团的管理机构与职能、社团的性质和任务、社团的组织机构及管理等有关业务进行指导性规定；包括对非政府组织的监管，如《民办非企业单位登记管理暂行条例》，对民办非企业单位的监督管理；包括有关法律责任追究的规定，对非政府组织违反了法律和法规一般要承担行政责任、民事责任、刑事责任；还包括对非政府组织管理职能和权限的规定和对其管理行为不服的救济的规定。总之，要依法依规从严管理非政府组织，既要维护非政府组织合法权益，又要依法严惩非政府组织存在的不法行为，保障非政府组织参与农村公共文化服务供给，克服可能存在的各种非政府组织失灵问题。

（五）完善有关非政府组织的法律法规

非政府组织在提供农村公共文化服务应该有相应的法律法规保障其合法权利，调动其参与农村公共文化服务供给的积极性。尽管我国有关非政府组织的法律法规基本形成体系，涵盖非政府组织管理的基本方面，但是，现有有关非政府组织法律还存在不够健全和不完善的地方，有必要进一步在法律上规范非政府组织的管理行为，构建完善非政府组织的法律体系，以保障非政府组织的合法权益。要从思想上认识到非政府组织的重要作用，认识到非政府组织既有代表社会公共利益的一面，又有代表某些社会成员利益的一面，要摒弃对非政府组织的偏见，重视有关非政府组织的立法以及相关法律的完善；要组织相关研究力量，对有关非政府组织法律地位、职能、权限、范围及其他方面的理论研究，指导非政府组织的立法活动，建立一套具有中国特色的非政府组织的法律体系。从理论和实践的结合上，使非政府组织在提供农村公共文化服务方面，有完善的立法依据和可靠的法律保障。

（六）加强非政府组织的社会评估监督

加强非政府组织的社会评估监督。一方面可以促使非政府组织完善内部治理机制，改善非政府组织的组织架构和管理制度，反思农村公共文化服务工作中的薄弱环节和不足之处；另一方面，社会评估监督还有利于加强对非政府组织的监督与约束，增强非政府组织的绩效意识，有助于提高非政府组织在农村公共文化服务供给中的公信度，克服非政府组织在农村公共文化服务供给失灵。因此，进一步加强对非政府组织的社会评估监督，应建立一整套完善非政府组织评估监督体系。这个评估监督体系应该包括多元化的评估主体、评估指标和评估的组织者等内容。对通过非政府组织的社会评估监督，充分利用社会资源，使非政府组织自觉遵守国家法律法规和组织章程，自觉接受来自党政国家机关、社会团体组织和捐助者监督，依法依规和依照组织章程提供多样化农村公共文化服务，满足农民的基本文化需求。

四　积极倡导多元供给方式

多元供给方式在农村公共文化服务中优势比较明显，为政府、市场、社会三个部门创造了合作、监督、互补的平台，是一种较为理想的农村公共文化服务的供给方式。由于我国城乡二元供给的特殊国情，不同农村公共文化服务项目的公共性有差异，而且各个供给主体价值取向和利益诉求不同，因此，要在明确多元供给方式的优势基础上，理顺各供给主体间的关系，明确各供给主体的地位和作用，探求各供给主体间的互动合作交流机制，以达到形成农村公共文化服务多元供给方式，实现优化农村公共文化服务供给的目的。

（一）多元供给方式的优势

政府供给方式、市场供给方式、非政府组织供给方式，既可以单独提供农村公共文化服务，也可以合作共同供给提供农村公共文化服务，但是单一的政府供给方式会导致政府供给失灵，单一的市场供给方式会导致市场供给失灵，而单一的非政府组织供给方式也会导致非政府给织供给失灵。非政府组织供给失灵、市场供给失灵和政府供给失灵三者的同时存在，表明仅仅靠某一种供给方式，是无法满足复杂农村公共文化服务供给现实，因此，一种由政府、市场、非政府组织三者相互监督和合作供给的多元供给方式应时而生，它可以较好地发挥三个部门的比较优势，能够较好地实现农村公共文化服务的高效供给（见图 8 - 1）。

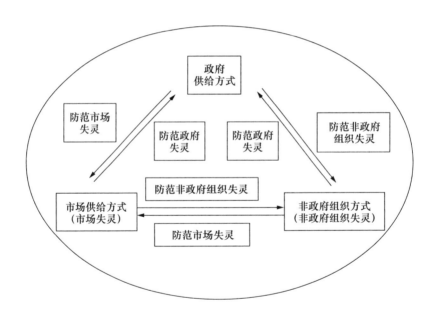

图 8 - 1 多元供给方式相互作用

从图 8 - 1 中可以看出，多元供给方式能够较好地融入了政府供给方式、市场供给方式和非政府组织供给方式，各种供给方式相互影响，发挥各自优势，弥补彼此的不足，能够有效地防范彼此的失灵。

多元供给方式有利于发挥政府供给方式的优势。政府供给方式在农村公共文化服务供给中，具有利用财政资金优势，能够提供稳定资金保障；具有制定供给政策优势，保障农村基本公共文化服务均等化的目标方向；具有配置农村文化资源，聚集和调配高质量、高产出的文化人才的优势，为供给提供人才支撑；具有运用强制行政手段的优势，对违法违规行为实施行政强制措施和实施行政处罚，监督供给的全过程。因此，政府供给方式可以较好地解决市场供给主体过度的自利行为问题、市场所不能解决公平供给问题和市场供给范围有限的问题，能够有效地防范市场供给失灵，同时，政府供给方式也能够较好地解决非政府组织资金来源缺乏稳定性，社会公信力不高，社会捐赠不足，志愿者参与有限，供给效果不尽如人意等问题，能够较好地防范非政府组织供给失灵。

多元供给方式有利于发挥市场供给方式的优势。在农村公共文化服务的供给中，市场供给方式也有自己的优势。在市场竞争机制的作用下，市场供给方式提供的公共文化服务更具个性化，形式更新颖、更有创新性，能够灵活地回应农民的文化需求，提供更加贴近农民的文化生活。这种供给方式有效率优势，能够高效地提供公共文化服务。因此，市场供给方式可以较好地防范政府供给中浪费严重、供给低效、供需对接错位、供需失衡等政府供给失灵问题，也可以较好地解决非政府组织的资金短缺，官方背景而导致公信力缺失及低效等非政府组织供给失灵问题。

多元供给方式有利于发挥非政府组织供给方式的优势。非政府组织供给方式也有自己的优势，在农村公共文化供给中，非政府组织供给农村文化服务可以防止"搭便车"现象，能够创造性地迅速确认并满足农民需求的能力，能够很好地满足农民公共文化服务的基本需求，公众参与度高，能够保证在参与者能力范围内的公益性和平等性，能够较好地维护基本公共服务的公平性，资金来源渠道多样，透明度较高，能够在市场和政府之间发挥着"拾遗补阙"的作用。非政府组织供给方式既能较好地解决市场供给中自利行为和公平性不足等问题，又能够较好地解决政府组织回应性不足、供需失衡和供给效率低等问题。因此，非政府组织供给方式在一定程度上可以防范市场供给失灵和政府供给失灵问题。

通过以上分析可以看出，多元供给方式能较好地克服政府供给失灵、市场供给失灵和非政府组织供给失灵的问题，是一种较为理想的供给方式。事实上，在一些地方的农村公共文化服务供给实际上就是采取政府购买、市场生产、非政府组织参与供给和监督的形式来进行的，如宁波市鄞州区文化惠民工程"天天演"活动就是采用这种形式，这实际就是一种多元供给方式。但是，多元供给方式也可能存在协调各中心联合行动的难题，如何构建多元供给主体间的关系、如何明确供给主体地位以及如何互动合作交流机制等问题，这些都是倡导多元供给方式必须要解决的问题。

（二）构建多元供给方式合作网络模型

根据多中心治理理论，多元主体的协作合作网络是多组织参与的重要治理形式，可以较好地协调主体之间的关系，更高效地利用相关资源，增强主体之间的竞争与活力，能够更好地提高公共服务水平。农村公共文化服务供给范围广，参与供给主体多元，供给内容复杂，涉及举办公共文化活动、建设公共文化设施、协调文化资源以及传统历史文化保护等方方面面，而且，供给可以通过多元供给方式来实现。因此，我们可以构建一个多元供给方式的合作网络模型，形成以农民的基本文化需求为导向，政府、市场、非政府组织有效合作网络化的治理结构（见图 8-2）。这个合作网络是由政府、市场、社会组织等多元主体组成，在生产、供给和消费的过程中形成了一系列复杂的关系网络，协调主体之间竞争冲突，降低讨价还价的成本，才能使各自的相对优势得以发挥，能够提高农村公共文化服务供给绩效。

在多元合作网络模型中，虚线框外侧代表农村公共文化服务宏观的供给环境，包括政治、经济、社会、政策和制度等环境。这些宏观环境决定了各供给主体之间的相互关系和角色定位。虚线框内侧代表微观供给环境，如农民的基本文化需求、农村公共文化服务供给中政府、企业和非政府组织的制度体系和它们之间的运行关系等，农村公共文化多元协同合作供给网络模型可以比较直观地表明，政府、市场、非政府组织和社区等供给主体之间的关系，也可以较好地从宏观和微观上定位供给主体所扮演的角色和应承担的职责。

政府、非政府组织、企业、农村社区为网络节点，其中以政府为主导，以农民基本文化需求为导向，农村公共文化服务各个供给主体，在

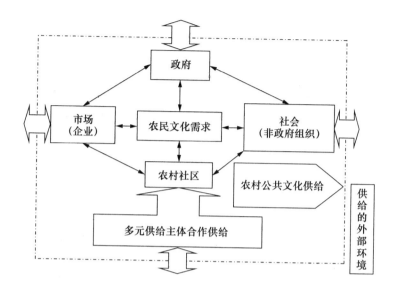

图 8 - 2　多元供给方式的合作网络模型

合作供给网络中的相互支持、分工合作和必要的竞争。多元合作供给网络的构建，使政府供给主体可以发挥其统领全局、维护社会基本公平、保障农村基本公共文化服务均等供给的优势，也使市场供给主体和社会供给主体能够参与农村公共文化服务的供给，既能够发挥市场供给的资金和效率优势，又能够发挥社会供给快捷灵活的优势，能够较好地适应农民文化需求多元化和区域供给政策多样化的内外环境。

多元合作供给网络的模型，比较直观地显示各供给主体之间的关系。完善多元供给方式能够较好地优化政府、市场及社会三者之间的关系，有助于实现政府上下级之间的协同合作和供给主体之间协同合作，有利于农村公共文化服务供给实现政府、市场和社会资源的最优配置，有利于及时回应农民的诉求，维护农民的文化权益。

（三）重构多元供给主体间的关系

重构多元供给主体间的关系可以从两个方面入手，一方面应理顺多元供给主体间的关系；另一方面，应该建立彼此合作信任又相互制约的主体关系。

1. 理顺多元供给主体间的关系

在农村公共文化服务多元供给方式中（见图 8 - 2），至少需要理顺以下几种关系：

第一种，理顺政府与企业的关系。企业是以营利为目的而存在的经济实体，虽然企业参与农村公共文化服务能够提高供给的效率，但是其参与到农村公共文化活动中也必然会带有营利性质的成分，因此，政府需要制定法律、法规、政策和实施细则，约束、辅助和监督企业提供农村公共文化服务的行为，并给予一定税收优惠政策，维护企业的合法权益。政府要处理好政府与企业之间的关系，引导和鼓励企业参与供给农村公共文化服务。

第二种，理顺政府与非政府组织的关系。非政府组织是以公益性和非营利性为基本特征的社会组织，它们可以从事多种农村公共文化服务。政府要通过制定法律法规政策、实行财政补贴和保障其合法权益等途径，扶持非政府组织的发展壮大。要处理好政府与非政府组织之间的合作关系，鼓励和激发其参与农村公共文化服务供给的积极性。

第三种，理顺企业和非政府组织的关系。企业和非政府组织也是一种合作关系，非政府组织可以从企业那里获得人力、财力和物资等多方面的捐赠和赞助，提高自身提供农村公共文化服务的能力，可以较好地实现非政府组织的使命。而企业可以通过与非政府组织的公益性文化活动，履行企业公共文化责任，提高企业在社会上的美誉度和社会形象。

第四种，理顺政府与农村社区的关系。农村社区组织通过建设公共文化设施、组织公共文化活动、参与公共文化建设等形式，直接参与了农村公共文化服务供给，而政府要通过财政拨款、建设基础文化设施、培训专业文化人才等形式来支援社区，通过社区及时了解农民的文化生活状况和基本的文化需求。

第五种，理顺企业、非政府组织与社区的关系。企业和非政府组织可以通过直接为农村社区提供资金、设备和文化人才帮助，来实现其对社区公共文化的供给服务，实现企业的公共文化责任和非政府组织的公益文化责任，而农村社区通过企业和非政府组织捐赠和赞助，提高了其供给农村公共文化服务的能力。

2. 建立彼此合作信任又相互制约的主体关系

一方面，政府、企业、非政府组织和社区之间要建立合作信任的关系。在这种合作信任的关系中，主体彼此间就会进行交流沟通和积极互动，使各供给主体角色能够定位更加合理，职责更加明确；在这种合作信任的关系中，各个供给主体利用各自优势，克服各自的有限理性和能力的缺陷，相互尊重对方利益，实现共同利益，为有效的农村公共文化服务供给提供了可能。企业和非政府组织也能为满足农民的基本文化需求提供大量的公共文化服务，在政府"做不了、做不好或不愿做"的公共文化服务供给的领域发挥其优势。另一方面，政府、企业、非政府组织和社区之间又相互制约。政府通过法律法规、政策条例、行政处罚手段和行政制裁措施以及行政合同等措施，管制和监督市场供给主体和社会供给主体，保障农村公共文化服务供给公平和效率；市场主体和社会主体通过需求表达、自主供给、参与竞争、监督评估等形式给政府施加压力，监督制约政府，弥补政府供给的缺失和不足，提高政府供给效率；市场主体和社会主体之间则通过人才、技术和资金相互支持与合作等形式相互作用相互制约。通过建立彼此合作信任、相互制约的主体关系，将多元主体整合成以满足农民文化需求为目的的高效供给整体。

（四）明确多元供给主体的供给地位

在农村公共文化服务供给多元供给方式中，各供给主体地位和作用是不同的，政府在农村公共文化服务供给中居于核心地位，但是依据农村公共文化服务的公共性和领域供给类型不同，各个供给主体的供给地位又需要灵活定位。

1. 政府在农村公共文化服务供给中居于核心地位

在中国的特殊国情里，尤其是在社会转型时期，政府理应在各供给主体之中居于核心地位。首先，由于我国政府掌握着巨大的资源优势和权力优势，对于农村基础文化设施等基本公共文化服务，政府都有责任提供相关服务，政府理应居于供给的核心地位，承担对基本公共文化服务的供给责任，并引导其他主体提供农村公共文化服务。其次，我国仍然是一个城乡发展不平衡的大国，完善的市场经济体制尚未建成，公民社会发育也不够成熟，导致作为供给主体的企业和非政府组织参与供给不充分，要使企业和非政府组织发挥主导供给作用也不切合我国农村实际。最后，由于市场、非政府组织各自有不同利益和价值观，在供给中有时会为了它们自身利益和先天的缺陷，进而损害公共利益的行为，企业和非政府组织的作用不应过高估计。因此，政府应该处于供给中的核心地位，给予企业和非政府组织必要的财政支持，实行税收减免政策和其他优惠措施，积极引导它们参与农村公共文化服务供给，保障政府、市场与社会三者有机合作，使多元供给机制有效运转，实现农村公共文化服务的有效供给。

2. 灵活定位供给主体在不同农村文化领域中的供给地位

农村公共文化服务是一个相对复杂公共产品，有些是纯公共产品，有些又是准公共产品。根据我国农村文化领域供给的不同类型和不同特点，要灵活定位各供给主体在不同领域的供给地位。具体而言，可分为以下三种情况：

在农村公益性文化领域，坚持政府供给为主，以社会供给和市场供给为辅。农村公益性文化领域由于其公共性的程度不同，对政府发挥作用的要求也有所不同，但都应坚持政府供给为主。比如农村公共文化设施的供给，政府应当发挥主导作用，明确政府的供给责任，引导鼓励市场主体和社会主体增加投入，扩大其他非政府主体的供给优势；对于包括镇文化站、农家文化大院和农家书屋等农村公共文化设施，由于投入规模较大，资金回收期较长或根本无法回收，更应采取政府供给为主，以第一责任人的身份，辅之委托经营的方式，让市场和社会力量参与供给，提高公共文化设施的利用率，减轻财政负担。

在农村经营性文化领域，应该发挥市场供给和社会供给的优势，以市场供给或社会供给为主，政府供给为辅。农村经营性文化，包括图书发行、音像出版、文艺演出、文学作品、网吧经营及影视创作等内容，它们在丰富农民的精神文化生活，增加农民的娱乐和情趣等方面发挥重要作用。农村经营性文化，由于其外部性弱、公益性较小，政府要通过法律法规和优惠政策的制定和实施，营造良好的市场环境和社会氛围，引入市场竞争机制，放手调动市场和社会力量，鼓励它们兴办文化实体，提供各种形式的农村公共文化产品或服务。

就农村公共文化服务项目而言，在门槛较低的农村公共文化服务项目中，如公共文化艺术基础辅导培训、时政法制科普教育讲座和广场文化活动，可以突出社会提供模式的优势，由非政府组织、农村社区和文化企业供给为主。政府可以通过委托经营、公私合作和购买服务等形式，发挥它们在农村公共文化服务中的作用。对于门槛比较高的农村公共文化服务项目，如"送文化进基层"文化惠民服务，广播电视和经济信息村村通等工程项目，政府应引入市场机制，确定市场准入标准，引导和吸引市场和社会参与农村公共文化服务供给，以提高农村公共文化服务的供给效率。

（五）建立多元主体互动合作机制

现代西方公共管理理论认为，政府、市场、社会都没有能力单独解决公共产品供给中遇到的所有问题，各供给主体之间要通过资源共享和知识交流，发挥各自的资源优势和信息优势，才能实现有效的集体行动。在农村公共文化服务多元供给方式中，要有效发挥政府、市场、社会各自具有的优势，应该建立供给主体间的互动合作机制，让各供给主体能够协同完成农村公共文化的供给任务，通过互动合作交流，相互交换各种资源，形成一个多元的互动合作格局（见图8 - 3）。

在农村公共文化服务供给中，政府、市场、社会供给主体一方面由于受主客观条件的限制，缺乏有关需求和供给的信息，不可能做出对自己最有利的选择；另一方面，各供给主体都是有自身利益的主体，都有逐利的一面。因此，提供农村公共文化服务时，各主体在供给合作中就会产生分歧和矛盾，难以形成共识。从图8 - 3中我们可以看出，各个供给主体通过互动合作交流机制，相互交流，彼此合作和相互影响，在提供农村公共文化服务的过程中，可以实现农村公共利益和自身利益统一。其中，政府通过制定政策、财政补贴、减税、法制管制、政策扶持、保障权益、政策监督、市场监管和维护市场秩序，影响市场主体和社会主体的行为；市场主体和社会主体又通过诉求表达、参与供给、监督政府等形式影响政府政策，弥补政府不足，影响政府的行动；市场主体通过人力、财力、物力和技术等形式影响非政府组织，而非政府组织以监督、协助企业履行其公共文化责任、提升企业的知名度和美誉度等形式影响市场主体。因此，建立政府、市场、社会的互动合作交流机制，能够较好地解决三者之间的分歧和矛盾，促进农村各种资源在不同的主体之间合理流动，通过互动合作交流，平衡矛盾，协调冲突，形成供给共识。

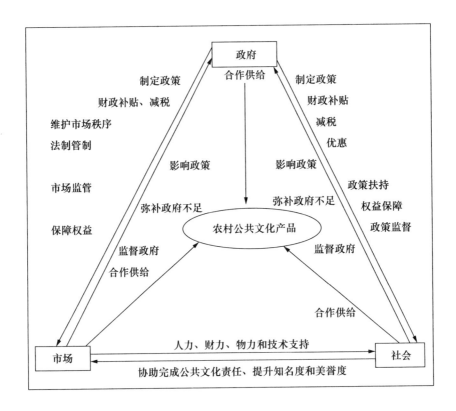

图 8-3 政府、市场、社会的互动合作交流机制的基本架构

在农村公共文化服务供给主体中，政府、市场、社会要通过互动合作交流机制，实现三者互动交换、相互交流、分工合作，有效促进共同利益的发展，使各供给主体之间形成一种"伙伴关系"，对各供给主体职能的实现作出大致安排。农村纯公共文化服务由政府负责提供，具有竞争性或排他性的农村准公共产品由市场主体负责提供，对于政府和市场无法供给或不愿供给的则主要由非政府组织为代表的社会组织负责提供。农村公共文化服务供给的标准、质量和定价可以通过互动合作交流机制约定，能够有效地约束和防范主体的逐利行为对公共利益的损害。

政府也从具有竞争性的经营性公共文化领域中退出，重点提供农村公益性的公共文化服务，这既节约了政府财政支出，又突出供给重点，能够更好地为农民提供更优质的公共文化服务；市场和社会主体之间也能够相互互动，与政府互动，在维护自身利益的同时，也能发挥自身优势完成农村公共文化的供给。总之，通过这种互动合作机制，使政府、市场和社会不再是利益分裂的孤独个体，而是成为一个有机整体，发挥各自的贡献。

总之，从优化供给的方式看，应该进行制度设计，优化政府供给方式、企业供给方式和非政府组织供给方式，倡导多元的供给方式，以克服农村公共文化供给中的市场失灵、政府失灵和社会失灵现象，可以较好地解决政府单一供给方式带来的多方负面影响的障碍。

第五节　完善农村公共文化服务供给运行机制

我国农村公共文化供给运行机制中存在供给运转不畅的障碍，存在供给决策机制僵化、供给监管机制缺失、供给筹资机制不健全和激励机制欠缺等诸多问题，因此，需要完善农村公共文化服务供给运行机制，在供给之前要健全供给决策机制，作出科学的供给决策，然后依据决策创新筹资机制，为农村公共文化服务供给提供稳定的资金保障，在农村公共文化服务供给过程中要优化供给监管机制，保障供给公平、效率和质量，在农村公共文化服务供给整个过程中，要通过健全供给激励机制，激励各个主体积极提供农村公共文化服务。

一　健全供给决策机制

农村公共文化服务供给演变表明，我国农村公共文化服务供给是长期实行"自上而下"的决策机制。在公共文化资源极度短缺时期，这种"自上而下"的制度安排曾发挥了保障维护基层农民的基本文化生活的作用，但是随着农民的文化需求日益多元化，这种决策机制造成农村供给与需求对接错位，供需结构失衡，供需契合度不高等问题。因此，健全供给决策机制，有效衔接供需，实现供给与需求有效对接，供需结构平衡，提高供给效率。

（一）健全供给决策机制基本要求

决策机制在农村公共文化服供给运行机制中居于核心地位，它是构建其他相关机制的基础。健全供给决策机制必须考虑农民的文化需求，必须考虑农村公共文化服务的受益范围和外部性，才可能作出科学的决策，为此，健全供给决策机制必须考虑以下两点基本要求：

第一，构建农民文化需求导向型的供给决策机制。农民文化需求导向型的供给决策机制是指供给决策以农民文化需求为导向，根据农民的偏好需求来确定供给重点制度体系。健全供给决策机制的一个重要努力方向就是要形成一个农民文化需求导向型的供给决策机制，即以农民文化需求为依据，供给内容、数量、方式等主要取决于农民文化需求的决策机制。这是一种完全不同于以供给方意愿为基础的供给主导型供给决策机制。以供给方意愿为基础的供给主导型决策机制，在向社会供给公共文化服务时，不会顾及农民的文化需求偏好，完全以供给方意愿为基础，而在需求主导型决策机制下，农民文化需求都能被纳入决策制定的过程，通过畅通文化需求表达渠道，农民的文化需求诉求能够在公共文化服务的供给决策过程中得到及时的回应，并最终通过农村公共文化服务供给充分得到体现。

第二，根据受益范围和外部性灵活安排供给决策机制。农村公共文化服务供给是一项复杂系统的工程，党政机关、企事业单位、村民自治组织、农村社会组织、农民都是与供给相关的利益主体。供给决策机制设计要根据供给收益范围和外部性，灵活安排农村公共文化服务供给决策方式。像农村公共文化服务的相关法律法规制定、全国性或全省性公共服务项目工程等，受益范围广，外部性强，宜采取中央政府和省级政府"自上而下"供给决策机制，由中央和省级政府负责制定法律法规，负责向基层农村社区提供相关服务。地方性公共文化服务的供给，如湖北荆州市"小太阳读书活动"，湖北宜昌市的"三峡文化广场月月演"等，受益范围限定某一个区域，具有一定外部性，可采取"自上而下"与"自下而上"相结合的供给决策机制。一些农村社区性公共文化服务，如村级举办群众性的文化活动、兴建村级文化设施等，其受益范围小，外部性也小，可采用村民"一事一议"的方式筹资，采取"自下而上"的供给决策机制。

（二）健全供给决策机制的政策建议

健全供给决策机制是一个相对复杂的优化设计过程，涉及需求偏好显示、决策主体范围、决策信息沟通和监督等主要方面，因此，应该从完善农民文化需求偏好显示机制、扩大决策主体范围、加强供给决策信息沟通、科学有效进行决策监督等几个方面入手，健全和完善现有的供给决策机制。

完善农民文化需求偏好显示机制。培养农民权利意识与参与意识，改变我国农民一直处于缺少话语权的弱势地位，是现存供给制度"接受者"角色的现状。为此，要完善农村基层民主制度，保障和重塑农民的公民主体权利，使农民有更多的话语权；建立各种能够代表农民意愿的自愿性合作组织，增加农民文化需求表达的组织渠道；要搭建农村社区文化交流平台，拓宽农民交流渠道；通过完善农民文化需求偏好显示机制，增强凝聚力和归属感，提高农民主体地位，提高农民政治热情与素养，使农民能以主人翁身份参与农村公共文化事务的治理，使农民真正参与到农村公共文化服务的管理与监督之中，真实地显示其文化需求偏好，形成农民献言献策、积极参与决策的良好局面。

扩大决策主体范围。要扩大农民公共文化服务供给决策主体范围，增进各主体对供给结果的接受程度。农村公共文化服务供给中，其利益相关者有政府、非政府组织、市场主体、农村自治组织、农民等集体或个人，扩大农民文化服务供给决策主体范围，就是要让这些利益相关者通过多种途径参与供给决策，这些利益相关者参与供给决策，一方面使利益相关者利用自身的资源为供给决策提供更好更多的参考信息，实现文化需求偏好全面整合；另一方面使决策者和决策机关能够全面整合各决策主体的看法和建议，提高农村公共文化服务供给决策的接受程度。

加强供给决策信息沟通。加强双向决策信息沟通，实现农村公共文化服务的需求与供给信息无缝对接。在决策信息传达渠道方面，要利用电话、电视、网络等通信技术、传媒技术和网络技术，畅通村民需求表达渠道，要利用"一个号码找政府"热线服务、政府微博微信和民意信箱等沟通平台，使农村需求表达高效化和即时化，较好地传达农民需求。在决策信息反馈方面，要落实和完善政务信息公开制度、重大事务公示制度和听证制度等反馈决策信息的制度和渠道，落实听证和公示制度，增强决策信息透明度，保障农民参与多种公共事务管理的权利，提高农民对有关决策的了解度和关注度，构建即时的决策信息反馈渠道，保障农民对相关决策信息的知情权。

科学有效地进行决策监督。农村公共文化服务供给决策需要全社会力量对其实行全方位监督，使决策过程透明高效，使公共决策也更有公信力。要完善我国现行法律体系，详细明确地规定党委、政府、人大、政协以及社会公众等监督主体的权力与义务，使多元主体监督权力具有可操作性和可行性，避免监督流于形式；要注重发挥新闻媒体的监督力量，发挥新闻媒体的舆论监督功能，保证农村公共文化服务供给科学化、民主化、规范化，提高供给决策效率；要提高农民个体的整体素质，提高农民公民意识与权利意识，让农民参与供给决策的监督与管理，保证决策过程不偏离农民文化需求偏好，保证整过决策透明规范科学。

二 完善供给筹资机制

农村公共文化服务供给的筹资保障机制，对于保证供给主体资金来源，明确公共文化服务范围和种类，确保农村公共文化服务品质和供给服务的持续性，具有重要意义。现阶段，我国农村公共文化服务供给的主要资金来源渠道是公共财政，供给筹资机制不够完善。上下级政府和文化管理部门在经费分担责任和管理责任方面，责任划分不清；村委会、企业、农民自筹和社会捐助的资金所占比例极小，农村公共文化资金来源渠道非常有限。因此，应该完善供给筹资机制，为农村公共文化服务供给筹集更多资金，拓宽供给服务范围和种类，满足农民日益增长的文化需求。

（一）明确各级政府筹资主体职责划分

根据农村公共文化服务影响范围大小及其外部性的强弱，要明确划分各级政府筹资责任的分担。对于惠及全国或全省的农村纯公共文化服务，影响受益范围大，外部性强，理应采用中央和省级政府联合的筹资方式。如在农村文化站建设、农村电影放映工程、农家书屋、村村通工程等文化项目，应由中央和省级政府负责筹集相关全部资金，基层政府只需积极配合，不需承担其资金的筹资责任。对于农村的准公共文化服务，比如，像有些地区性的农业科技培训活动、农村基层举办节庆文艺演出等，应采取政府和市场相结合筹资方式；根据"谁受益，谁负担"的原则，政府可以给予一定数额的财政资助外，可采用社会和市场联合筹资的方式；对于经营性的文化服务活动，公益性不强，外部性不大，根据"谁经营，谁负担"的原则，采用市场筹资的方式进行。农村公共文化服务筹资主体要明确划分责任，协调好筹资主体之间的关系。只有这样，各筹资主体的筹资优势才能最大限度地得以发挥，确保农村公共文化服务供给的效用最大化。

（二）加强公共财政体制内筹资能力

加强农村公共文化服务供给的公共财政体制内筹资能力，可以从加大中央财政投入、争取经费倾斜、优化惠农资金结构和完善财政转移支付四个方面入手。具体而言，首先，要加大中央及地方财政支持力度。不但要做到投入资金总量逐年增加，而且要做到资金占公共财政支出比例的逐年增加，形成一个健全的财政投入机制，保障农村公共文化服务供给有一个稳定增长的资金来源。其次，各级财政新增公共文化服务经费应先向农村倾斜。由于农村文化服务水平远远落后于城市，所以要加大农村公共文化基础设施和公共文化活动方面的投入，各级财政新增公共文化服务经费应主要用于农村公共文化服务。再次，要优化文化惠农财政资金结构。要根据农村文化需求的轻重缓急，继续做好广播电视村村通工程、文化信息资源共享工程、文化阵地建设工程、农家书屋工程和农村1231电影工程，做好这些工程后期的资金配套工作，做好已建工程的维护和管理，提高财政资金的使用效率。最后，要完善财政转移支付制度，使转移支付资金使用效用最大化，合理利用转移支付资金。通过以上措施，提高农村公共文化服务供给现有财政体制内的筹资能力。

（三）提高农村基层组织的筹资能力

提高农村基层组织的筹资能力对于保障基层农村公共文化服务的持

续性具有重要意义。一方面，国家应该从筹资制度上保证农村基层有较强的筹资能力。国家应该破除城乡二元结构形成的体制格局，坚持城乡一体化为导向，改变重城市轻农村的财政支出政策，加快推进公共文化服务的城乡均等供给体制和机制建设，建立基本公共文化服务城乡均等供给制度和统一的城乡供给筹资制度。另一方面，基层组织应该拓展农村多元筹资管道。基层组织既要"向上要"资金，要多向省、市级政府争取资金；又要"自己筹"资金，通过成立专项文化发展基金，或收取一定文化服务税费，为未来的农村公共文化服务筹集资金；此外，基层组织还应"对外找"资金，通过减免税收和信贷优惠政策，在市场和社会筹集部分资金。通过以上措施，提高农村基层组织的筹资能力。

（四）建立供给筹资的长效机制

国家应该健全供给筹资的法律、法规、政策和制度，为建立长效的农村公共文化服务供给的筹资机制提供法制保障。我国应在宪法层面明确规定农民享有公共文化服务的基本权益，然后通过行政法规、部门规章和其他规范性文件，落实农村公共文化服务供给的财政资金来源；完善财政预算的法律法规，保障公共财政对农村公共文化服务项目资金的投入，通过优惠和免税政策，鼓励市场资金投入，实现农村公共文化服务筹资主体多元化和资金来源的多样化；制定单行的法律法规或规范性文件，对农村公共文化服务的供给作出具体规定，使其筹资机制的法律保障更完整更系统；以科学化和法治化为目标，建立效率和公平统一的筹资程序，以最大限度地挖掘筹资潜力，减少农村文化服务供需过程中的交易成本，确保筹资程序公正公开透明，既要追求筹资效率，又要保证筹资机制的公平。

三　优化供给监管机制

农村公共文化服务供给监管是确保供给符合法律和规章制度，实现社会公益性目标的重要措施，也是市场机制充分发挥作用的前提条件。我国农村公共文化服务供给方式是以政府供给方式为主，政府扮演供给者、安排者和维护者等多重的角色，必须有相关部门或者受益方对其供给进行全方位的管理和监督，以确保农村公共文化服务供给的运作效率和服务的高质量。受高度集权的行政管理体制的影响，我国公共文化服务供给的监督管理机制缺失较为严重。随着我国政治法律制度的完善、市场力量的不断壮大、农村社会服务组织快速发展，越来越需要改革和优化供给监管机制，为公共运行机制协调运转提供保障。

（一）完善供给监管的法律和制度

当前由于我国尚未建立完善的法律法规和制度体系，致使农村公共文化服务供给监管法规和制度还不很完备，法律对有关公共文化服务监管的规定比较少，并且仅有的规定又以原则性规定居多，普遍缺乏监管实施细则和具体的执行制度，使实际的农村公共文化服务监管中常常遇到难以操作的问题。要完善相关的法律及有关实施细则，加强农村公共文化服务监管法律实施，明确政府、社会组织、公众和媒体在监督管理方面的法律地位，明确各监管主体的职责分工，保证对供给进行全方位的管理和监督有明确的法律依据；要创新和完善现有的各种农村公共文化服务供给监管制度，包括准入制度和资质检查制度，收入公开报告制度、财务审计制度、专家咨询制度和听证制度、备案制度和程序公开制度、绩效评价制度和服务后评估制度等，为农村公共文化服务供给监管提供法律制度保障。

（二）强化政府供给主体的内外监管

政府在农村公共文化服务中扮演政策制定者、资产所有者、付费者、监管者等多重角色，政府必须接受政府系统内部和外部监督，才可能减少由于承担多重角色之间存在的严重利益冲突。要强化政府系统内部的监管，在中央和省级政府内部设立专司专厅，专门对农村基本公共文化服务进行统一领导和监管，在加强上级对下级的业务监管的基础上，强化行政系统职能部门的监管功能。要强化政府系统外部的监管，依据宪法赋予的权力，强化各级人民代表大会及其常委会对政府及其工作人员的监督地位，强化共产党、民主党派和人民政协的监督地位，强化司法机关的监督地位，使内外监管主体切实履行相关监督职责；此外，还要明确界定社会在农村公共文化服务供给中的监督职责，充分发挥社会参与监督作用，做好农村公共文化服务的社会监测、宏观管理和监督，使民众和社会舆论也应加入农村公共文化服务供给监管过程中来，搞好政府系统外部力量的监督工作。

（三）落实供给监管机构的监管职责

目前，文化、教育、卫生、体育等政府主管部门都承担一定农村公共文化服务供给的职责，但是在对它们的监管职责没有明确划分，对它们难以问责，导致了我国部分农村公共文化服务成本过高、质量粗劣、效率低下等问题。各级党委、政府、人大、政协和司法机关要联合监督，对农村公共文化服务活动进行综合评估监督，要落实农村公共文化服务监管机构的监管职责。仅就人大而言，人大要负责起草监管法规及其实施细则，监督检查有关农村公共文化服务的重大决策和部署，监督检查政府监管机构履行的管理职能以及监管执法情况，综合监管政府及其他公共文化机构在供给中费用的收支情况，综合监管农村公共文化服务供给决策、执行和绩效，并向相关违法违规的当事人进行行政责任和法律责任追究。其他政府之外的社会组织、新闻媒体和社会个人，要利用自身优势，全面监督供给的全过程，给农村公共文化服务供给主体施加一个强大外在压力，保障农村公共文化服务供给的持续性和供给公平性，确保农村基本公共文化服务的公益性，维护农民的基本文化权益。

四　创新供给激励机制

在供给总量不足的现实条件下，农村公共文化服务供应该通过多种激励政策和措施，鼓励各供给主体加大农村公共文化服务供给，然而在我国却缺少农村公共文化服务供给方面的激励政策和措施。要创新供给激励机制，提高政府、市场和社会的积极性和主动性，提高各个供给主体的农村公共文化服务质量和效益，更好地满足农民的基本文化需求。

（一）通过激励调动政府供给主体的积极性

从制度上创新政府的激励机制，调动地方政府提供农村公共文化服务的积极性。激励机制是一个综合制度系统，创新必然涉及多项制度的重新安排。因为"按照现有安排，无法获得潜在的利益。行为者认识到，改变现有安排，他们能够获得在原有制度下得不到的利益"[①]。由

---

① ［美］文森特·奥斯特罗姆等：《制度分析与发展的反思》，王诚等译，商务印书馆1996年版，第138页。

于不同公共服务项目对政府政绩的反映差异较大,像城镇基础设施建设
等能很好地反映政府的政绩,而像农村公共文化服务则对经济发展的促
进作用有滞后性与间接性,难以反映政府的政绩,这就会导致政府及其
公务员,喜欢提供能反映政绩的基本公共服务,喜欢将基本公共服务供
给集中于生产率较高的城镇地区,而忽视农村地区公共服务供给,特别
是会存在有意忽视对其政绩反映不明显的农村公共文化服务的供给。因
此,要从科学发展观的高度出发,统筹城乡协调发展,创新考核制度,
将农村公共文化服务的供给内容、质量和效率作为地方政府绩效考核的
重要指标,激励政府认识到它对农村政治、经济、文化、社会发展重要
的促进作用,重视农村公共文化服务供给,并将政府公务员的考核与农
村公共文化服务供给绩效挂钩,发挥考核制度对政府提供公共文化服务
的激励作用。

(二) 通过激励调动市场供给主体的积极性

企业参与农村公共文化服务供给需要提供必要的激励。市场供给主
体企业是一个以营利为目的的经济实体,主要通过其生产经营行为,为
社会创造各种财富,但是企业也可以通过资助、捐赠的形式或直接举办
具有公益性的文化事业,从事农村公共文化服务生产和提供,以便履行
其公共文化责任,塑造其知名度和美誉度。在政府财政收入有限而民众
所需的服务又日益高涨的今天,政府与企业建立伙伴关系,利用企业的
优势资源,让企业来提供一部分公共文化服务,是西方发达国家所采取
的一种普遍做法。因此,政府可以通过制定激励企业参与农村公共文化
服务供给政策和措施、建立和制定激励企业参与农村公共文化服务供给
发展规划以及相应制度体系,对市场企业组织实行正向激励;实行税费
减免或优惠政策,对企业从事公益性的文化活动,减免其营业税收,对
企业的慈善捐赠行为,减免相应的企业所得税;采取财政补贴、政府采
购、定向资助和贷款贴息等政策措施,给企业更多参与空间,给企业一
定的经济收益。通过多方激励措施,调动市场供给主体参与农村公共文
化服务的积极性。

(三) 通过激励调动社会供给主体的积极性

社会组织参与农村公共文化服务供给是农村社会力量不断增长的必

然结果。社会参与供给，能够增加农村公共文化服务投入资金，提高农村社会的凝聚力和农民的文化素质，有利于更好地维护和保证农民的基本文化权益。要进一步加大社会组织的扶持，保障社会组织健康发展；政府要进行制度创新，进一步完善相关法律、政策和制度，形成统一的法律、政策和制度体系，使社会组织有比较固定的渠道和途径获取政府财政补贴，或者能够参与政府购买公共文化服务项目的生产与供给；政府应扩大能够获得捐赠人税前扣除资格的基金会和社会团体数目，对捐赠税收优惠实行普惠制，增加更多优惠税种的种类；加大对社会组织的扶持力度，对社会组织在文化馆、图书馆和文化中心举办带有公益性的文化活动，其门票收入可以免征营业税；创新农村公共文化服务供给购买制度，大量购买社会组织提供农村公共文化服务，购买农村社区公共文化服务事项，拓宽社会组织开展农村公共文化服务活动经费来源。总之，政府要加大各种社会主体激励扶持力度，鼓励社会供给主体参与农村公共文化服务供给，调动社会组织提供农村公共文化服务的积极性。

总之，农村公共文化服务供给是供给与需求相互作用相互影响的复杂服务过程。优化农村公共文化服务供给，解决供需匹配和平衡问题，应从供给与需求同时着手。从需求的角度，应该通过增强以农民文化需求为导向的自觉性，把握农民所需的农村公共服务的基本要求，完善农村公共文化服务的需求表达机制等途径，突破需求障碍；从供给的角度，应该通过增强供给主体活力，丰富供给内容，优化多元供给方式，形成多元主体参与的供给方式和完善供给运行机制等途径，突破供给障碍。通过以上途径，实现对农村公共文化服务供给的优化，解决农村公共文化服务供需匹配和平衡问题。

研究结论及展望

一　研究结论

本书力图解决如何优化农村公共文化服务供给，以解决供需匹配和平衡问题这个核心问题，以构建一个以农民文化需求为导向，多元供给主体充满活力，供给内容丰富健康，供给方式多元协同，供给运行机制协调高效的供给格局，提高农村公共文化服务的供给效率和供给满意度，为优化农村公共文化服务供给提供理论和实践指导。围绕这个核心问题，本书在文献研究的基础上，依次对农村公共文化服务的核心概念、理论基础、供给分析框架、供给历史演变、供给现状、供给满意度、供给障碍及原因、优化供给对策等内容进行比较系统的研究，本书主要得出如下七个方面的结论：

（1）农村公共文化服务供给是一个复杂的供给过程，是由供给主体、供给内容、供给方式和供给运行机制等要素组成。农村公共文化服务供给应该从供给要素入手，对农村公共文化服务供给进行全方位的优化设计，形成一个以农民文化需求为导向，多元供给主体充满活力，供给内容丰富健康，供给方式灵活多样，供给模式多元协同，供给运行机制协调高效的供给格局。

（2）新中国成立以来农村公共文化服务供给演变表明，农村公共文化服务供给是经历一个供给主体从单一主体到多元化的主体，供给内容从简单到丰富，供给方式从政府单一供给方式到多种供给方式并存，供给运行机制从不健全到逐步健全的过程。农村公共文化服务供给也经历了从忽视农民需求到逐渐重视农民需求的过程。农村公共文化服务供给受到国家政治、经济和社会发展的深刻影响，良好的政治、经济和社会环境对提高农村公共文化服务供给水平具有至关重要意义。优化农村公共文化服务供给，解决农村公共文化服务的供需匹配及平衡的问题，应该从我国的供给历史寻求经验借鉴。

（3）农村公共文化服务供需现状实证表明，农村公共文化服务的供需差距较大，对接程度低，供需存在契合度不高，供需存在区域差异性，农村公共文化服务的供需存在较为严重的供需不匹配和不平衡问题。实现农村公共文化服务供需均衡，必须根据当前农民文化需求特点，以需求为导向，提供农民喜闻乐见的公共文化服务。一方面，改变农村供需契合度不高的现状，应该加强多部门合作，丰富公共文化的载体形式，减少统一部署，赋予地方更多创新空间，全方位评估，健全科学的文化建设考评机制，鼓励多主体参与，完善公共文化服务供给机制；另一方面，农村公共文化服务的供需区域差异，实质上是政府公共文化服务供给"欠账"的差异造成的，应该用差异性的供给回应差异性的需求，建立下情上达的制度性渠道，建立专项财政的绩效评价机制，保证农民公共文化服务的差异性供给的实现，保证差异性供给不偏离均等化目标，加快实现公共文化服务的均等化。

（4）农村公共文化服务供给的总体满意度一般，部分农村公共文化服务供给项目投资巨大，但是满意度却很低，而部分供给项目投资少，但满意度却高，这与供给总量不足，供需不匹配和供需不平衡等问题有很大关系。提高农村公共文化服务的满意度，应该事先做好农民的需求调查，注重农村公共文化服务服务供给的全过程管理，注重农村公共文化服务的经济便捷，兼顾硬件和软件建设；同时，农村公共文化服务供给应该注重对满意度影响较大的文化服务项目的供给，注重以直接服务于基层的公共文化服务的供给，注重与农民切身利益相关的公共文化服务的供给，注重创新县乡两级公共文化服务的供给机制，以把握农村公共文化服务的供给重点，切实提高供给的满意度。

（5）国外农村公共文化服务供给实践类型，既有各自特色做法，又具有共性的成功经验。国外农村公共文化服务供给做法及其经验，为我国农村公共文化服务供给侧的改革创新提供了有益借鉴。我国农村公共文化服务供给侧改革创新，应该注重发挥政府在供给中的作用，构建城乡一体化的文化服务供给体制，鼓励多元主体参与公共文化服务供给，因地制宜提供农村公共文化服务，重视构建运转协调的供给运行机制，以提高农村公共文化服务的供给质量和效益。

（6）当前我国农村公共文化服务供给与需求存在诸多问题，主要是供给与需求中存在多重障碍造成的，需求障碍主要体现在农村文化需求表达渠道闭塞、农民缺少表达文化需求的能力和动力、政府公务员的服务意识不强、基层组织绩效考核制度不科学等方面；供给障碍主要体现在供给主体多元参与机制的不完善、供给内容质量不高、单一供给方式有多方负面影响和供给运行机制运转不顺畅等方面。造成供需障碍的原因都是多方面的。农村公共文化服务供给应该以需求为导向，破解供需障碍，优化农村公共文化服务供给，解决农村公共文化服务的供需匹配及平衡的问题。

（7）农村公共文化服务供给是供给与需求相互作用相互影响的复杂服务过程。优化农村公共文化服务供给，解决供需匹配和平衡问题，应从供给与需求同时着手。从需求的角度，应该通过增强以农民文化需求为导向的自觉性，把握农民所需的农村公共服务的基本要求，完善农村公共文化服务的需求表达机制等途径，突破需求障碍；从供给的角度，应该通过增强供给主体活力，要丰富供给内容，优化多元供给方式，形成多元主体参与的供给方式和完善供给运行机制等途径，突破供给障碍。通过以上途径，实现对农村公共文化服务供给的优化，解决农村公共文化服务供需匹配和平衡问题。

二　本书的不足之处

本书在研究数据方面存在不足。本书研究农村公共文化服务供需状况和满意度所使用的数据来自湖北中部和东部经济发达区域和西部欠发达区域。它们的优点是第一手数据，比较准确，有利于在不同区域间做比较分析，能够较好地反映湖北农村的供需现状和区域差异性。但受时间和精力等多因素的限制，调查实证范围仅限于湖北省内，调查问卷的样本容量比较有限，而且供给的满意度也是一个比较主观的概念，解释变量仍然存在部分指标难以量化的问题。样本数量偏少，部分指标难以量化，影响了本书的实证分析效果，结论可能具有片面性。这也是本书需要继续完善之处。

本书在研究深度方面存在一定局限性。由于资料的缺失或不够详细，本书没有深入分析如何动态研究我国农村公共文化服务供给现状，既没有深入分析如何区分收益对象需求，实行精准化农村公共文化服务供给，也没有深入分析影响供给的经济、政策、资源和人口等因素和影响需求的农民的收入水平、文化程度、余暇时间、政策和社会环境等因素；在国内都有许多先进典型公共文化服务实践经验，国外美、法、韩、日等国具有发达的公共文化服务，在公共文化服务方面都有其可借鉴的经验，但由于受时间、精力和研究目的等多方原因所限，没有对国内现阶段的先进经验进行具体专门提炼和挖掘，经验借鉴研究挖掘也不够深入。如能对上述问题作一深入研究，必然对农村公共文化服务供给具有重要的指导意义。

三 后续工作展望

由于我国农村经济的快速发展、农民收入水平的不断提高、农村文化教育程度大幅提升以及城市现代文化对农村影响日益加深，我国农民的需求结构发生深刻变化，农民的需求开始从注重物质生活需求向更加注重精神文化生活需求转变，我国也正致力于建立覆盖城乡现代公共文化服务体系，作为满足农民公共文化需求的农村公共文化服务供给必将继续成为学界的研究热点，在本书的研究基础上，可以在研究范围和研究视角等方面进行更为深入的研究。

研究范围可以进一步拓展。由于中国各地区经济发展不平衡，资源禀赋差异较大，中国各地区的供给水平有较大差异，本书只是探讨如何优化农村公共文化服务供给，解决农村公共文化服务供需匹配和平衡问题这个核心问题，仅研究了农村公共文化服务的供给要素、现状、问题、原因及其优化对策，未来的研究可以从供需影响因素进行深入实证分析，可以区分收益对象需求，探讨实行精准化农村公共文化服务供给范式，可以深入分析国内外许多先进典型公共文化服务实践经验，为农村公共文化服务方面提供经验借鉴。这些都是本书后续研究可以进一步拓展的重要内容。

研究视角也可以是多方位的。本书只是从农民文化需求的视角来探讨如何优化农村公共文化服务供给，解决农村公共文化服务供需匹配和平衡问题这个核心问题,然而研究农村公共文化服务供给视角可以是多视角的,如政策的视角、财政的视角、法律的视角等,可以从这些视角来进一步深入研究分析农村公共文化服务的供给,进一步深入研究农村公共文化服务体系的构建,这些将是本书后续研究的一个主攻方向。

附　　录

湖北省农村公共文化服务供
需状况及满意度调查问卷

问卷编号：　　　　地点：　　　市　　　县　　　乡　　　村

尊敬的农民朋友：

　　您好！感谢您在百忙之中抽出时间阅读和填写这份问卷！为了解湖北省农村公共文化服务供需状况及其满意度，改善农村公共文化服务的质量，我们开展此次问卷调查，为有关政府部门制定符合当地实际的文化政策提供咨询建议。我们按照科学抽样方法，对您进行问卷调查，您的回答不涉及是非对错，您只需要按照您的实际情况回答即可，希望听取您的真实想法和建议。我们保证调查所得的所有信息只用于科学研究，并且不会透露您个人的任何隐私。衷心感谢您的信任和支持，祝您身体健康，万事如意！

中南财经政法大学课题组

2013 年 6 月 26 日

　　填答说明：如果题目中没有特殊说明，请直接在所选择的选项前面打"√"。

第一部分　基本信息

这部分是有关您个人基本资料，请在选项前面打"√"（请注意问项都是单选题）。

A1. 性别	（1）男　　　　　（2）女
A2. 请问您现在的年龄是____	（1）60 岁以上　（2）40—59 岁　（3）25—39 岁 （4）18—24 岁　（5）17 岁以下
A3. 请问您属于哪个民族	（1）汉族　　　　（2）土家族　　　（3）回族 （4）苗族　　　　（5）侗族　　　　（6）其他____
A4. 您的婚姻状况是	（1）未婚　　　　（2）已婚 （3）离异　　　　（4）丧偶
A5. 您文化程度是	（1）没上过学　　（2）小学　　　　（3）初中 （4）高中或中专　（5）大专以上
A6. 您家常住的人口情况	（1）1—2 人　　（2）3—4 人　　（3）5—6 人 （4）7 人以上
A7. 您家去年收入（人均年收入）	（1）2300 元以下　（2）2300—8000 元 （3）8000 元以上

第二部分　农村公共文化文化服务的供需情况调查

请根据您和您村实际情况，在选项前面打"√"（请注意问项有的是单选，有的是多选）

B1. 您日常主要的娱乐方式有哪些（可多选）

（1）看电视　　（2）读书看报　　（3）听广播　　（4）打牌（纸牌、麻将）

（5）跳广场舞　（6）健身锻炼　　（7）上网

B2. 您很喜欢的电视栏目主要有（可多选）

（1）新闻类　　（2）农技致富类　（3）法制类　　（4）综艺类　　（5）影视剧类

（6）教育科普类（7）戏曲类　　　（8）体育类　　（9）其他

B3. 您经常参与的公共文活动有（可多选）

（1）送戏送电影活动　（2）农技知识培训活动　（3）群众歌舞活动　（4）文化下乡活动

（5）组织化会灯会庙会（6）地方戏曲演出活动　（7）外出就业指导活动（8）其他

B4. 您更愿意参加下列哪一种公共文化活动

（1）免费性质的　（2）有趣味性的　（3）满足个人需求的　（4）参与便利的

B5. 您经常会使用的公共文化设施有（可多选）

（1）综合文化站　（2）图书室　（3）公共阅报栏　（4）体育场地　（5）老年活动中心

（6）农业技能培训室（7）公共网吧　（8）公共歌舞厅　（9）其他

续表

B6. 您村是否有农家书屋，您使用情况是（单选）

（1）有，经常去　　（2）有，偶尔去　　（3）有，从来没去　　（4）没有农家书屋

B7. 您获得信息的主要渠道是（单选）

（1）广播电视　　（2）书报杂志　　（3）亲朋近邻传告　　（4）网络获取　　（5）村干部告知

B8. 您家每年用于文化消费金额大致为（不计读书教育开支，单选）

（1）300元以下　　　（2）300—400元　　　　（3）400—500元

（4）500—600元　　　（5）600元以上

B9. 您最希望政府提供下列哪些公共文化活动（可多选）

（1）放电影　　　　　　（2）进行外出就业指导　　　（3）组织农技知识培训

（4）群众歌舞活动　　　（5）文艺骨干培训　　　　　（6）组织文艺演出

（7）组织地方戏曲演出　（8）组织花会灯会庙会　　　（9）其他____

B10. 您最希望政府提供下列哪些公共文化设施（可多选）

（1）文化活动站/服务中心　　　（2）电影院　　　　　（3）有线电视

（4）有线广播　　　　　　　　　（5）图书室和阅报栏　（6）体育场地和体育器材

（7）老年活动中心　　　　　　　（8）农业技能培训室　（9）公共网吧

（10）公共歌舞厅　　　　　　　　（11）其他____

B11. 您愿意花钱购买下列哪些类型的文化产品（可多选）

（1）法制类　　　　（2）生产技能类　　　（3）教育类

（4）农业科技类　　（5）中外名著类　　　（6）其他____

B12. 如果带有商业性文艺演出，你会花钱去看吗？（单选）

（1）愿意花钱　　（2）不贵就愿意　　（3）不愿意花钱　　（4）太贵不愿花钱

B13. 您最喜欢接受下列哪些组织提供的农村公共文化服务（单选）

（1）政府　　（2）村委会　　（3）社会文化组织　　（4）企业　　（5）村民志愿提供

B14. 您能够得到的或享受的公共文化活动有哪些（可多选）

（1）放电影　　　　　　（2）进行外出就业指导　　　（3）组织农技知识培训

（4）组织群众歌舞活动　（5）培训骨干　　　　　　　（6）组织文艺演出

（7）组织地方戏曲演出　（8）组织花会灯会庙会　　　（9）其他____

续表

B15. 您村已经有以下哪些公共文化设施（可多选）

(1) 文化活动站/服务中心　　　　(2) 电影院　　　　　　(3) 有线电视

(4) 有线广播　　　　　　　　　(5) 图书室和阅报栏　　(6) 体育场地和体育器材

(7) 老年活动中心　　　　　　　(8) 农业技能培训室　　(9) 公共网吧

(10) 公共歌舞厅　　　　　　　　(11) 其他____

B16. 您是否愿意积极参加村里组织的农村文化活动（单选）

(1) 愿意　　(2) 不愿意　　(3) 不清楚

B17. 农民对你村公共文化生活现状总体评价是（单选）

(1) 非常满意　　(2) 满意　　(3) 一般　　(4) 不太满意　　(5) 非常不满意

B18. 您认为满足您的文化需求的主要途径有哪些？（可多选）

(1) 增加经济收入　　　　(2) 多建文化场所　　　(3) 培养文艺骨干

(4) 资助民间文艺组织　　(5) 资助地方戏曲团　　(6) 降低文化产品价格

(7) 丰富义化产品种类　　(8) 其他____

B19. 政府和村委会已经为您提供过哪些文化服务（可多选）

(1) 农业技能培训室　　(2) 公共网吧　　(3) 有线电视　　　(4) 放电影

(5) 文艺戏曲演出　　　(6) 知识技能培训　(7) 教育就业指导　(8) 组织灯会

(9) 组织球赛

B20. 您通过听广播、看电视、上网络更多是了解哪些方面信息（可多选）

(1) 时事新闻信息　　(2) 生产信息　　(3) 法制信息　　(4) 农业技术信息

(5) 娱乐游戏信息　　(6) 招工就业信息　(7) 日用商品信息

B21. 你村有下列哪些文化组织或机构（可多选）

(1) 歌舞队　　(2) 民间文艺队　　(3) 民间武术队　　(4) 篮球队　　(5) 农民文化书社

(6) 农民乐队　　(7) 民办图书馆　　(8) 民间业余或职业剧团

B22. 关于农村文化建设，您认为当前文化建设面临的最大问题是什么？（可多选）

(1) 没有钱投入　　(2) 缺乏文艺体育人才　　(3) 缺乏设施器材　　(4) 农民缺乏兴趣

(5) 无人组织

B23. 您认为农村文化建设谁的作用最重要？（单选）

(1) 党和政府　　(2) 社会文化团体　　(3) 农民自发组织　　(4) 村委会

B24. 您最需要政府为您提供的文化方面的帮助是（请具体提出）：

第三部分　农村公共文化服务供给满意度调查

注：该部分共17题，由于该部分的问项均采用李克特量表形式，答项均为同一数字或逻辑上存在明显错误的视为无效，请按您真实想法，在各题方框内打"√"（请注意问项都是单选题）。

		1 = 非常不满意 2 = 不太满意 3 = 一般 4 = 比较满意 5 = 非常满意	非常不满意	不太满意	一般	比较满意	非常满意
C1	X_1	您对县市博物馆和图书馆提供服务的评价					
C2	X_2	您对乡镇综合文化站提供服务的评价					
C3	X_3	您对农家书屋提供服务的评价					
C4	X_4	您对老年活动中心提供服务的评价					
C5	X_5	您对农业技能培训室提供服务的评价					
C6	X_6	您对当地公共网吧提供服务的评价					
C7	X_7	您对本村体育休闲设施的评价					
C8	X_8	您对农村公共文化设施和活动的管理制度的评价					
C9	X_9	您对提供农村公共文化服务工作人员的评价					
C10	X_{10}	您对农村电影放映工程的评价					
C11	X_{11}	您对当地农村节假日公共文化活动的评价					
C12	X_{12}	您对当地日常群众性广场舞等文化活动的评价					
C13	X_{13}	您对当地教育就业培训等公益性文化活动的评价					
C14	X_{14}	您对广播电视村村通工程的评价					
C15	X_{15}	被调查农民对全国文化信息资源共享工程的满意度					
C16	X_{16}	被调查农民对当地民俗表演活动的满意度					
C17	Y	总体而言，您对享受到农村公共文化服务整体评价是					

调查结束，再次感谢您的支持与合作，祝您全家幸福！

参考文献

一　中文文献

[1]　[德] 柯武刚、史漫飞：《制度经济学：社会秩序与公共政策》，韩朝华译，商务印书馆 2000 年版。

[2]　[法] 莱昂·狄骥：《公法的变迁：法律与国家》，郑戈译，辽海出版社、春风文艺出版社 1999 年版。

[3]　[法] 萨伊：《政治经济学概论》，王福生译，商务印书馆 1997 年版。

[4]　[美] E. S. 萨瓦斯：《民营化与公私部门的伙伴关系》，周志忍译，中国人民大学出版社 2002 年版。

[5]　[美] 阿弗纳·格雷夫：《文化信仰和社会的制度结构：从历史和理论的角度看集体主义社会和个人主义社会》，李敏、杨建梅编译：《经济社会体制比较》（双月刊），2005 年。

[6]　[美] 埃莉诺·奥斯特罗姆：《公共事物的治理之道》，毛寿龙译，三联书店 2000 年版。

[7]　[美] 奥尔森：《集体行动的逻辑》，陈郁等译，上海三联书店、上海人民山版社 1995 年版。

[8]　[美] 戴维·奥斯本、特德·盖布勒：《改革政府》，周敦仁译，上海译文出版社 1996 年版。

[9]　[美] 戴维·伊斯顿：《政治生活的系统分析》，王浦劬译，华夏出版社 1999 年版。

[10]　[美] 丹尼尔·F. 史普博：《管制与市场》，余晖等译，上海三联书店 1999 年版。

[11]　[美] 道格拉斯·诺思：《经济史中的结构与变迁》，陈郁、罗华平等译，上海三联书店、上海人民出版社 1994 年版。

［12］［美］道格拉斯·诺思：《理解经济变迁过程》，钟正生等译，中国人民大学出版社 2008 年版。

［13］［美］盖伊·彼得斯：《政府未来的治理模式》，张成福译，中国人民大学出版社 2001 年版。

［14］［美］格林、沙皮罗：《理性选择理论的病变：政治学应用批判》，徐湘林、袁瑞军译，广西师范大学出版社 2004 年版。

［15］［美］罗伯特·B. 登哈特、珍妮特·V. 登哈特：《新公共服务：服务，而不是掌舵》，方兴、丁煌译，中国人民大学出版社 2010 年版。

［16］［美］罗伯特·B. 登哈特、珍妮特·V. 登哈特：《新公共服务：服务而非掌舵》，刘俊生译，《中国行政管理》2002 年第 10 期。

［17］［美］文森特·奥斯特罗姆、埃莉诺·奥斯特罗姆等：《公益物品和公共选择》，迈克尔·麦金尼斯：《多中心体制与地方公共经济》，毛寿龙译，三联书店 2000 年版。

［18］［美］文森特·奥斯特罗姆等：《制度分析与发展的反思》，王诚等译，商务印书馆 1996 年版。

［19］［美］詹姆斯·M. 布坎南、戈登·塔洛克：《同意的计算——立宪民主的逻辑基础》，陈光金译，中国社会科学出版社 2000 年版。

［20］［美］詹姆斯·M. 布坎南：《寻求租金与寻求利润》（中译文），载《经济社会体制比较》编辑部编《腐败：权力与金钱的交换》，中国经济出版社 1993 年版。

［21］［美］詹姆斯·M. 布坎南：《自由市场和国家》，平新乔等译，北京经济学院出版社 1988 年版。

［22］［英］庇古：《福利经济学》，朱泱等译，商务印书馆 2006 年版。

［23］［英］迈克尔·博兰尼：《自由的逻辑》，冯银江等译，吉林人民出版社 2002 年版。

［24］［英］托马斯·霍布斯：《利维坦》，黎思复等译，商务印书馆 1985 年版。

［25］［英］亚当·斯密：《国富论》（下），郭大力等译，商务印书馆，

1997 年版。

[26]［英］约翰·洛克：《论政府两篇》，赵伯英译，陕西人民出版社
2004 年版。

[27]［英］约翰·斯图亚特·穆勒：《代议制政府》，汪瑄译，商务印
书馆 1997 年版。

[28]［英］约翰·斯图亚特·穆勒：《政治经济学原理》，赵荣潜等译，
商务印书馆 1991 年版。

[29] 安彦林：《城乡公共文化服务均等化研究——基于供求视角》，
《山东财政学院学报》2012 年第 3 期。

[30] 蔡继明：《公平、平等与效率：何者优先，何者兼顾》，《中国青
年报》2014 年 3 月 3 日第 2 版。

[31] 陈文权、张立强：《我国农村公共文化服务研究述评》，《重庆社
会主义学院学报》2012 年第 5 期。

[32] 程玉贤、李海艳、石月清：《鼓励社会力量参与农村公共文化服
务体系建设研究》，《改革与开放》2015 年第 1 期。

[33] 崔琳：《政府公共服务理念创新的路径选择》，《中国行政管理》
2009 年第 8 期。

[34] 邓剑伟：《后官僚制时代政府的改革与治理——评盖伊·彼得
斯〈政府未来的治理模式〉一书》，《理论导刊》2013 年第 5 期。

[35] 邓聚龙：《灰理论基础》，华中科技大学出版社 2003 年版。

[36] 丁煌：《公共选择理论的政策失败论及其对我国政府管理的启
示》，《南京社会科学》2000 年第 3 期。

[37] 董大年主编：《现代汉语分类大词典》，上海辞书出版社 2007
年版。

[38] 董明涛、孙钰：《我国农村公共产品供给模式选择研究——基于
地区差异的视角》，《经济与管理研究》2010 年第 7 期。

[39] 付春：《新农村公共文化服务体系建设及其基本思路》，《农村经
济》2010 年第 4 期。

[40] 耿旭：《农村文化类公共服务的供给困境与供给路径选择》，《电
子科技大学学报》（社科版）2012 年第 4 期。

[41] 巩村磊:《论当前农村公共文化服务缺失与机制构建》,《山东农业大学学报》(社会科学版)2010 年第 6 期。

[42] 巩村磊:《农村公共文化服务体系构建的价值取向及其现实意义》,《理论学刊》2014 年第 1 期。

[43] 郭建宁:《当代中国的文化选择》,北京大学出版社 2004 年版。

[44] 郭文强、庄天慧:《新生代农民工精神文化需求问题探析》,《山西青年管理干部学院学报》2012 年第 1 期。

[45] 郭星:《农村公共文化服务体系管理机制创新路径考察——以"来宾模式"为视角》,《广西社会科学》2014 年第 5 期。

[46] 胡洪彬:《农村公共文化服务有效供给的现实困境与策略创新——基于社会资本理论的视角》,《重庆邮电大学学报》(社会科学版)2012 年第 2 期。

[47] 胡惠林、李康化:《文化经济学》,上海文艺出版社 2003 年版。

[48] 胡惠林:《文化产业学——现代文化产业理论与政策》,上海文艺出版社 2006 年版。

[49] 胡荣、胡康、温莹莹:《社会资本、政府绩效与城市居民对政府的信仟》,《社会学研究》2011 年第 1 期。

[50] 黄觉、[波兰]雅努兹·西摩尼迪斯:《文化权利:一种被忽视的人权》,《国际社会科学》(中文版)1999 年第 4 期。

[51] 姜晓萍等:《国内外基本公共服务均等化研究述评》,《上海行政学院学报》2012 年第 5 期。

[52] 孔进:《公共文化服务供给的国际经验及借鉴》,《国外社会科学》2015 年第 2 期。

[53] 雷晓康、方媛、王少博:《强县扩权背景下我国基层政府公共服务供给能力研究》,《中国行政管理》2011 年第 3 期。

[54] 李成保、李西泽:《文化体制改革的现实语境与文化自觉》,《重庆社会科学》2011 年第 11 期。

[55] 李红春:《自由空间与审美话语——审美现代性视野中的私人文化活动》,《艺术广角》2006 年第 1 期。

[56] 李少惠、王苗:《农村公共文化服务供给社会化的模式构建》,

《国家行政学院学报》2010 年第 2 期。

［57］ 李桃、索晓霞：《民族地区公共文化服务城乡一体化初探》，《贵州社会科学》2014 年第 9 期。

［58］ 李秀林、王宇、李淮春：《辩证唯物主义和历史唯物主义原理》（第五版），中国人民大学出版社 2004 年版。

［59］ 廉永生：《农村公共文化服务体系文献研究综述》，《经济研究导刊》2013 年第 2 期。

［60］ 林彦虎：《文化自觉的方法论及其优化》，《重庆社会科学》2012 年第 10 期。

［61］ 刘爱莲、吴晓强：《江苏城乡公共服务与管理一体化影响因素分析》，《山东理工大学学报》（社会科学版）2010 年第 6 期。

［62］ 刘金厚：《我国政府公共服务的体制分析及其路径选择》，《上海行政学院学报》2011 年第 1 期。

［63］ 刘思峰：《灰色系统理论及其应用》，科学出版社 1999 年版。

［64］ 刘晓坷、孙浩：《善治视角的农村公共文化服务供给模式》，《学习月刊》2012 年第 2 期。

［65］ 卢春龙、张华：《公共文化服务与农村居民对基层政府的政治信任——"来自浓村公共文化服务现状调查"的发现》，《政法论坛》2014 年第 4 期。

［66］ 陆祖鹤：《文化产业发展方略》，社会科学文献出版社 2006 年版。

［67］ 吕振宁：《公共产品供给与竞争嵌入》，经济科学出版社 2010 年版。

［68］ 马国庆：《管理统计——数据获取、统计原理、SPSS 工具与应用》，科技出版社 2002 年版。

［69］ 毛连程：《西方财政思想史》，经济科学出版社 2003 年版。

［70］ 毛少莹：《发达国家的公共文化管理与服务》，《特区实践与理论》2007 年第 2 期。

［71］ 彭益民：《农村公共文化服务体系建设的几点思考》，《湖南行政学院学报》2012 年第 5 期。

［72］ 邱皓正、林碧芳：《结构方程模型的原理与应用》，中国轻工业出

版社 2009 年版。

[73] 邱伟:《农村公共文化服务体系建设路径新探索》,《湖北省社会主义学院学报》2012 年第 4 期。

[74] 全球治理委员会:《我们的全球伙伴关系》,牛津大学出版社 1995 年版。

[75] 沈雁冰:《新中国社会主义文化艺术的辉煌成就——辉煌的十年》,人民日报出版社 1960 年版。

[76] 石国亮、张超、徐子梁:《国外公共服务与实践》,中国实言出版社 2011 年版。

[77] 苏旭:《法国文化》,文化艺术出版社 2001 年版。

[78] 孙浩、朱宜放:《公共文化服务供给中的农民需求表达研究》,《湖北工业大学学报》2012 年第 6 期。

[79] 孙浩:《农村公共文化服务有效供给的体制性障碍研究》,《甘肃行政学院学报》2011 年第 6 期。

[80] 孙静、夏习英、张洪霞等:《农民文化需求与新农村文化建设研究》,《广东农业科学》2011 年第 20 期。

[81] 孙维学:《美国文化》,文化艺术出版社 2004 年版。

[82] 唐娟:《政府治理论》,中国社会科学出版社 2006 年版。

[83] 万林艳:《公共文化及其在当代中国的发展》,《中国人民大学学报》2006 年第 1 期。

[84] 王枫云:《当代城市社会治理的世界理念与善治内涵》,《上海城市管理》2011 年第 5 期。

[85] 王富军:《农村公共文化服务体系建设研究》,博士学位论文,福建师范大学,2012 年。

[86] 王浦劬、[美] 莱塞特·萨拉蒙等:《政府向社会组织购买公共服务研究——中国与全球经验分析》,北京大学出版社 2010 年版。

[87] 王瑞涵:《农村公共文化服务体系建设:财政责任与经费保障机制》,《地方财政研究》2010 年第 8 期。

[88] 王伟杰:《农民主体性视角下的农村公共文化产品供给研究——基于河南省七个村落的问卷调查》,《中州学刊》2013 年第 12 期。

[89] 王新刚：《低俗现象的本质及抵制策略分析》，《学术论坛》2013
年第 12 期。

[90] 吴明隆：《结构方程模型——AMOS 的操作与应用》，重庆大学出
版社 2012 年版。

[91] 伍俊斌：《公民社会基础理论研究》，人民出版社 2010 年版。

[92] 席恒：《利益、权力与责任：公共产品供给机制研究》，中国社会
科学出版社 2006 年版。

[93] 夏书章：《行政管理学》，中山大学出版社 1998 年版。

[94] 项继权：《外国农村基层建制》，华中师范大学出版社 1995 年版。

[95] 谢庆奎：《当代中国政府与政治》，高等教育出版社 2003 年版。

[96] 徐达深：《中华人民共和国实录（第五卷）——文献与研究》，吉
林人民出版社 1994 年版。

[97] 徐莉：《城乡一体化中农民文化权益保障问题探析》，《农村经济》
2011 年第 6 期。

[98] 徐双敏、宋元武：《当前农村公共文化服务供需契合状况研究》，
《学习与实践》2014 年第 5 期。

[99] 徐双敏、宋元武：《农民公共文化服务需求的区域差异性——基
于在 H 省内的实证调查研究》，《湖北行政学报》2014 年第 5 期。

[100] 徐双敏：《公共事业管理概论》，北京大学出版社 2013 年版。

[101] 徐小青：《中国农村公共服务》，中国发展出版社 2008 年版。

[102] 闫章荟：《公共服务供给主体间合作机理研究》，《理论月刊》
2014 年第 5 期。

[103] 杨美蓉：《新农村建设中的文化建设对策研究》，《科技创新与生
产力》2010 年第 8 期。

[104] 艺衡、任裙、杨立青：《文化权利：回溯与解读》，社会科学文
献出版社 2005 年版。

[105] 易承志：《社会转型与治理成长：新时期上海大都市政府治理研
究》，法律出版社 2009 年版。

[106] 游祥斌、杨薇、郭昱青：《需求视角下的农村公共文化服务体系
建设研究——基于 H 省 B 市的调查》，《中国行政管理》2013 年

第 7 期。

[107] 于志勇：《农村公共文化服务供给研究：基于公共服务均等化的视角》，《云南行政学院学报》2012 年第 4 期。

[108] 俞可平：《中国的善治之路：中美学者的视角》，《中国治理评论》2012 年第 1 期。

[109] 郁建兴：《中国的公共服务体系：发展历程、社会政策与体制机制》，《学术月刊》2011 年第 3 期。

[110] 袁忠、袁婷婷：《关于政府提供农村公共文化服务问题的探究——以广东省为例》，《广东第二师范学院学报》2015 年第 1 期。

[111] 张爱平：《日本文化》，文化艺术出版社 2004 年版。

[112] 张良：《政府主导社会参与市场配置：农村公共文化服务体系建设的理想模式》，《理论与现代化》2012 年第 4 期。

[113] 张云峰：《黑龙江省建设农村公共文化服务体系研究》，博士论文，东北农业大学，2010 年。

[114] 张忠：《构建面向农民需求的文化供给模式——基于山东省农村调研数据的分析》，《管理现代化》2011 年第 3 期。

[115] 中共中央党史研究室：《中国共产党历史》第二卷（1949—1978），中共党史出版社 2011 年版。

[116] 中共中央文献研究室：《建国以来重要文献选编》（第八册），中国文献出版社 1994 年版。

[117] 中共中央文献研究室：《建国以来重要文献选编》（第六册），中国文献出版社 1993 年版。

[118] 周红云：《社会资本与社会治理：政府与公民社会的合作伙伴关系》，中国社会出版社 2010 年版。

[119] 周三多：《管理学——原理与方法》（第五版），复旦大学出版社 2009 年版。

[120] 周芝萍：《农村公共文化服务体系构建——以江西为例》，《江西社会科学》2014 年第 5 期。

二 外文文献

[1] M. , *Culture and Regions of Europe*, *Strasbourg*: Council of Europe Press, 1993: pp. 186 – 187.

[2] Berry J. , *A Voice for Nonprofits. Washington*, DC : Brookings Institution, 2003.

[3] Bracht J. , Figuieres C. , Ratto M. , Relative Performance of Two Simple Incentive Mechanisms in a Public Goods Experiment , *Journal of Public Economics* 92, 2008.

[4] Buchanan J. M. , Economic Theory of clubs. *Economics*, New Series, Vol. 32, No. 125 (Feb. 1965), pp. 1 – 14.

[5] Chartrand H. H, McCaughey C. , The Arms Length Principle and the Arts: An International Perspective Past, Present and Future, in Milton C. Cummings, Jr. and J. Mark Davidson Schuster, *Whops to Pay for the Arts*? New York: ACA Books, 1989.

[6] Churchill Jr. G. A, Surprenant, C. , An investigation of satisfaction customer into the determinants, *Journal of Marketing Research*, 1982 (19), pp. 491 – 504.

[7] Coase R H. . The Lighthouse in Economics, *Journal of Law and Economics* 17, No. 2 (October 1974), pp. 357 – 76.

[8] Demsetz H. , Toward a Theory of Property Rights, *American Economic Review*, Vol. 57, No. 2, Papers and Proceedings of the Seventy – ninth Annual Meeting of the American Economic Association (May 1967), pp. 347 – 359.

[9] Duelund P. , *The Nordic Culture Model*, Copenhagen Nordic Cultural Institute 2003, p. 48.

[10] Everitt A. , The Governance of Culture: Approaches to Integrated Cultural Planning and Policies. *Cultural Policies Research and Development Unit*, Policy Note No. 5. 1999, pp. 13 – 17.

[11] Gidron B. , Kramer, R. , Salamon, L. M. . *Government and The Third Sector*, San Francisco: Jossey – Bass Publishers, 1992, pp.

103 - 124.

[12] Gilford J. P. , *Psychometric Methods*, 2nd. ed. New York, NY: McGraw - Hill, 1954.

[13] Gray B. , Conditions Facilitating Interorganizational Collaboration, *Human Relations*, Vol. 8, No. 10 (1985), pp. 911 - 936.

[14] Hair J. F. , Black W. C. , Babin B. J. , Anderson R. E.. Multi - variate Data Analysis. Upper Saddle River, NJ: Prentice Hall 1998: p. 222.

[15] Hansen A. H, *Monetary theory and fiscal policy.* 1st ed. 1949, New York: McGraw - Hill Book Co. p. 236.

[16] Hansmann H. B. , The Role of Nonprofit Enterprise, *Yale Law Journal* Vol. 89, No. 5 (1980), p. 838.

[17] Hughes O. E. , *Public Management and Administration: An Introduction (2nd ed.)* . Macmillan Press LTD. ST. Martin's PressInc, 1998, p. 1.

[18] Johansen L. , The Theory of Public Goods: Misplaced Emphasis , *Journal of Public Economics*, 7, 1977.

[19] Keynes J. M. , *The General Theory of Employment, Interest and Money*, 1936, New York: Harcourt, Brace, p. 403.

[20] Lachlan A. A. Some Economics of Property Rights. *Politico*, Vol. 30 (No. 4), 1965, pp. 816 - 829.

[21] Laffer A. B. , et al. , *Foundations of supply - side economics: theory and evidence.* 1983, New York: Academic Press, p. 283.

[22] Lewis A. C. , *The Function of Social Conflict*, Collier Macmillan Cnada, Ltd. New York, 1964.

[23] Lin N. *Social Capital: A Theory of Social Structure and Action*, Cambridge University Press, 2001.

[24] Looseley D. , *Cultural Policy in France Since* 1959: *Arm's Length, or "Up Close and Personal"?* Nordisk Kultur Institute, 2001.

[25] Maclver R. . *Community: A sociological Study*, New York: Macmillan, 1937.

［26］Marx, K. , *Das kapital. Kritik der politischen oekonomic*1872, Hamburg: O. Meissner, p. 2.

［27］Miller G. J. , Moe T. M. , Bureaucrats, *The American political Science Review*, Legislators, the Size of Government, Vol. 77, No. 2 (Jun: 1983): pp. 297 – 322.

［28］Mueller D. C. , *Public Choice II: A Revised Edition of Public Choice*, Cambridge University Press, 1989. pp. 322 – 343.

［29］Ostrom, E. , Walker, J. (Eds.), Trust and Reciprocity: Interdisciplinary Lessons for Experimental Research, *Volume VI in the Russell Sage Foundation Series on Trust*, Russell Sage Foundation, 2003.

［30］Peters B. G. , *The Future of Governing: Four Emerging Models*, University Press of Kassas, Lawreme, KS. 1996, pp. 16 – 20.

［31］Pigou A. C. , *The Economics of Welfare*, London: Macmillan Publishing Company, 1920, pp. 36 – 40.

［32］Samuelson P. A. , The Pure Theory of Public Expenditure. *Review of Economics and Statistics*, Vol. 36, No. 4 (Nov. 1954), p. 2, pp. 387 – 389.

［33］Say J. B. , A Treatise on Political Economy, or the Production, Distribution, and Consumption of Wealth, trans CR Prinsep, New York: Augustus M. Kelly, 1821. p. 455.

［34］Schmidtz D. , Contracts and Public Goods. *Harvard Journal of Law and Public Policy*, 10 (Spring), 1987.

［35］Smith A. , *An inquiry into the nature and causes of the wealth of nations*, 1776, London: W Strahan and T. Cadell, 2.

［36］Tiebout C. M. A Pure Theory of Local Expenditures, *Journal of Political Economy*, Vol. 64, No. 5 (Oct. 1956), pp. 416 – 424.

［37］Wagner R. , *The Invention of Culture*, Chicago, University of Chicago Press, 1981.

［38］Weisbrod B A. , *Toward a Theory of the Voluntary Non – profit Sector in Three – Sector Economy*, E PHELPS (Ed.) Altruism Morality and

Economic Theory. New York：Russel Sage，1975.

三　电子文献或网络资源

［1］Bedoya R.，*U. S. Cultural Policy*：*Its Politics of Participation*，*Its Creative Potential*，http：//npnweb. org/wp – content/content/files/CulturalPolicy. pdf. 2004.

［2］湖北省统计局、国家统计局湖北调查总队：《湖北省 2012 年国民经济和社会发展统计公报》（2013 年 2 月 20 日），http：//www. stats – hb. gov. cn/wzlm/tjgb/ndtjgb/hbs1/94310. htm。

［3］荆楚网：《武汉已建成 2 家农村社区影院　年内计划再建 8 家》，http：//money. 163. com/14/0808/11/A34GB99Q00253B0H. html。

［4］雒树刚：《国务院关于公共文化服务体系建设工作情况的报告》（2015 年 4 月 23 日），http：//www. npc. gov. cn/npc/xinwen/2015 – 04/23/content_ 1934246. htm。

［5］文化部、财政部：《关于开展国家公共文化服务体系示范区（项目）创建工作的通知》（2010 年 12 月 31 日），http：//www. caca-net. cn/detail_ politrid. aspx？ fuwuid = 8645。

［6］文化部财务司：《中华人民共和国 2014 年文化发展统计公报》（2015 年 5 月 14 日），http：//zwgk. mcprc. gov. cn/auto 255/2015 05/W020150525608812349181. pdf。

［7］中办国办：《关于加强公共文化服务体系建设的若干意见》（2007 年 8 月 21 日），http：//whj. lzcgq. gov. cn/art/2009/12/9/art_ 6555_ 14039. html。

［8］中办国办：《关于进一步加强农村文化建设的意见》（2005 年 11 月 7 日），http：//news. xinhuanet. com/politics/2005 – 12/11/content_ 3906616. htm。

［9］中国共产党第十六届中央委员会：《中共中央关于构建社会主义和谐社会若干重大问题的决定》（2006 年 10 月 11 日），http：//cpc. people. com. cn/GB/64093/64094/4932448. html。

［10］中国共产党十七届中央委员会：《中共中央关于深化文化体制改革推动社会主义文化大发展大繁荣若干重大问题的决定》（2011 年 10 月 18

日），http：//www. gov. cn/jrzg/2011 – 10/25/content_ 1978202. htm。

［11］周玮、白瀛、黄小希等：《党的十六大以来我国公共文化服务体系建设综述》（2014 年 2 月 13 日），http：//news. xinhuanet. com/society/2011 – 09/24/c_ 122082923. htm。